한국어와 일본어 동사의 상 연구

한국어와 일본어 동사의 상 연구

이 영 희

역락

저자 이영희

  서울 출생(1956)
  연세대학교 이과대학 생화학과 졸업(1979)
  한국외국어대학교 대학원 영어학과 석사 졸업(1982)
  한남대학교 대학원 일어일문학과 석사 졸업(2005)
  충남대학교 대학원 언어학과 박사 졸업(2011)
  한국외국어대학교, 배재대학교, 충남대학교 강사 역임

주요 논문

  〈의미론 부문〉
  「A Comparative Study on the Aspectual Classification of Korean and Japanese Verbs」, PACLIC 24. (2011.11)
  「시간적 자질에 따른 국어와 일본어 동사의 동작류 분류 및 '-었-', '-었었-'과 'sudeni(벌써)'의 의미 기능과의 관계」, 국어학회 (2010.6)
  「동사의 시간적 어휘자질에 따른 한국어와 일본어 동사의 동작류(Aktionsarten) 비교연구」, (사)한국언어학회 (2009.12)

  〈음성학 부문〉
  「日本語 破裂音[k, t]과 破擦音[ts, tʃ]의 國語 表記上의 問題點」, 韓國日本學聯合會 第5回 學術大會 및 國際 Symposium (2007.7)

한국어와 일본어 동사의 상 연구

초판인쇄 2011년 5월 24일
초판발행 2011년 6월 2일
지은이 이영희
펴낸이 이대현
편 집 박선주
펴낸곳 도서출판 역락
      서울 서초구 반포4동 577-25 문창빌딩 2층
      전화 02-3409-2058(영업부), 2060(편집부) | FAX 3409-2059
      이메일 youkrack@hanmail.net
      등록 1999년 4월 19일 제303-2002-000014호
ISBN 078-89-5556-915-5 93710

정 가 22,000원
* 잘못된 책은 교환해 드립니다.

머리말

이 책은 저자의 박사학위 논문을 수정하여 펴낸 것이다. 이 책의 목적은 한국어와 일본어에서 관찰되는 '상(aspect)'을 비교·대조 분석하는 것이다. 인간의 자연 언어에 나타나는 상의 종류와 그 표현 방법은 대개의 경우 보편성을 가지고 있으나, 언어에 따라서는 상을 나타내는 방법이 부분적으로 다를 수도 있다. 개별 언어들에서 상을 나타내는 방법이 대체로 같지만 부분적으로 다를 수도 있기 때문에 상의 연구는 곧 언어 간의 보편성과 동시에 차이를 밝히는 일이 될 것이다. 그러나 지금까지 한국어와 일본어의 상에 관한 연구는 주로 하나의 개별 언어를 대상으로 이루어져 왔고 두 언어를 비교하여 상 부류를 확정하고 상 부류의 공통점과 차이점을 비교 대조한 연구는 아직 없었다고 판단된다.

이에 이 책은 동사에 내재하는 동사 고유의 시간적 특성에 따라 한국어와 일본어 동사의 동작류를 분류하였다. 한국어와 일본어 두 언어가 어휘상과 관련하여 통사·의미적으로 어떻게 유사하고 어떻게 다른지 밝혀 보려는 이러한 시도는 유형론적으로 가장 유사한 언어인 한국어와 일본어의 이해에 크게 기여할 것으로 생각한다. 그래서 언어학을 공부하는 많은 이들에게 한국어와 일본어의 통사·의미를 알리는 기회가 되기를 바란다.

학부에서 생화학을 전공한 저자는 한국외국어대 대학원에서 처음 언어학을 접하게 된다. 박순함 선생님께 사회언어학을 배우고 지금은 고인이 되신 양인석 선생님께 통사론을 배웠다. 그리고 1982년 대학원 졸업 후 학부생들에게 교양영어를 가르치다가 1987년 5월 일본 연구소에서 연구개발을 하게 된 남편을 따라 일본에 가서 1년을 살게 되었다. 이렇게 해서 저자는 일본어와 처음 인연을 맺게 되었고 바로 이 인연이 '한국어와 일본어 동사의 상 연구'라는 제목의 이 책을 쓰게 된 계기가 되었다고 생각한다.

1990년 KAIST가 대전으로 이전하게 되어 남편을 따라 대전의 연구단지에서 살게 된 저자는 일본어에 흥미를 가지고 있던 차에 연구단지에 거주하는 일본인에게 1992년부터 5년간 우리말을 가르치며 일본어를 연습하게 된다. 일본어를 알게 되고서 비로소 언어학에 호기심을 느낀 저자는 1999년 가을 대전에 있는 한남대 일어일문학과 대학원에 입학하여 일어학을 전공하였다. 그리하여 '일본어 동사 상 형태의 의미 비교'라는 제목으로 석사 논문을 썼으며 이 석사 논문은 이 책의 일본어 동사 어휘상을 분석하는데 많은 도움이 되었다.

2002년 교환 교수로 일본을 가게 된 남편을 따라 다시 일본 동경에서 1년간 살게 된 저자는 '재단법인 LAVO 국제교류센터'라는 곳에서 외국인에게 일본어를 가르치는 교원을 양성하기 위해 개설된 '일본어 교원 양성강좌'를 1년간 수강하고 졸업하였다. 저자는 이때 언어학에 대해 참으로 많은 것을 배울 수 있었다. 음성학은 이노우에(上野 善道), 어휘의미론은 야마다(山田 進), 사회언어학은 히비야(日比谷 潤子), 의미론은 쿠니히로(國弘 哲弥) 선생님 등 각 분야의 저명한 학자들에게서 언어학을 배웠다. 그리고 이때 함께 공부한 와시모리(鷲森), 신도(新藤), 마츠다(松田) 님은 이 연구에 쓰인 일본어 예문의 문법성을 확인하는데 많은 도움을 주었다. 이들 세 친구, 그 중에서도 와시모리(鷲森)님에게는 정말 많은 도움을 받았다. 그녀의 도움이 없었더라면 이 책이 나오기 어려웠을 것이다.

저자는 다시 2005년 가을 충남대학교 대학원 언어학과의 박사과정에 들어가 본격적으로 언어학을 공부하게 된다. 첫 학기에 언어학의 대학자이신 김차균 선생님께 음운론을 배웠는데 저자는 이때 소리에 관심을 갖게 되어 '일본어 파열음[k, t]과 파찰음[ts, tʃ]의 국어 표기상의 문제점'이란 제목으로 논문을 발표한 적이 있다. 저자는 선생님께 참으로 많은 가르침을 받았다. 이점 깊이 감사드린다.

그리고 논문의 지도와 심사를 해 주신 류병래 선생님과 최재웅 선생님께도 깊은 감사를 드린다. 이 책이 나오기까지 컴퓨터 입력을 맡아준 학생들, 전지영, 박은영, 한희우 양과 최우혁 군에게도 감사한다. 또한 한국어 예문의 문법성을 확인해 준 동생과 친구들 그리고 설문지에 응해 주신 여러분에게도 감사드린다.

늦게 공부를 다시 시작한 아내를 격려하고 사랑해준 남편과 멀리 미국 유학 중에 있으면서 여러 자료들을 찾아준 아들과 열심히 학교 공부하면서 엄마를 응원해준 예쁜 딸에게 감사하며 이 책을 드린다.

끝으로 저자의 연구 논문을 흔쾌히 출판에 응해 주신 역락의 사장님과 교정 작업에 임해 주신 도서출판 역락의 편집위원께도 감사드린다.

2011년 5월
이영희

차 례

제5장 '-었-', '-었었'의 의미 기능과
일본어 상부사 'mou/sudeni'의 의미 기능 | 243

표 차례

그림 차례

제1장
....
서 론

1.1. 연구의 목적

이 책은 한국어와 일본어에서 관찰되는 '상(aspect)'을 비교 및 대조 연구하는 것이 목적이다. 상의 표현은 동사 어간의 어휘적인 의미를 통해서 이루어질 수도 있고, 활용형을 통해서 이루어질 수도 있으며, 문법적인 수단의 도움으로 이루어 질 수도 있다.

우주만물의 실상은 스스로 쉴 새 없이 변화하지만, 사람은 자신과 관련이 있는 부분만을 인식하고 느끼면서 그것을 '심상화(心相化)'하여 언어를 통해서 남에게 전달하기도 한다. 이것이 의사소통인데, 의사소통을 통해서 나타나는 상은 매우 제한되어 있다. 우리가 언어학에서 상이라고 하는 것은 이렇게 우주만물의 실상이 제한된 모습으로 인식 될 때 그것을 비로소 상이라고 할 수 있다.

우주만물은 끊임없는 움직임 속에서 갖가지 상을 만들어내기 때문에 시간과 필연적인 관련을 가지게 된다.1) 절대적인 정지의 세계가

---

1) '상' 이외에 시간과 관련된 문법 범주에는 '시제(tense)'가 있다. '시제'는 발화시

있다면 그 속에서는 사람은 시간도 상도 인식할 수 없을 것이다. 이와 같이 상의 관찰은 시간을 통해서만 가능하며, 시간을 관찰할 때는 상을 떠나서는 불가능하다. 그러므로 이 연구에서는 시간의 흐름을 반영하지 않는 '푸르다', '젊다', 등의 형용사는 제외하기로 한다.

이 책에서 상은 동사와 관련해서 분석되고 이해되며 설명되는 상에 한해서 관심을 두기로 한다. 언어 속에 나타나는 상의 모습은 어느 정도 보편성을 가지고 있다. 가장 단순하게 나타나는 것은 품사를 통해서 나타나는데 오랜 옛날부터 관찰되었던 상은 정태상(상태상)과 동태상이었다. 한국어에서 형용사는 모두가 정태상을, 그리고 동사는 다수가 동태상을 표현하지만 정태상을 나타내는 것도 있다. 동태상이란 사물의 내적인 변화나 이동이나 동작 또는 이들이 둘 이상 결합되어 나타나는 상이다.

한국어의 동사는 그것이 동태상을 나타내는지 정태상을 나타내는지에 관계없이 비과거를 나타낼 때, '잡는다'처럼 '-느'와 결합하지만 형용사는 '푸르다'처럼 '-느'와 결합하지 않는다.

고전 문법이나 구조주의 문법 시대에는 의미론이라는 학문은 주로 어휘의미론에 한정되어 있었으며, 상의 연구는 시제 연구와 더불어 좁은 의미의 문법 즉 통사론과 형태론의 한 부분으로 다루어졌을 뿐, 아직 본격적인 의미 연구의 대상에 도달하지 못했다. 20세기 70년대에 와서야 비로소 상의 연구는 동사의 하위 범주와 긴밀한 관계가 있는 것으로 인식되기 시작했다. Chafe(1970:98-101)에서는 동사를 '상태'

를 기준으로 동사가 지시하는 상황의 시간적 위치를 정하는 '직시적 범주 (deictic category)'이고, '상'은 동사가 지시하는 상황의 '내적 시간구성(internal temporal constituency)'을 나타내는 '비직시적 범주(nondeictic category)'이다. Comrie(1976 : 3)는 상을 '내적 시간구성을 바라보는 여러 가지 방식(different ways of viewing the internal temporal constituency of a situation)'이라고 정의하고 있다.

와 '비상태'로 나누고, 다시 '비상태'를 '과정(process)' '동작(action)' '동작과정(action-process)'으로 하위분류한 것을 그 하나의 보기로 들 수 있겠다.

그러나 그의 연구는 격문법(case grammar)이나 생성의미론 학파의 연구와 더불어 문법적인 문장의 생성에 주된 관심이 주어졌기 때문에, 동사를 시간부사어와의 공기를 통해서 관찰하고, 동작류의 의미를 해석하는 데에는 이르지 못하였다.

현실 세계에서 여러 가지로 나타날 수 있는 실상은 말로 표현 될 때는 말하는 사람이 어느 부분을 어떻게 인식하느냐에 따라서 동사를 포함하는 언어 표현이 다르게 나타날 것이다. 바로 이와 같은 인식에 따라 나타나는 언어표현을 우리는 상이라고 한다. 개별언어들을 비교해 볼 때 상을 표현하는 방식이 대체로 같은 모습으로 나타나는 것은 인간의 상 인식에 대한 보편성을 보여 주는 것이라 할 수 있다. 그러나 개별언어 예를 들면 한국어와 일본어, 또는 한국어와 영어 사이에 차이가 나타나고 있는데 이것은 그 개별 언어에 따라 어떤 상황에 대하여 상을 표현하는 방법이 다를 수도 있음을 나타낸다.

인간의 상 인식에 대한 공통성을 매우 타당성 있게 종합하여 동사를 4가지로 분류한 것은 Vendler(1967)이다. Vendler(1967)의 기본적인 분류법을 유지하면서도 이를 확대하고 보완하여 Mori, Löbner and Micha(1992)는 일본어의 동작류를 9부류로, Ryu and Löbner(1996)는 한국어의 동작류를 12부류로 분류하였다.

위와 같이 개별 언어들에서 상을 나타내는 방법이 대체로 같지만 부분적으로 다를 수도 있기 때문에 상의 연구는 곧 언어들 사이의 보편성과 동시에 차이를 밝히는 일이 될 것이다. 그러나 지금까지 한국어와 일본어의 상에 관한 연구는 주로 한 언어를 대상으로 이루어져 왔고 두 언어를 비교하여 상 부류를 확정하고 상 부류의 공통점과 차이점을 세밀하게 비교 및 대조한 연구는 아직 없었다.

서정수(1990 : 119-186)는 한국어와 일본어의 시제와 상을 비교 연구한 첫 시도로 평가된다. 그러나 이 연구도 두 언어의 시제와 상을 본격적으로 밝힌 연구로 보기는 어렵다. 이에 이 연구는 상적 특성에 따라 한국어와 일본어 동사의 동작류를 분류하려 한다. 두 언어가 어휘상과 관련하여 통사·의미적으로 어떻게 유사하고 어떻게 다른지 밝혀 보려는 이러한 시도는, 유형론적으로 가장 유사한 언어인 한국어와 일본어의 이해에 크게 기여할 것으로 생각된다.

기존의 상 연구에서 소극적으로 다루어져 온 심리동사를 이 연구에서는 논의의 중심 과제의 하나로 포함시켜 한국어와 일본어의 모든 동사를 상적 특성에 따라 체계적으로 분류할 것이다. 이 연구에서 주장되는 연구 목표는 다음과 같이 요약될 수 있다. 첫째, 한국어의 동작류는 10가지로 구분되고, 일본어의 동작류는 11가지로 구분된다. 둘째, 동작류 분류에 의해 밝혀진 동사의 상적 특성은 바로 다음 문단에서 보이는 바와 같이 다른 문법현상을 설명하는 단서가 된다. 셋째, 동작류 분류의 방법론으로 기존에 알려진 4가지의 기준을 교차적으로 적용하는 것이 유용하다. 지금까지 일부의 동사들은 연구자에 따라서 엄격한 검증 없이 자의적으로 다른 동작류로 분류된 바 있지만 이 연구에서는 세심한 관찰을 통해서 지금까지 알려지지 않았던 독립된 부류를 설정하게 될 것이다.

한국어에서는 그간 시제나 상과 관련하여 오랫동안 관심의 대상이 되어 왔으나, 아직도 그 의미 기능이 명확히 밝혀졌다고는 할 수 없는 '-었-'과 '-었었-'의 의미 기능이 이들과 결합되는 동사의 상적 특성에 따라 결정된다는 것을 부수적으로 논의할 것이다. 한편 일본어에는 과거 시제 형태소가 '-ta' 하나뿐이므로 '-ta'의 의미 기능에 관하여 한국어의 '-었-', '-었었-'과 같은 논의는 일어나지 않는다. 따라서 한국어의 '-었-', '-었었-'과 일본어의 '-ta'에 대한 병렬적 연구는 이루어지기 어려운 측면이 있다. 그래서 일본어에서는 상부사 'mou/sudeni (이미, 벌써)'가2) 동사의 '-te iru'형과 결합하여 보이는 의미 기능이 동작류와 밀접한 관련이 있음을 밝혀 보고자 한다. 요시카와치즈코(1996)에서 상부사 'mou/sudeni'는 완성과 성취동사의 '-te iru'형 하고만 결합할 수 있다고 하였으나, 이 연구에서는 [-종결성]의 활동동사의 '-te iru'형 하고도 결합할 수 있다는 점을 보일 것이다. 상부사 'mou/sudeni'는 모든 동사의 '-te iru'형과 결합하여 각기 다른 의미를 드러낸다. 이때 드러내는 의미 기능의 차이는 결합한 동사의 상적 특성의 차이에서 오는 것임을 밝힐 것이다.

1.2. 연구 방법 및 범위

동사의 내적 시간구성의 차이는 동일한 상표지와 결합하여 의미의 차이를 낳고 시간부사어와의 공기 제약을 야기한다. Vendler(1967)는 영어의 동작류를 '상태(states)', '활동(activities)', '완성(accomplishments)', '성취(achievements)'의 4부류로 분류하였다. 그는 진행상의 유무, 동사와 시간부사어 'for', 'in', 'at' 과의 공기 제약을 분류 기준으로 이용하였는데, 시간부사어 'for'는 [-종결성]을, 시간부사어 'in'은 [+종결성]을, 시간부사어 'at'은 [+순간성]을 검증하기 위한 것이다.3)

---

2) 'mou/sudeni'는 영어의 'already'에 해당하는 상부사인데 'mou'는 주로 구어체에, 'sudeni'는 문어체에 많이 쓰인다.
3) [-종결성]은 'atelicity', [+종결성]은 'telicity', [+순간성]은 'punctuality'의 번역 대응어이다.

위에서 Vendler(1967)가 제시한 4 가지 분류 기준은 이후 여러 언어
의 동작류 분류에 적용되어 왔다. 그러나 4 가지 동작류 분류 기준을
적용하여 4 가지의 동작류를 구분해 내는 방법론은 기준이 완전히 교
차적으로 적용되지 않았음을 의미한다. Mori, Löbner & Micha(1992)
와 Ryu & Löbner(1996)는 Vendler가 제시한 동작류 분류의 네 가지
기준을 교차적으로 적용하는 방법론을 제안하였다. 이에 따르면 4 가
지의 분류 기준을 교차적으로 적용하면 이론적으로 총 16가지의 가능
한 동작류가 설정될 수 있다.

이 연구는 Vendler(1967)를 이론의 바탕으로 삼으면서, Mori, Löbner,
and Micha(1992)와 Ryu and Löbner(1996)의 방법론을 참고하여 한국어
와 일본어 동사의 동작류를 각각 10부류, 11부류로 설정하고 그 타당
성을 논증하고자 한다. 그리고 [+종결성]을 가진 동작류는 [결과성]의
유무에 따라 한층 더 하위 분류하여 한국어는 총 11부류, 일본어는 총
13부류로 나눈다. 그리고 각 동작류의 상적 특성은 이원적 상자질인
'상태성(stative)', '순간성(punctual)', '종결성(telic)', '결과성(resultative)'을 사
용하여 표상한다.

한편 Dowty(1979)는 완성 동사의 목적어 NP가 'the NP/ a NP'에서
'Φ NPs/물질명사'로 바뀌면 활동 동사처럼 행동한다는 것을 지적하였
는데, 이 연구는 이와 같이 완성 동사이면서 동시에 활동 동사처럼 행
동하는 동사들은 따로 하나의 동작류로 분류되어야 함을 보여 주고자
한다. 이들 동사들이 '완성'과 '활동'의 상적 속성을 모두 가지고 있는
것을 중의성을 갖는다고 처리하기 보다는 하나의 독립된 동작류로 처
리하는 것이 설명적 이점이 있다고 본다.

또한 진행형을 취하지 못하는 것으로 알려진 Vendler의 성취동사
중에서 'win', 'lose', 'reach' 등은 'we are winning/losing', 'the train is

reaching' 등과 같이 진행형을 취할 수 있다. 한국어와 일본어 동사 중에도 성취동사이면서 진행형을 취하는 동사들이 있는데, 이들을 따로 하나의 부류로 분류할 것이다.

그리고 각 동작류의 명칭은 '상태', '활동', '완성', '성취'의 네 가지 기본 상황유형으로 나타내고, 상적 특성은 '상태성(stative)', '순간성(punctual)', '종결성(telic)', '결과성(resultative)'의 이원적 자질로써 나타낸다.

시간부사어 'for'와 'in'은 '시구간(time interval)'으로서 각각 한국어 시간부사어 '동안'과 '만에', 일본어 시간부사어 'kan'과 'de'에 대응되고 'at'은 '시점(point of time)'을 뜻하는데 한국어 시간부사어 '에', 일본어 시간부사어 'ni'에 대응된다.

영어의 시간부사어 'in'의 한국어 대응어로 김석득(1974), Lee(1982)는 '동안에'가 타당하다고 보았으나 이 연구에서는 '만에'가 그 대응어라는 입장을 취한다. 그 근거는 이어지는 논의에서 제시할 예정이다. Vendler가 제시한 'in(만에)'은 어떤 상황이 시작되어 종결될 때까지 걸린 시간을 나타낸다. 중의적인 해석을 낳게 하는 한국어의 '만에'는 일본어로는 'de' 와 'burini' 라는 두 가지 시간부사어에 대응되는데 이 두 가지 시간부사어와의 비교를 통해서 '만에'의 중의성을 설명하고자 한다.

시간부사어 '동안/kan', '만에/de', '에/ni'로 동사의 시간적 특성을 검증할 때는 몇 가지 조건이 전제된다. 첫째, 주체나 대상이 복수일 때의 '반복상'과 장기간에 걸쳐 일어나는 '습관상'은 이 연구의 논의에서 제외한다. 왜냐하면 '반복상'에서는 '시간의 폭'을 갖지 못하는 순간상황의 동사들도 Dowty(1979 : 63)의 예문(1가, 나)에서와 같이 '시간의 폭'을 나타내는 시간부사어 '동안'과 공기할 수 있고 습관상을 나타내는 (2)는 진행상을 갖지 못하는 순간 동사가 진행형을 취할 수 있게 되기 때문이다.

 (1) 가. Tourists discovered that quaint little village for years.
   나. John discovered fleas on his dog for 6 weeks
 (2) In those days we were getting up at 7 o'clock.

 둘째, 시간부사어와의 공기 관계를 검증할 때는 모두 단순 과거형에서 이루어 져야 한다. 순간적 상황의 분류 기준인 시간부사어 '에'도 단순 과거형에서 검증해야 하는데, 과거 진행상인 '세 시에 밥을 먹고 있었다'에서는 '에'가 다른 함의를 갖게 되기 때문이다. 이 연구의 분류 기준인 '에'는 시간의 폭을 갖지 않는 상황이 순간적으로 완성되는 시점을 의미하므로 진행상에서의 '에'와 같이 그 시점에 동사가 지시하는 상황이 진행 중이었음을 뜻하는 '에' 와는 구별되어야 한다.
 셋째, 동작류 분류의 통사적 단위는 동사로 간주한다. 이때 통사적 단위가 동사라 함은 동사의 어휘 의미를 구별하는 기본적 논항은 포함된다는 것을 의미한다. 예를 들어 동사 '감다'는 동음이의어로서 '감다'만으로는 '눈을 감다'의 '감다'인지 '로프를 감다'의 '감다'인지 알 수 없다. '눈을 감다'는 순간동사이고 '로프를 감다'는 '완성동사'에 속한다. 또 동사 '오다'도 주어에 따라서 '비가 오다'의 '오다'는 '활동동사'가 되고 '친구가 오다'의 '오다'는 '완성동사'가 된다. 따라서 동사에 내재하는 상적 속성을 밝히려고 할 때 동사의 어휘의미를 확정해 주는 논항은 포함되어야 한다. 이 논문에서 동작류 분류의 통사 단위를 동사구로 보지 않는 것은 동사구 내에 있는 다른 문장 성분들이 상의 전이를 일으킬 수 있기 때문이다.
 Dowty(1979)나 Smith(1997) 등은 동사 이외의 문장 성분들도 고려하여 단순히 동사만이 아니고 동사구 층위, 더 나아가 문장 층위에서 동

작류의 분류가 이루어져야 한다고 주장한다. 그러나 동작류 분류의
목표는 동사의 고유한 내적 시간구성을 밝히는 일이다. 만일 문장 안
에 있는 모든 요소들을 포함시켜 동작류를 분류하려고 한다면 동사
고유의 상적 속성을 파악하는 데에 오히려 장애가 될 것이다. 예를 들
어, 부사어 '천천히'가 개입을 하면 순간적 상황을 나타내는 동사들도
시간의 폭을 가진 과정 동사처럼 행동할 수 있기 때문에 동사 본연의
내적 시간구성을 파악하기 어렵게 된다.

이 책의 동작류 분류에서는 기존의 연구에서 다루었던 동사들 외에
그간 선행 연구에서 소홀히 다루어져 온 심리동사를 포함시켜 동사
전체를 조명하고자 한다. '동태성'을 기본적인 의미 내용으로 하는 동
사가 '동태성'을 잃고 '정태성'을 보이는 상태 동사에 특히 관심을 갖
고자 한다. 진행상을 취하지 못하는 영어의 상태동사 'love', 'know',
'believe'와는[4] 달리 그에 대응하는 한국어 동사 '사랑하다', '알다', '믿
다'나 일본어 동사 'aisuru(사랑하다)', 'siru(알다)', 'sinziru(믿다)'는 각각
진행상표지 '-고 있다', '-te iru'[5]와 결합한다.

이 책에서 관심을 갖는 것은 진행상표지와 결합한 한국어와 일본어
의 심리 동사들이 드러내는 상이 과연 진행상인지 아니면 영어와 마

---

4) Levin(1995)은 영어의 심리동사를 첫째 'alarm', 'annoy', 'depress', 'scare',
'surprise', 'upset' 등의 'Amuse verbs'부류, 둘째 'enjoy', 'like', 'love', 'respect',
'tolerate', 'despise', 'regret', 'envy' 등의 'Admire verbs'부류, 셋째, 'bother',
'rejoice', 'sadden', 'wonder', 'feel', 'mourn', 'suffer', 'ache', 'hurt', 'anguish' 등의
'Marvel verbs' 부류, 넷째, 'appeal', 'matter', 'niggle' 등의 'Appeal verbs'부류로
나누고 있다.

5) 한국어 상표지 '-고 있다'에 대응되는 일본어 상표지 '-te iru'의 '-te-'는 '-고-'
와 같이 연결어미이고 '-iru'는 한국어 '-있다'와 같은 의미이다. 박소영(2004 :
175-184)은 연결어미 '-고-'는 결합하는 사건의 유형에 따라 각기 '병렬', '선행',
'원인', '방법', '양태'의 다른 의미를 나타낸다고 하였다. '-고-'가 양태의 의미를
가질 때는 재귀성의 동사와 결합할 때라고 하였는데 이것은 이 연구의 '-고$_2$ 있
다'의 '-고$_2$-'에 해당된다.

찬가지로 상태상인지를 밝히는 것이다. 이 연구는 심리동사를 '알다 /siru', '이해하다/wakaru' 등의 인지동사, '생각하다/omou', '믿다/sinziru' 등의 사고동사와 '보이다/mieru', '들리다/kikoeru', '냄새나다/nioigasuru' 등의 지각동사, '사랑하다/aisuru', '기뻐하다/yorukomu', '슬퍼하다/kanasimu' 등의 감정동사로 나누어 이들 심리동사들의 상적 특성을 파악하고자 한다. 이 연구에서는 '기쁘다', '슬프다' 등의 감정 형용사와 '가렵다', '배고프다' 등의 감각형용사는 논의의 대상에 포함시키지 않는다.[6]

정문수(1984)는 '사랑하다' 등의 심리동사들이 '동태성'을 가지고 있 다고 논증하고 있고, 이정민(1994)은 내적 시간구성을 갖지 않는 상태 동사와는 구별되는 '사건'의 상적 구조를 심리동사가 지니고 있다고 보았으며, 이익환(1994)은 전통적인 동사 분류에 더하여 심리동사 부류 를 인정하는 것이 타당하다고 하였다. 그러나 이 연구에서는 '알다', '이해하다' 등의 인지동사는 '성취상황'의 상적 구조를 가지고 있고, 그 외의 감정, 사고, 지각의 심리동사는 상태동사의 상적 구조를 가지고 있다고 간주하고 이를 입증하고자 한다.

1.3. 논의의 구성

1장 서론에 이어, 2장 1절에서는 상의 개념에 대하여 논의한다. 문법 상으로서 '완결상(perfective)'과 '완료상(perfect)' 그리고 '결과상(resultative)' 이 어떻게 다른지 기술하고, '진행상(progressive)'과 '지속상(continuous)'도 구분되어야 하는 상임을 논의한다. 그리고 '상태상황', '활동상황', '완 성상황', '성취상황' 등 Vendler(1967)의 동작류 분류를 소개하고, 이어

---

6) 감각을 나타내는 서술어가 일본어에서는 동사 범주에 속하고, 한국어에서는 주 로 형용사 범주에 속한다.

서 Dowty(1979)가 지적하고 있는 Vendler(1967)의 어휘상 분류의 문제점을 제시하고자 한다.

2장 2절에서는 한국어의 상에 관한 선행 연구를 검토한다. 한국어 동사 상의 연구는 크게 두 가지 관점에서 생각해 볼 수 있는데, 선어말 어미 '-었-'이나 '-고 있다' 등과 같은 보조 용언의 의미 기능에 대한 연구와 동사어휘의 고유한 의미자질 즉, 각각의 동사에 내재한 상적 속성에 대한 연구로 나눌 수 있다. 전자는 문법상의 연구이고 후자는 어휘상의 연구라 하겠는데 이 연구의 선행연구에서는 어휘상 곧 동작류 분류를 중심으로 선행 연구를 검토할 것이다. 그리하여 한국어 동사의 동작류를 최초로 분류했다고 평가받는 일본인 학자 유타니(油谷 1978)를 비롯하여 이남순(1981), 이지양(1982), 정문수(1982, 1984), 황병순(1987, 2000), 이호승(1997), 조민정(2000, 2007), 김천학(2007), 박덕유(2007)의 순으로 검토하기로 한다.

2장 3절에서는 일본어의 상에 관한 선행 연구를 검토한다. 일본어 동사를 최초로 '상태동사(1종, 4종)'와 '계속동사(2종)' '순간동사(3종)'로 분류한 킨다이치(金田一, 1950)를 시작으로 스즈키(鈴木, 1957), 후지이(藤井, 1966), 타카하시(高橋, 1969), 요시카와(吉川, 1973), 오쿠다(奧田, 1977), 쿠도 마유미(工藤眞由美, 1994, 2000나)에 이르는 여러 학자들의 이론을 고찰한다. 끝으로 Vendler(1967)의 동작류 분류를 적용하여 일본어 동사를 분류한 Mori, Löbner, Micha(1992)와 요시카와치즈코(吉川千鶴子, 1994)의 동사분류를 검토한다.

3장과 4장에서는 Mori, Löbner & Micha(1992)와 Ryu & Löbner(1996)의 방법론을 참고하여 한국어와 일본어 동사의 동작류 분류를 시도한다. 3장 1절에서는 이 연구에서 시도하는 동작류 분류의 기준 및 방법을 제시한다. 3장 2절에서는 한국어 동사의 동작류를 일차적으로 10

부류로 분류할 것이다. 그리고 이차적으로 [+종결성]을 지닌 동사들을 [결과성]의 유무에 따라 한층 더 하위분류하여 결국 한국어의 동작류를 총 11부류로 분류할 것이다. 4장에서는 3장에서와 마찬가지로 일본어 동사의 동작류를 일차적으로 11부류로 분류할 것이다. 그리고 이차적으로 [+종결성]을 지닌 동사들을 [결과성]의 유무에 따라 한층 더 하위 분류하여 총 13부류로 분류할 것이다. 한국어와 일본어의 각 동작류의 통사·의미론적 특성은 시간부사어 '동안/kan', '만에/de', '에 /ni'와의 공기 관계로써 확인될 것이다. 4장 3절에서는 3장과 4장에서 분류한 한국어와 일본어 동작류의 차이점과 공통점을 비교 검토할 것이다.

5장에서는 3장과 4장에서 밝힌 동사의 상적 속성이 다른 문법현상을 설명할 수 있는 단서를 제공한다는 것을 보일 것이다. 5장 1절에서는 상이나 시제와 관련하여 그 의미 기능을 놓고 논의의 대상이 되어온 '-었-'과 '-었었-'의 의미 기능을 분석하고자 한다. 그래서 '-었-'과 '-었었-'이 드러내는 의미 기능의 차이는 바로 이들이 결합한 동사의 동작류의 차이에서 온다는 점을 보일 것이다. 5장 2절에서는 일본어의 상부사 'mou/sudeni'가 동사의 '-te iru'형과 결합하여 보이는 의미 기능을 분석할 것이다. 상부사 'mou/sudeni'는 각 동작류의 '-te iru'형과 결합하여 각기 다른 의미를 드러낸다. 이때 드러내는 의미 기능의 차이는 결합한 동사의 상적 특성의 차이에서 오는 것임을 규명할 것이다.

상의 개념과 선행 연구 검토

상의 개념

'상'에 관한 논의의 시작은 아리스토텔레스로 거슬러 올라간다. 아리스토텔레스는 일찍이 어떤 동사들은 필연적으로 '결과(result)'나 '종결(end)'의 의미를 나타낸다는 사실에 주목하고, 동사를 'kineseis(movements)'와 'energiai(actualities)'로 분류하였는데, 이것은 대략 오늘날의 '완성(accomplishments)'과 '활동(activities)/상태(states)'에 대응된다(Dowty(1979 : 52-53)).

Ryle(1949)은 '성취(achievements)'라는 용어를 처음으로 사용하였는데 '성취(achievements)'를 '과업이 있는 성취(achievements with an associated task)'와 '순수한 성취(purely lucky achievements)'로 구분하였다. Kenny(1963)는 동사를 '활동(activities)', '수행(performances)', '상태(states)'로 나누고 '활동'과 '수행'의 단순 현재형은 반복상이나 습관상을 나타내나 '상태'는 반복상이나 습관상을 나타내지 않고 현재의 상태를 나타낸다는 점에 주목하였다.

이후 처음으로 영어의 동사를 4 부류로 나눈 것은 Vendler(1967)이

다. 그는 동사에 내재하는 시간적 특성을 이용하여 동사와 시간부사
어와의 공기 제약, 진행상의 유무, 그리고 논리적 함의 관계에 의해서
동사를 '활동', '완성', '성취', '상태'로 분류하였다.

'상(aspect)'은 두 가지 의미로 나누어 생각할 수 있다. 하나는 동사어
휘의 고유한 의미자질 가운데 시간과 관련된 자질 즉 각각의 동사에
내재된 시간적 특성을 뜻하고 다른 하나는 동사가 '상표지(aspect
marker)'와 결합하여 드러내는 '진행상', '완료상', '결과상' 등을 뜻한다.
전자를 '동작류(Aktionsarten)'[1], '상황 유형(situation types)' 또는 '어휘상
(lexical aspect)'[2]이라고 하고 후자를 '동작상', '관점상(viewpoint aspect)' 또
는 '문법상(grammatical aspect)'이라고 한다. 넓은 의미의 '상'으로는 '동
작류'와 '동작상'을 의미하고 좁은 의미의 '상'으로는 '동작상'만을 뜻한
다. Dowty(1979 : 52)는 전자를 'aspectual class of a verb(동사의 상 부류)'
라 하고 후자를 'aspectual form of the verb(동사의 상 형태)'라고 정의하
였다.

일반적으로 '상'이라고 하면 후자를 생각하게 되는데 동일한 상표지
'-고 있다'는 동사와 접속하여 여러 가지 상을 나타낸다.[3] 이러한 '상'
의 차이는 '-고 있다'와 결합한 동사의 내적 시간구성의 차이에서 기
인한다. 이와 같이 상은 동사 어휘의미의 시간적 특성에 의해 결정되
는 것으로 상과 동작류는 떼어서 생각할 수 없는 상호 긴밀한 관계에

---

1) 동작류의 원어인 Aktionsarten은 '행위의 종류(kinds of actions)'를 뜻하는 독일
   어이다.
2) Lyons(1977 : 706)는 어휘상을 '상적 속성(aspectual character)이라 했다. 요시카
   와치즈코(吉川 1996)는 어휘상을 어의상(語義相)이라 불렀다.
3) 동사는 동일한 상표지 '-고 있다'와 결합하여 동사에 내재한 상적 특성에 따라
   다음과 같이 각기 다른 상을 드러낸다.
   (I) 가. 윤희는 밥을 먹고 있다.(진행상)
       나. 윤희는 눈을 감고 있다.(결과상)
       다. 윤희는 한복을 입고 있다.(진행상, 결과상)

있다.

다음은 흔히 혼동되어 쓰이는 문법상의 개념들과 어휘상에 관해 살펴보기로 한다.

2.1.1. 문법상

한국어의 '-고 있다', '-어 있다', 일본어의 '-te iru', 또는 영어의 'being', 'have pp' 등의 상 형식이 동사와 결합하여 드러내는 상을 문법상이라고 한다. 다음은 이 연구의 논의의 진행을 위하여 필요한 '완결상'을 비롯한 문법상을 소개하고 그 개념을 정립하고자 한다.

2.1.1.1. 완결상(perfective)과 완료상(perfect)

Comrie(1976 : 16-25)는 다음과 같이 '완결상'의 의미를 규정하고 있다. 완결상이란 '움직임의 시작, 중간, 끝이 모두 포함된 완전한 상황(a complete situation with beginning, middle, and end)'을 뜻한다. 과거 시제문 'He read a book'[4)]과 'He was reading a book'은 상에 있어서 차이를

---

4) 본래 '완결상'과 '비완결상'의 구별은 러시아어에서 어떤 상황이 완성되었는지의 여부를 나타내기 위해 동사어간에 접사를 첨가하여 나타내던 것이었는데 Comrie (1976)는 영어의 과거 시제문 'He read a book'이 완결상을 나타내는 것으로 보았다. 그러나 그의 설명과는 달리 Lyons(1968/1991 : 314)는 'He read a book/novel'이라는 문장은 '책읽기를 완성했다'로 해석될 수도 있고 '책읽기가 아직 끝나지 않았다'로 해석될 수도 있다고 하였다. 또 Comrie(1976)가 엄격하게 구별하고 있는 '완결상(perfective)'과 '완료상(perfect)'의 용어를 Lyons(1968, 1991 : 313)는 구별하지 않고 '완결상'을 'perfective' 또는 'perfect'라 하였다. 그러나 이 연구에서는 개념의 혼동을 피하기 위하여 Comrie(1976)를 따라 '완결상'과 '완료상'의 개념을 구별한다. 한편 Mourelatos(1978 : 418)에 따르면 'he has arrived', 'he has been to Australia'는 완결상이고 'he has lived here all his life'

보이는데, 러시아어의 상의 개념에 의하면 전자를 '완결상(perfective)'이라 하고 후자를 '비완결상(imperfective)'이라고 한다. Smith(1997 : 99)는 '완결상'과 '비완결상'을 다음과 같이 구별하였는데, '비완결상적 관점 (imperfective viewpoint)'은 현재 상황을 말할 때 사용되고, '완결상적 관점(perfective viewpoint)'은 과거 상황을 말할 때 사용된다고 하였다.

'완결상'이란 상황의 내적 시간구성을 '시작', '전개', '종결'로 분할하지 않고 상황 전체를 하나로 보여주는 것이고, 비완결상이란 상황을 분할하여 어느 한 국면만을 보여주는 것이다. 즉 시작, 중간, 종결의 어느 한 국면만을 드러내는 상이다. '완결상'과 영어의 '완료상'은 다른 개념으로서 '완결상'은 상황 전체를 하나로 보여주는 상이고 '완료상'은 과거의 상황이 현재와 관련을 맺고 있는 것을 뜻한다.5)

이렇듯 완료상은 '과거에 일어난 사태6)가 현재에 미치는 효력이 있음'을 함축하는 상으로서 사태가 완료된 국면에 초점이 있는 것이므로 사태 전체를 하나로 보여주는 완결상과는 구별된다. 러시아어와 같이 상이 발달한 언어에서는 '완결상'과 '비완결상'의 대립이 동사어미의 굴절접사에 의해 구분된다. 그러나 '완결상', '비완결상'의 상적 대립이 문법화 되어 있지 않은 한국어, 일어, 영어 등에서는 동사의

는 비완결상이다.
5) 예를 들면 'I lost my key yesterday'와 'I have lost my key'의 두 문장을 비교할 때 전자는 어제 열쇠를 잃어버렸으나 지금은 열쇠를 찾았을 수도 있고 아직 찾지 못했을 수도 있다. 그러나 완료형인 후자는 열쇠를 잃어버렸고 그 상태가 현재도 지속되고 있음을 의미한다.
6) 이 연구에서는 '사태'라는 용어를 Bach(1981)의 'eventuality'의 번역 대응어로 사용하고, '사태'와 같은 의미로 '상황(situation)'이라는 용어도 사용한다. '상황' 은 'process(과정)', 'event(사건)', 'state(상태)'를 모두 포괄하는 용어이다. 오충 연(2006 : 35-36)은 '상황'에 대한 지각이 움직임의 양상과 관련된 언어양식으로 형상화된 것을 '상'이라 하였다. '상황'에는 첫째, 현실세계의 상황이 있고, 둘째, 화자의 마음속에서 구성되는 지각적 상황이 있고, 셋째, 언어로 형상화된 상황 이 있다고 보았다.

'비진행형'과 '진행형'으로 완결상과 비완결상이 구별된다.

Comrie(1976)의 'perfective'의 한국어 대응어는 '완결상' 또는 '완료상'으로 번역되어 쓰이고 있는데 이 연구에서는 '완결상'과 '완료상'이 다른 개념으로 쓰이고 있다. 그런데 상황전체를 하나로 보여주는 '완결상'과 상황을 분할하여 보여주는 '비완결상'의 개념이 혼동되어 쓰이는 경우가 흔히 있는데 김종도(1993 : 13)와 박덕유(2010 : 27-28)의 경우가 그러하다. 김종도(1993)는 'perfective'를 '완료상'이라 칭하였다. 그리고는 '-어 있다'가 나타내는 상을 '완료상'도 '미완료상'도 아닌 '결과상'이라고 하였다. 이것은 '비완결상'의 개념을 올바르게 이해한 것이라고 볼 수 없다. '결과상'은 동사가 지시하는 상황이 종결된 뒤의 결과상태를 나타내는 것으로 상황을 분할하여 '결과'라는 한 국면만을 보여 주므로 '비완결상'의 일종이다. 따라서 그의 용어로는 '미완료상'에 해당된다.

한편 박덕유(2010)도 '완료상'이란 내적 시간구성을 하나의 전체로서 파악하는 것이고 '미완료상'은 여러 국면으로 세분해서 그 중 어느 한 국면만을 보여 주는 것이라 하였다. 그의 '완료상'과 '미완료상'은 Comrie(1978 : 16-32)의 '완결상'과 '비완결상'의 정의와 일치한다. 그러나 박덕유(2010)는 '-어 있-'이 드러내는 상을 '완료상'이라고 하였는데 '-어 있-'은 동사가 지시하는 상황이 완료된 뒤의 결과상태를 나타내는 것으로 결과의 국면만을 보여주는 것이므로 '비완결상'에 속한다. 따라서 '-어 있-'은 박덕유(2010)의 용어로는 '미완료상'에 해당된다. '미완료상'인 '-어 있-'을 '완료상'이라 한 것은 '완결상'과 '비완결상'의 개념을 올바로 파악한 것이라 보기 어렵다. 비완결상에는 '진행상', '완료상'[7), '결과상', '반복상' 등이 해당된다.

---

7) 이재성(2001 : 72)은 국어의 상 체계를 다음과 같이 나타내었는데 그의 '전체상'

한동완(1999가 : 168-173)은 'perfective(완결상)'를 '외망상'이라 하고, 'imperfective (비완결상)'을 '내망상'이라고 하였다. '외망상'이란 상황의 기부, 핵부, 결부를 하나의 분석 불가능한 덩어리로 바라보는 것 곧 상황의 내재적 시간 성분에 관계없이 상황의 전체성(totality)을 외부로부터 바라보는 것이라 정의하였다. 그리고 종래 영어의 '완료'와는 구분되는 개념이라 하였다. 또한 국어에서 '-었-'을 '완료' 또는 '결과상태'의 의미 기능을 갖는 것으로 기술하여 왔는데 여기서 '완료'의 의미도 결국은 상황의 결부를 지시하는 것이기 때문에 상황의 전체성을 외부로부터 조망하는 '외망상'의 정의와는 일치하지 않으며 '결과상태' 또한 상황의 결부 수행 이후의 '결과상태'를 지시하는 것이므로 역시 '외망상'의 정의와는 상충된다고 하였다.

한동완(1999가)의 '외망상'과 '내망상의 정의는 이 연구의 '완결상'과 '비완결상'의 개념 구분과 일치한다. '완결상'과 '비완결상'의 개념은 '-었-'과 '-었었-'의 의미 기능을 규명함에 있어서도 매우 중요하다. 이 연구는 5장 1절에서 '-었-'과 '-었었-'의 의미 기능이 '완결상'과 '비완결상'이라는 '관점상'에 따라서 달라진다는 점을 밝히고 있는데 이러한 점을 고려할 때 '완결상'과 '비완결상'의 개념 구분은 매우 중요하다고 하겠다.

김성화(1992 : 10)는 '완결상'을 '완료상'으로, '비완결상'을 '불완료상'이라 칭하고, 완결상을 다음과 같이 정의하였다. '완료상'은 '전일성(totality)'

은 Comrie(1976)의 '완결상(perfective)'에, '부분상'은 '비완결상(imperfective)'에 해당된다. 이재성(2001)도 '완료'를 부분상으로 보았다.

이라는 상성을 갖는데, 전일성이란 동적 상황의 시작과 종결의 전 과
정이 하나의 덩어리로 관찰되는 것이라고 하였다.

한편 마치다(町田, 1989 : 15)는 '완결상'과 '비완결상' 그리고 '완료상'과
'미완료상'은 개념적으로 다른 성질을 갖는 상이라고 하였다. 그에 따
르면 (1가)는 '완결상'과 '완료상'이 조합된 것이고 (1나)는 '비완결상'
과 '완료상'이 조합된 것이다.

> (1) 가. John has run 100 meters.
> 　　나. John has been running for 3 hours.

2.1.1.2. 결과상(resultative)과 완료상(perfect)

Bybee, Perkins Pagliuca(1994 : 61-68)는 '결과상'과 '완료상'을 다음과
같이 구분하고 있다.[8] '결과상'은 '과거의 활동에 의해서 야기된 상태
(a state that was brought about by some action in the past)'를 나타내는 것이
고 '완료상'은 '현재와 관련을 맺고 있는 과거의 활동(a past action with
current relevance)'을 나타내는 것이라 하였다.[9]

한편 장석진(1973)에서는 '-어 있다'가 드러내는 상을 '완료상'이라
칭하였다. 그러나 이 연구에서는 '-어 있다'가 드러내는 상은 '결과상'
으로 보며 '완료상'과 구별한다. 그리고 이 연구에서 '완료'라 함은 어
휘 의미에 필연적인 종결점이 내재되어 있는 동사가 목표점에 도달하
였음을 의미하는 뜻으로 사용한다. 즉 '먹다', '읽다' 등의 동사가 발화

---

8) 박진호(2003;42)에는 Nedialkov and Jaxontov(1988)의 완료상과 결과상을 구분
　하는 기준을 잘 정리하고 있다.
9) 예를 들어 그의 예문에서 (I가)는 '결과상'이고 (I나)는 '완료상'을 나타낸다.
　(I) 가. He is gone.　　The door is closed.
　　　나. He has gone.　　The door has closed.

시에 '-었-'과 결합하여 드러내는 상이 '완료상'이다. 또는 [+종결성, +결과성]을 가진 동사 '앉다', '깨지다' 등의 동사들이 목표점에 도달한 순간을 지시할 때도 '완료상'이라 부른다. 이 연구에서의 '완료상'은 이러한 의미에서 영어의 '완료상'보다 좁은 의미로 쓰이고 있다는 점을 밝혀 둔다. 영어의 완료상의 종류에 관해서는 Comrie(1976 : 52-65)에 자세히 기술되어 있다.

한편 이지양(1982 : 19-21)은 '-었-'이 드러내는 의미를 '완료'라 하는 것은 개념적으로 잘못되었다고 지적하며 '완결'이라는 용어를 사용했다. '완료'란 기준시와 앞선 상황과의 관계를 보이는 것으로, 즉 두 개의 시점간의 관계이므로 엄밀히 말하면 상 범주에 들 수 없다고 지적한다. 상은 기준시와의 관계를 고려하지 않고 한 상황 내부에 대한 지시를 할 뿐이므로 한 상황의 성공적인 마무리라는 의미에서 '완결'이라는 용어가 적당하다고 하였다. 이지양(1982)이 말하는 '완결'이란 이 연구에서 사용하는 좁은 의미의 '완료'를 뜻하며 이 연구에서 의미하는 '완결상'과는 전혀 다른 개념이다.

2.1.1.3. 진행상(progressive)과 지속상(continuous)

'진행상(progressive)'과 '지속상(continuous)'의 개념은 다음과 같이 구별된다. '진행상'은 어떤 상황이 발화시 이전부터 시작해서 발화시에 끝나지 않고 발화시 이후까지 계속되는 상황을 의미한다. 달리 표현하면 한국어의 '-고 있다'와 일본어의 '-te iru'가 드러내는 '진행상'은 '동작 지속'을 의미한다. 한편 한국어의 '-어 있다' 또는 '-고₂ 있다'[10)]와

---

10) '밥을 먹고 있다'의 '진행'을 나타내는 '-고 있다'와 구별하여 '눈을 감고 있다'에서 동사가 지시하는 상황의 종결 뒤 결과상태를 나타내는 '-고 있다'는 '-고₂ 있다'로 나타낸다.

일본어의 '-te iru'가 드러내는 '결과상'은 '결과상태 지속'을 나타내며, 한국어와 일본어의 심리동사에 접속한 '-고 있다'와 'te-iru'가 드러내는 '상태상'은 '상태 지속'을 뜻한다. 이와 같은 사실로부터 한국어 '-고 있다', '-어 있다' 또는 '-고₂ 있다'와 '일본어 '-te iru'가 드러내는 상은 공통적으로 '지속상'임을 알 수 있다. 따라서 '지속상'은 '진행상'의 상위개념으로서 이것을 도식으로 나타내면 다음과 같다.

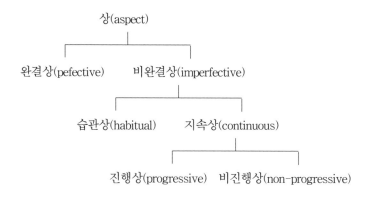

〈그림 1〉 Comrie(1976 : 25)의 상의 분류

진행상에는 순수한 '진행상' 외에 '습관상', '반복상', '순간적 활동 반복상', '예비 단계에서의 진행상' 등을 들 수 있는데 차례로 알아보도록 한다.

첫째, '진행상(progressive)'은 동사가 지시하는 상황이 발화시 이전부터 시작하여 아직 끝나지 않은 상태 즉 운동 계속을 나타낸다.

    (2) I am writing a letter.
       나는 편지를 쓰고 있다.
       watasi-wa tegami-o kai-te iru
       I-TOP letter-ACC write-SF be-PRES-DECL

私は手紙を書いている。

둘째, '습관상(habitual)'이란 현재 발화시를 포함하는 확대된 시간역에서 되풀이 되어 일어나는 상황을 하나의 상황이 연속되는 것으로 파악하는 상이다.

(3) 가. I am taking tennis lessons this year. .
나는 올해 테니스 강습을 받고 있다.
watasi-wa kotosi tenisu no kousyuu-o uke-te iru.
I-TOP this year tennis lesson-ACC take-SF be-PRE-DECL
私は今年テニスの講習を受けている。
나. In those days, we were getting up at 7 o'clock.
그 당시 우리는 아침 7시에 일어났었다.
sono koro watasitati-wa asa 7zini oki te ita
in those days we-TOP morning 7 o'clock-at get up-SF be-PAST- DECL
そのころ私たちは朝七時に起きていた。

습관적으로 반복되는 습관상에서는 순간적 상황을 지시하는 '일어나다(get up)'도 (3나)와 같이 진행형을 취할 수 있다. 이것은 동사 고유의 내적 시간구성을 파악하는데 오히려 장애가 되는 요인이다. 따라서 이 연구에서는 습관상은 상의 논의에서 제외한다.

셋째, 반복상(repetitive)은 복수의 주체나 복수의 대상에 의해 되풀이 되어 일어나는 상황을 하나의 상황이 지속되는 것으로 파악하는 상이다.

(4) Many people are dying of cancer.
많은 사람들이 암으로 죽어가고 있다.
ooku-no hitobito-ga gan-de sin-de iru.
many people-NOM cancer-by die-SF be-PRES-DECL
多くの人々が癌で死んでいる。

반복상에서도 습관상과 마찬가지로 순간적 상황을 나타내는 동사들
이 진행형을 취할 수 있다. 일본어 동사 'sinu(죽다)'는 결과성 동사로
서 진행형을 취하지 않는 동사이나 반복상에서는 '-te iru'와 접속하여
반복되는 상황이 진행되고 있음을 나타낸다. 따라서 반복상은 동사
고유의 상적 특성을 파악하려 할 때는 장애요인이 될 수 있다. 그러므
로 반복상도 동사의 내적 시간구서을 밝히려는 어휘상의 논의에서 제
외 되어야 한다.

넷째, 순간적 활동의 반복상은 '기침하다/sekiosuru(cough)', '치다
/utu(hit)', '차다/keru(kick)', '두드리다/tataku(knock)', '끄덕이다/unazuku
(nod)', '썰다/kiru(cut)' 등의 '순간적 활동상황(semelfactives)'을 나타내는
동사들이 '-고 있다/-te iru'와 결합하여 보이는 상이다. 이들 동사들
은 모두 [-종결성]으로서 순간 동작이 반복적으로 일어나는 상황을
나타낸다. 김성화(1992 : 17)는 semelfactives를 '일회성 동작류'라 칭하였
다. 이 연구에서는 이 부류의 동사들이 '-고 있다/-te iru'와 결합하여
나타내는 상을 '반복상'으로 보지 않고 '진행상'의 일종으로 간주한다.
일본어 동사 분류에서도 이 부류의 동사들은 '활동동사'의 일종으로
간주된다.

    (5) 가. He nodded.
          그는 고개를 끄덕였다.
          kare-wa unazui-ta
          he-TOP nod-PAST-DECL
          彼は頷いた。
      나. He was nodding.
          그는 고개를 끄덕이고 있었다.
          kare-wa unazui-te ita.
          he-TOP nod-SF be-PAST-DECL

彼は頷いている。

예문 (5나)가 보여 주듯이 한국어 동사 '끄덕이다', 일본어 동사 'unazuku'는 각각 진행상표지 '-고 있다', '-te iru'와 결합하여 순간적 사태가 반복되는 상황을 나타내는데 이 반복적인 상황을 하나의 사태로 파악하기 때문에 '끄덕이고 있다', 'unazuite iru'는 진행상으로 간주된다.

다섯째. 예비 단계에서 '도착하다', '이기다/katu', '지다/makeru' 등의 동사가 '-고 있다/-te iru'와 결합하여 목표점을 향하여 가까이 접근하고 있는 상황을 나타낼 수 있는데 이때의 '도착하고 있다', '이기고 있다/katte iru', '지고 있다/makete iru' 등이 나타내는 상을 진행상으로 간주한다.

2.1.2. Vendler(1967)의 동작류 분류

동사 어휘의미에 내재되어 있는 상적 속성은 시간부사어와의 공기 제약으로 나타난다. 이러한 동사의 상적 속성을 어휘상이라고 한다. Vendler(1967)는 최초로 어휘상의 부류를 분류하였는데 이 소절에서는 Vendler(1967)의 동작류 분류 및 분류 기준에 대해 검토한다.

Vendler는 동사에 내재한 시간적 자질을 동작류 분류의 기준으로 삼아서, 진행형의 유무, 시간부사어11) 'for', 'in', 'at' 과의 공기여부, 논리적 함의 관계에 따라 동사를 '상태(states)', '활동(activities)', '완성 (accomplishments)', '성취(achievements)'의 4부류로12) 분류하였다. 먼저 진

---

11) 'for', 'in', 'at'의 품사는 전치사이다. 그러나 문장내에서 시간이나 시점을 나타내는 수량사와 결합하여 부사어로 기능하므로 '시간부사어'로 부르기로 한다.

12) Parsons(1990 : 20)는 'events(사건)', 'states(상태)', 'processes(과정)'를 'eventualities

행상을 취하는 부류와 취하지 못하는 부류로 나누고, 진행상을 취하
는 부류는 논리적 함의 관계에 의해 다시 다음과 같이 활동과 완성의
두 부류로 나누었다.

(6) 가. He was pushing a cart → He did push a cart.
　　나. He was drawing a circle ↛ He did draw a circle.

위의 (6가)와 (6나)의 차이는 'push a cart'와 'draw a circle'이 나타
내는 상황이 다르기 때문이다. 'push a cart'는 '카트를 밀다'라는 상황
이 'T-동안' 이루어 졌을 때 그 하위구간 t에서 'push a cart'는 언제
나 참이 된다. 그러나 'draw a circle'이 나타내는 상황은 종료되기까
지 반드시 일정 시간을 필요로 하는 상황이다. 원을 그리는데 T시간
이 필요할 때 그 하위구간 t에서 'draw a circle'은 참이 될 수 없다.
그래서 'push a cart'는 '활동'으로 'draw a circle'은 '완성'으로 분류된다.
　한편 진행형을 취하지 못하는 동사들도 다시 두 부류로 나뉜다.
'reach the hilltop', 'win the race', 'recognize something'과 같은 '성취'
와 'love', 'think', 'see', 'hear'와 같은 '상태' 부류이다. '성취동사'는 '완
성동사'와 같이 그 내적 시간구성에 종결점(terminal point)[13]이 내재되어
있다. 각 부류의 통사·의미적 특성은 다음과 같다.

(사태)'라 총칭하였는데 이는 Bach(1986)를 따른 것이다. Parsons(1990)는 'events
(사건)'를 'accomplishments(완성)'와 'achievements(성취)'로 다시 나누었다.
13) 종결점은 '목표(goal)' 또는 '과제(task)'가 달성되는 시점으로서 '끝점(final point)'
이라고도 한다.

2.1.2.1. 상태상황(states)

상태상황은 진행형을 취할 수 없다. 이는 (7가)에서 확인할 수 있다.

(7) 가. *I am knowing how to drive a car.
　　나. I loved her for 10 years.

또한 (7나)에서 알 수 있는 바와 같이, 상태 상황을 나타내는 동사들은 시간부사어 'for'와 공기하여, 상태 지속을 나타내는데 이 경우 상태변화의 시작과 끝이 명시적이지 않다.

2.1.2.2. 활동상황(activities)

'활동상황'은 (8가)와 같이 진행형을 취할 수 있고, 동사의 내적 시간구성에 내재된 종결점이 없다.

(8) 가. We are playing football.
　　나. We played football for an hour.

활동상황은 (8나)와 같이 'for'와 공기하여 동작이 지속된 시간을 나타낸다.

2.1.2.3. 완성상황(accomplishments)

'완성상황'은 진행형을 취할 수 있는데 이는 (9가)에서 확인할 수 있다.

(9) 가. I'm reading a book.

　　나. I read a book in an hour.

'완성상황'은 동사의 내적 시간구성에 반드시 내재된 종결점을 갖는다. 따라서 시작점에서 종결점에 이르기까지 걸린 시간을 (9나)와 같이 시간부사어 'in'으로 나타낸다.

2.1.2.4. 성취상황(achievements)

'성취상황'은 동작이 순간적으로 종료되는 동사 부류로서 (10가)에서 알 수 있듯이 진행형을 취하지 못하고,14) (10나)와 같이 시간부사어 'at'과 공기하여 순간적 상황의 성립시점을 나타낸다. 그리고 동사가 지시하는 순간적 상황이 성립할 때 까지 걸리는 시간을 (10다)와 같이 시간부사어 'in'으로 나타낸다.

---

14) 그러나 Mourelatos(1978)의 지적처럼 '성취동사' 중에는 'He is winning the race'와 같이 진행형을 취하는 동사가 있다. 이 연구에서는 이와 같이 성취동사이면서 진행형을 취하는 동사들을 독립된 동작류로 분류한다. Mourelatos(1978 : 423)는 다음과 같이 동사를 분류하였다.

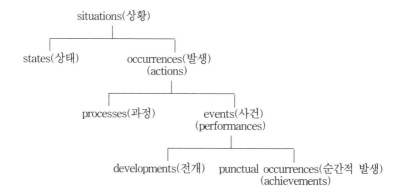

(10) 가. *I am finding the truth.
　　나. I reached the top at 3 o'clock.
　　다. I reached the top in three hours.

성취상황은 상황이 시작됨과 동시에 끝나므로 시작점과 종결점이 겹쳐있다고 볼 수 있다.

여기서 주목할 점은 '활동상황'은 시간부사어 'for'하고만 공기하고 '완성상황'은 시간부사어 'in'하고만 공기한다는 것이다. 그런데 '완성'과 '성취'는15) 모두 시간부사어 'in'과 공기할 수 있지만 함의하는 바는 다음과 같이 각각 다르다.

(11) 가. I wrote the letter in an hour.(완성)
　　나. It took me an hour to write the letter.
　　→ the writing of the letter went on during that hour.
(12) 가. I reached the summit in an hour.(성취)
　　나. It took me an hour to reach the summit.
　　↛ the reaching of the summit went on during that hour.

(11나)는 '편지 쓰기가 한 시간 동안 계속되었음'을 함의하지만 (12나)는 '정상 도달이 한 시간 동안 계속되었음'을 함의하지 않는데 이것이 바로 '완성'과 '성취'의 시간적 특성의 차이점에서 오는 것이다.

Vendler(1967)에서 성취동사의 순간적 성립시점을 나타내는 'at'은 예문(13)과 같이 활동동사와 공기할 수도 있다. 그러나 이때 'at'이 지시하는 시간은 동사가 지시하는 상황의 시작점을 의미하거나 상황이 진행 중이던 시점을 의미하므로16) 그의 분류기준에는 부합되지 않는다.

---

15) 이 연구에서는 '활동', '완성', '성취', '상태'라는 용어를 '활동상황', '완성상황', '성취상황', '상태상황'의 대신 사용하기도 한다.
16) 예외적으로 '세 시에 왔다'에서 '세 시'는 상황이 종결되는 시점을 나타낸다.

(13) I had lunch at 2 o'clock yesterday.

→ I started having lunch at 2 o'clock.

→ I was having lunch at 2 o'clock .

이상을 표로 정리하면 다음과 같다. 다음 표에서 X는 'be-ing'나 각
각의 시간부사어와 공기할 수 없음을 나타내고 O는 'be-ing'나 시간부
사어와 공기할 수 있음을 나타낸다.

〈표 1〉 Vendler의 어휘상 분류 및 분류 기준

	states (상태상황)	activities (활동상황)	accomplishments (완성상황)	achievements (성취상황)
be-ing	x	o	o	x
at	x	x	x	o
for	o	o	x	x
in	x	x	o	o
example	know	eat	build a house	lose
	have	drive a car	paint a picture	reach
	love	run	run a mile	discover

위의 표에서 시간부사어 'in'은 '종결성(telicity)'과 공기하고, 시간부사
어 'for'는 '비종결성(atelicity)'과 공기하여 시간부사어 'for'와 'in'은 서로
'상보적 관계(complementary relations)'에 있다. 그리고 시간부사어 'at'은
'순간성(punctuality)'과 공기한다.

2.1.2.5. Vendler(1967)의 동작류 분류의 문제점

다음은 Vendler(1967)의 동사 유형을 확인하는 Dowty(1979 : 56-63)의

테스트를 소개하고 Dowty가 지적하는 Vendler의 동사 유형의 문제점
을 알아본다.

'활동'과 '완성'은 (14가, 나)와 같이 동사 'stop'의 보충어가 될 수 있
다. 그러나 동사 'finish'의 보충어가 될 수 있는 것은 (15가)의 '완성'
뿐이다. 왜냐하면 'finish'는 [-순간, +종결]의 동사만을 보충어로 취하
기 때문이다.

> (14) 가. John stopped painting a picture.
> 나. John stopped walking.
> (15) 가. John finished painting a picture.
> 나. *John finished walking.

다음 예문 (16)~(17)에서와 같이 '완성'의 보충어가 한정 명사(the
NP)나 비한정 단수명사(a NP)에서 비한정 복수명사(bare plural)17)나 물
질명사로 바뀌면 '활동'으로 상의 전이가 일어난다.18)

> (16) 가. John ate the bag of popcorn in an hour.
> 나. *John ate popcorn in an hour.
> 다. John ate popcorn for an hour.
> (17) 가. John built a house in a month.
> 나. *John built houses in a month.

---

17) 성취동사의 경우도 비한정 복수명사가 보충어로 오면 시간부사어 'for'와 공기
하여 활동동사화 한다고 하는데 이때는 반복상의 의미를 갖는 경우로서 성취동
사는 예문(I)에서와 같이 복수의 보충어 뿐 아니라 복수의 주어가 와도 반복상
의 의미를 갖는다.
  (I) 가. Many People died of cancer for 10 years.
    나. John discovered fleas on his dog for 6 weeks.
18) 'the NP'와 'a NP'는 한정성의 보충어이므로 [+종결]의 완성동사와 공기하고
  'bare plural'이나 '물질명사'는 비한정성의 보충어로서 [-종결]의 활동동사와
  공기하게 된다.

　　다. John built houses for two years.
　(18) 가. John finished (eating) the bag of popcorn.
　　나. *John finished (eating) popcorn.
　(19) 가. John finished (building) the house.
　　나. *John finished (building) houses.

위의 예문(16나)~(19나)가 비문인 것은 '완성동사'가 비한정성의 보충어를 취하여 [+종결성]을 상실하고 '활동'의 상적 특성을 갖기 때문이다. 또 어떤 동사들은 (20)~(21)과 같이 두 개의 '시간 도식(time schema)'[19]이 가능하여 시간부사어 'for' 와 'in'을 다 취할 수 있다.

　(20) 가. John painted a picture for an hour. (활동)
　　나. John painted a picture in an hour. (완성)
　(21) 가. He read a book for an hour. (활동)
　　나. He read a book in an hour. (완성)

한편 '이동'을 나타내는 많은 '활동동사'는 (22)에서와 같이 '목적지'나 '수량 명사'와 결합하여 완성동사로 행동한다.[20]

　(22) 가. John walked to the park in an hour.
　　나. John walked a mile.

위의 사실을 근거로 Dowty는 단순히 동사만이 아니고 동사구(VP)

---

19) 한국어와 일본어에서도 '읽다/yomu', '먹다/taberu' 등 두 개의 시간 도식을 갖는 동사들이 있다.
20) Dowty(1979)는 '이동동사' 외에도 문맥이 주어지면 많은 '활동동사'가 '완성동사'로 상의 전이가 일어난다고 지적하며 아래의 예문을 제시하였다.
　(I) I haven't finished looking at your term paper yet. but I'll try to finish it tonight.

의 층위에서, 더 나아가 문장 층위에서 동작류의 분류가 이루어져야 한다고 주장한다. 그러나 동작류 분류의 목표는 동사의 내적 시간구성을 기술하는 일이다. 그런데 만일 문장 안에 있는 모든 요소들을 포함시켜 동작류를 파악하려고 한다면 동사 고유의 내적 시간구성을 파악하는데 오히려 장애가 될 것이다. 예를 들면 '눈을 뜨고 있다'는 '눈을 뜨는 중'의 의미가 아니라 '눈을 뜬 상태'를 의미한다. 그러나 부사어 '천천히'가 개입을 하게 되면 '눈을 천천히 뜨고 있다'는 '눈을 뜨는 중'의 동작 진행의 의미를 갖게 된다. 이것은 눈을 수술한 환자가 붕대를 푼 후에 의사의 지시에 따라 눈을 천천히 뜨고 있는 상황에서나 쓸 수 있는 표현이다.

이와 같이 부사어가 개입을 하면 순간적 상황을 나타내는 동사들이 모두 시간의 폭을 가진 과정 동사처럼 행동할 수 있기 때문에 동사 본연의 내적 시간구성을 파악하기 어렵게 된다.

이 연구에서 동작류 분류의 단위가 동사라고 하는 것은 논항을 전혀 고려하지 않는다는 것이 아니고 그 동사의 어휘 의미를 확정짓는 논항은 배제하지 않는다는 것을 의미한다. 예를 들면 '(눈)감다'와 '(로프)감다'에서 보충어에 따라서 '감다'의 의미는 달라지는데 이와 같은 경우 어휘부에는 동사의 의미를 확정하는 보충어가 동사와 함께 기재되어 있다고 보는 것이다.

Dowty(1979 : 63)의 지적처럼 주어나 목적어의 수에 따라 '완성동사'가 '활동동사'로 '활동동사'가 '완성동사'로 상의 전이를 일으킨다. 또한 다음 예문 (23)과 같이 성취상황인 'discover'는 복수의 주어 또는 목적어를 취하면 '반복상'의 의미를 갖게 되어 시간부사어 'for'와 결합하기도 한다.

(23) 가. John discovered fleas on his dog for 6 weeks.

　　 나. Tourists discovered that quaint little village for years.

그런데 이와 같은 상황의 변화는 조건이 주어지면 규칙적으로 일어 나는 것이므로 '한정성의 목적어를 취하면 완성상황의 상적 속성을 갖고, 비한정성의 목적어를 취하면 활동상황으로 상의 전이가 일어난 다'는 규칙을 통사부에 한번 기재해 주는 것이 문장 층위에서 동작류 를 기술하는 것 보다 문법 기술의 측면에서 훨씬 간결할 것이다.

2.2. 한국어의 상에 관한 선행 연구

이 절에서는 한국어의 상에 관한 선행연구를 문법상 연구사와 어휘 상 연구사로 나누어 살펴보기로 한다. 먼저 문법상 연구사를 알아본다.

2.2.1. 문법상 연구사

전통 문법에서는 시제와 상이 구별되지 않고 넓은 의미의 시제의 개념으로 국어의 시제 현상이 관찰되었다. 이러한 연구의 대표적인 예로 최현배(1937)를 들 수 있다. 그는 우리말을 열두 가지의 때매김(시 제)으로 나누었는데 이것은 영어의 12시제와 같은 체계이다. 그는 으 뜸때를 이적(현재), 지난적(과거), 올적(미래)으로 분류하고 끝남때(완료상) 를 이적 끝남(현재 완료), 지난적 끝남(과거 완료), 올적 끝남(현재 완료)의 셋으로 나누고 으뜸때를 다시 나아감때(진행상)와 나아가기 끝남때(진행 완료상)로 나누어 모두 12 시제 체계를 확립하였다. 비록 시제와 상을 구분하고 있지는 않지만 기본적 시제의 각 시점에서 의미적 양상인

'완료', '진행' 등의 상 개념을 제시하였다는 점에서 의의가 있다.

장석진(1973)은 '시상(aspect)'21)을 개별 서술용언 자체에 고유한 시간
적 정·동의 양상 내지 발화와 언급의 시점 간에 분포된 계속, 완료,
반복 등의 시간적 양상을 가리키는 것이라고 규정하고 있다. 그는 '-고
있다'가 나타내는 상을 '계속', '-어 있다'가 나타내는 상을 '완료'라 하
였는데, 이 연구에서는 [+종결성, +결과성]의 상적 특성을 가진 동사
들이 '-어 있다'와 결합하여 드러내는 상을 '결과상'이라 하고 [+종결
성, -결과성]의 상적 특성을 가진 동사들이 '-었-'과 결합하여 보이는
상을 '완료상'이라 규정한다.

김석득(1974, 1981)은 국어의 때매김은 '지난적', '이적', '올적'으로 인
식되는데 이러한 인식은 숨겨진 인식이며 이 숨겨진 때와 함께 있으
면서 화자가 더욱 초점을 두는 것은 움직임의 양상이므로 상을 시상
(tense-aspect)이라 부르는 것이 타당하다고 하였다. 국어의 시간 표시는
시간 부사로 이루어지며 이들 시간부사어가 시제와 상의 표현에 개입
한다는 것을 밝힌 점은 주목할 만하다.

그리고 김석득(1974, 1981)에서 '-었-'은 시제로는 과거이고 상으로는
'완료상'이라 하였고 '-었었-'은 사실을 확인 강조하는 것이라고 보았
다. 그는 시간부사어에 따라 풀이씨의 상이 드러난다고 보고 풀이씨
를 분류하였는데, 시간부사어 '동안'으로 '지속성 움직씨'와 '순간성 움
직씨'를 구별해 내었다. 한편 그는 동사가 목표점에 도달할 때까지 걸
린 시간을 나타내는 시간부사어를 '동안에'로 보았다. 그러나 '동안에'
는 [+종결성]의 동사가 목표점에 도달할 때까지 걸린 시간을 나타내
는 시간부사어로 적절하지 않으며 이 점에 대해서 이 연구의 3.1.1에

---

21) 장석진(1973)의 '시상'은 'aspect'만을 지칭하고 김석득(1974)의 '시상'은 'tense-
aspect'를 지칭한다.

서 자세히 논의하고 있으므로 여기서는 상론을 피한다.

서정수(1976)는 시제와 상을 개념적으로 구분하되 형태적으로는 시제와 상을 따로 구분하여 나타낼 수 없으므로 시제와 상을 한데 합한 '시상(tense-aspect)'의 개념을 내세웠다. 그가 시상적인 의미를 풀이씨 자체의 특질이라고 보고 동사의 상태성과 비상태성의 중요성을 제기한 점은 평가할 만하나 이것만으로는 시상의 의미 기능을 가려내기에 충분하지 않다.

그는 국어의 현재시제 형태소를 '-는다'가 아닌 무표지 Φ으로 보았으며 '-었-'의 의미기능에 '현재 완결'과 '현재 완결 상태'를 부여하였다. 이것은 이 연구에서 '-었-'에 부여한 '완료' 또는 '현재의 결과상태'와 일치하는 의미 기능이다. 그러나 그는 '-었-'이 진행의 의미 기능을 갖고 있다고 하였는데 이것은 '-었-' 고유의 의미 기능이 아니고 문맥에서 주어진 의미로 해석되어야 옳다고 본다.

김차균(1980)은 상은 문맥이나 상황에 의해 결정되거나 또는 풀이씨를 중심으로 하는 월 전체가 본질적으로 상의 의미를 가지고 있다고 하였다. 한편 김차균(1990 : 197)은 상과 시제를 다음과 같이 보고 있다. 상을 옷이라 한다면 시제는 몸에 비유할 수 있는데 이는 동전의 앞뒤와 같아서 상과 시제는 항상 겹쳐 있으되 동일시해서는 안 된다고 하였다.

김성화(1992)는 상이란 전개 과정에 나타나는 동작의 모습을 문법범주화한 것이라 정의하고, 동사가 지닌 의미 자질이나 어휘의미는 의미론의 대상은 될 수 있어도 상 범주의 대상은 될 수 없다고 보았다. 다만 동사의 의미 자질이나 어휘 의미는 상 범주와의 결합에 어떤 제약성을 부여할 따름이라는 입장이다. 문법범주인 상은 그 형태도 문법적인 형태소로 이루어지는데 연결 어미와 조동사, 두 형태소의 결합으로 상 범주를 형성한다고 보았다.

그는 상을 '지속상'과 '종결상'으로 양 대분하고 상 조동사의 의미 기능에 따라 상을 14가지의 부류로 분류하였다. 그러나 그의 분류는 조동사의 실질적 어휘 의미에 따라 예측할 수 있는 것으로서 '-어 버리다'를 '제거성 종결상'이라 칭한 것이 그 한 예이다. 김성화(1992 : 114)는 '-어 있다'를 '종결상'으로 보았으며, '-었-'은 시제 기능만을 갖고 있으며 '-었었-'의 '-었₁-'은 '과거시'로 기능하고 '-었₂-'는 '양태'를 나타내며, '-었-'과 마찬가지로 '-었었-'에는 상의 기능이 없다고 주장하였다.

김종도(1993)는 상을 독립된 범주로 보았으며, 그는 Smith(1997)를 토대로 상황유형 정보와 관점 정보가 상 의미를 구성하는 두 요소라 하였다. 그는 화자가 상황을 보는 방식 즉 화자의 관점을 고려해야 상의 분석을 온전히 할 수 있다고 하였다.

박덕유(1999)는 Kim, Nam-Kil(1974)이 '-었었-'을 경험과 대조를 나타내는 경험-대조상이라고 한 것을 가리켜, 이는 동사의 상자질이나 발화의 문맥 및 담화에 의한 것이지 '-었었-' 자체에 의한 의미가 아니라고 지적하였다. 경험과 대조의 의미가 '-었었-' 자체에 의한 의미가 아니고, 문맥에 의한 것이라는 지적은 옳으나 경험과 대조의 의미가 동사의 상자질에서 오는 것이라고 한 것은 문제가 있다고 본다. 경험과 대조는 서법의 범주에 해당하는 것으로서 동사의 상자질과는 무관하다. 이 연구에서는 '-었-'과 '-었었-'의 의미 기능은 결합하는 동사의 상적 특성에 따라 결정되는 것으로 설명할 것이다. '-었-'과 '-었었-'의 의미 기능을 결정짓는 것은 [종결성]의 유무인데 '-었-'과 '-었었-'이 나타내는 의미 기능에 관해서는 5장 1절에서 자세히 밝히고 있다.

또한 박덕유(1999)는 [완성성]과 [결과성]을 같은 자질로 보았는데 [완성성]과 [결과성]은 분명히 구별되어야 하는 상자질이다. 그의 [완성성]은 이 연구의 [종결성]과 같은 개념으로 [+완성성]이 [+결과성]과 [-결과성]으로 하위 분류되는 것이므로 [완성성]이 곧 [결과성]인 것은 아니다. 예를 들면 동사 '먹다'는 [+완성성]이나 [-결과성]이기 때문이다.

지금까지는 시제와 상 범주에 대한 선행연구를 살펴보았다. 우리말의 시제와 상 범주에 대한 견해는 시제 범주만을 인정하는 견해, 상 범주만을 인정하는 견해, 시제와 상 범주를 모두 인정하는 견해로 나눌 수 있다. 한편 상의 연구는 크게 두 가지 관점에서 이루어져 왔는데, 선어말 어미 '-었-'이나 '-고 있다' 등과 같은 보조 용언의 의미 기능에 대한 연구와 동사 어휘의 고유한 의미자질 가운데 시간과 관련된 자질 즉, 각각의 동사에 내재하는 상적 특성에 대한 연구로 나눌 수 있다. 전자는 문법상의 연구이고 후자는 어휘상의 연구라 하겠는데 고영근(2004)은 전자를 동작상이라 하고 후자를 동작류라 부르고 있다.

다음은 동사 어휘의미에 내재된 시간적 특성에 따라 동작류를 분류한 선행 연구를 검토하고자 한다. 유타니(1978)를 비롯하여 이남순(1981가, 나), 이지양(1982), 정문수(1982, 1984), 황병순(1987), 이호승(1997), 조민정(2000, 2007), 김천학(2007), 박덕유(2007)의 순으로 검토하기로 한다.

이들의 연구와 이 연구는 동사 어휘 의미에 내재된 상적 특성을 이용하여 한국어 동사의 동작류를 분류하였다는 점에서는 공통되나 그 분류 방법에 있어서는 차이가 있다. 선행 연구의 동작류 분류에서 사용된 분류 기준은 동사의 어휘 의미에 내재되어 있는 상자질이고 이 연구는 동사와 시간부사어와의 공기 제약을 분류 기준으로 삼았다는 점에서 구별된다.

다른 연구에서는 어떤 동사의 상자질이 무엇인가를 객관적으로 결정해 줄 도구가 제시되어 있지 않아서 다분히 주관적인 분류가 되기 쉬웠다. 그러나 이 연구는 '-고 있다/-te iru'와 결합한 동사가 진행상을 나타내는지의 여부 그리고 동사와 시간부사어 '동안/kan', '만에/de', '에/ni'와의 공기 제약을 이용하여 객관적인 동사 분류를 할 것이다.

2.2.2. 어휘상 연구사

1970년대 초까지는 의미범주로서의 상이 문법범주로서의 상과 개념적으로 구별되지 않는 경향이 있었으나, 장석진(1973) 이후 의미 범주로서의 상에 주목하여 동사가 지시하는 상황의 시간적 특성에 대한 연구가 본격적으로 이루어져 왔다. 어휘상 연구사를 검토하는 이 소절에서는 한국어의 동작류를 본격적으로 조명했다고 평가받는 유타니(油谷 1978)를 제일 먼저 살피고자 한다.

유타니(1978)는 동사 자체가 지니고 있는 상자질을 이용하여 한국어 동사의 분류를 시도하였다. 유타니(1978)는 한국어 동사 분류에 필요한 상자질을 [상태성], [결과성], [순간성]으로 보고 이들의 이원적 자질에 따라 <표 2>와 같이 8개의 동사군으로 나누었다. 그는 동작류의 명칭을 A, B, C…로 정하였는데 C_1과 C_2, E_1과 E_2의 하위 분류는 동사의 통사적 성질인 타동사, 자동사에 의한 분류로서 분류 기준에 일관성이 보이지 않는다.

그리고 유타니가 설정한 [±결과성]은 반드시 [+종결성]이 전제되어야 하기 때문에 [결과성]의 유무만으로는 동사에 내재된 종결성의 유무를 알 수가 없다. 왜냐하면 [-결과성]이어도 [+종결성]일 수 있기 때문에 [±결과성]이 동사의 [±종결성]을 구별해 주지는 못한다. 따라서 유타니의 [상태성], [순간성], [결과성]은 동작류 분류의 기준으로 충분하지 못하다.

한편 유타니의 동작류 분류에는 이질적인 동사들을 한 그룹으로 분류하는 등의 문제점을 안고 있다. 가장 두드러지는 것이 동사 '감다'와 '이기다'를 같은 부류인 C₁에 분류한 점이다. '감다'는 성취상황으로서 <그림 2가>와 같이 '-고 있다'와 결합하여 '결과상태'를 나타내지만 '이기다'는 <그림 2나>에서와 같이 '-고 있다'와 결합하여 '승리'라는 목표점을 향해 접근하고 있는 예비 단계의 상황을 나타낸다. 이와 같이 '감고 있다'와 '이기고 있다'는 전혀 다른 내적 시간구성을 가진 동사이다. 그러나 유타니(1978)에는 이와 같이 상이한 동사들을 같은 부류에 분류하는 등 문제점이 발견된다. 아래의 <표 2>는 유타니의 한국어 동사 분류를 나타낸 것이다.

<표 2> 유타니(1978)의 한국어 동사 분류표

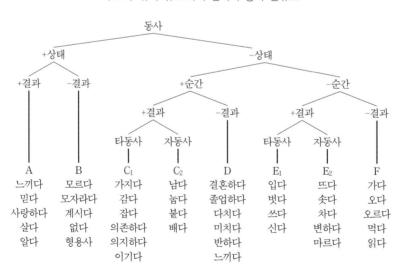

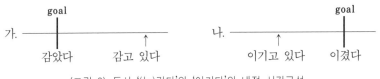

〈그림 2〉 동사 '(눈)감다'와 '이기다'의 내적 시간구성

이남순(1981나 : 5)은 [±동적], [±정적], [±국시적]의 세 가지 분류기준에 따라 '상태변화동사', '상태동사', '동작동사', '인식동사', '형용사' '존재사', '지정사'로 분류하였다. 여기서 [국시적]이라 함은 이 연구의 [종결성]과 같은 개념이다. 그런데 [±동적]과 [±정적]과 같이 같은 상 자질을 반복하여 분류의 기준으로 삼은 것은 이해하기 어렵다.

한편 이남순은 시제는 화자가 묘사하고자 하는 상황의 시점과 말하는 상황의 시점과의 관계 속에서 문법화되는데 과거표시 형태소 '-었-'에 의해 과거와 비과거의 형태적 대립으로 실현된다고 보았다. 상의 범주는 의미해석의 영역에 속하며 그간 논의된 '완료상', '단속상', '결과상' 등은 시제범주를 구성하는 형태들에 의하여 문맥적으로 획득되는 의미라고 하였다. 그리고 '-었었-'은 '기대' 혹은 '예견'의 기능을 갖는 단일 형태소로 보았다.

이지양(1982)은 상이란 동사자체의 특성과 상형태 사이의 유기적인 관계에서 파악되어야 한다고 보고 동사 어휘가 지닌 특성을 고려하지 않고 상형태만으로 시상을 파악하려할 때 혼란이 일어난다고 하였다. 그는 [±일점성], [±동적], [±완성점]의 세 가지 상자질을 동사분류의 기준으로 삼아서 A류 '순간동사', B류 '동작동사', C류 '상태변화동사 및 성취동사',22) D류 '상태동사', E류 '형용사'로 분류하였다. 그런데 그의 동사분류의 문제점은 완성동사인 '먹다', '읽다', '가다', '오다' 등을 '활동동사'인 '웃다', '뛰다' 등과 같은 부류로 분석하여 [-완성점]의

_____

22) 이지양(1982 : 14)의 '성취동사'는 이 연구의 '완성동사'에 해당된다.

상적 특성을 가지는 B류에 분류했다는 것이다. 이와 같은 현상은 '상자질'이라는 분류기준을 세우기는 하였어도 어떤 동사가 어떤 '상자질'을 가지고 있는가에 대한 판단은 결국 연구자의 주관적인 직관에 주로 의존하게 되기 때문에 이와 같은 일이 일어난다.

동사 '읽다'가 [+완성점]의 자질을 가지고 있다는 증거는 '한 시간만에 책을 읽었다'와 같이 시간부사어 '만에'와의 공기가 가능하다는 점으로 쉽게 확인된다. 그는 과거를 '-었-'의 기본적인 의미로 보고 '완결'은 부수적 의미로 보았다. '-었었-'은 과거만을 나타낸다고 하고, '단속', '대조', '강조' 등의 의미는 부수적인 것이라 하였다. '단속', '대조', '강조' 등의 의미를 '-었었-'의 부수적인 의미로 본 것은 이 연구와 같은 견해이다

정문수(1982, 1984)는 [상태성], [순간성], [완성성], [결과성]의 상자질을 분류기준으로 삼아 동사를 '상태풀이씨', '과정풀이씨', '순간풀이씨', '완성풀이씨'로 나누고 '순간풀이씨'와 '완성풀이씨'를 [결과성]의 유무로써 다시 하위분류하여 총 6부류로 분류하였다. 그리고 그는 상태는 새로운 에너지의 투입 없이도 지속되는 상황으로 내적 시간구성을 지니지 않고, 동태적 상황이란 새로운 에너지의 투입이 계속되지 않으면 지속될 수 없으며 내적 시간구성을 지닌다고 보고 심리동사가 [동태성]을 지닌다고 논증하였다.

그리고 동사가 결과상태를 나타내는 상표지 '-고₂ 있다' 또는 '-어 있다'[23]와 결합하면 [결과성]으로 보고 결합하지 못하면 [비결과성]으로 보았다. 그러나 동사 중에는 '-었-'으로 결과상태를 나타내는 동사들이 적잖이 있다. 예를 들면 잘 익은 참외를 보고 우리는 '참외가 잘

---

23) 정문수(1984)는 '비가 와 있다', '눈이 내려 있다'를 정문이라 하였으나 이 문장들은 비문임을 밝힌다. (설문 조사표 참고)

익어 있다'라고 하지 않고, '참외가 잘 익었다'라고 한다. 마찬가지로
결혼한 사람에게 '결혼해 있다'라고 하지 않고, '결혼했다'라고 한다.
이와 같이 '익다', '결혼하다' 등의 동사들은 '-었-'으로 결과상태를 나
타낸다. '-었-'이 역사적으로 '-어 잇'에서24) 온 것을 생각하면 '-었-'
이 [+종결성]의 동사와 결합하여 결과상태를 드러낼 수 있음은 당연
하다 하겠다.

그러므로 이 연구에서는 동사가 '-고₂ 있다' 또는 '-어 있다'와 결합
하지 못한다고 해서 결과성이 없다고 보지 않는다. 왜냐하면 '익다',
'결혼하다' 등의 동사처럼 '-었-'으로 결과성을 나타낼 수도 있기 때문
이다.25) 해가 진 뒤의 상태를 '해가 졌다'라고 한다. 이때 '졌다'는 '과
거 어느 때 해가 졌다'라는 사실에 주목하는 것이 아니고 현재 눈앞에
펼쳐진 상태 즉 해가 진 뒤의 결과상태에 주목하는 것이다. 정문수
(1984)가 순간동사의 비결과성으로 분류한 '시험에 붙다', '떨어지다',
'끝나다'도 이 연구에서는 '-었-'으로써 결과상을 나타낸다고 본다.

이호승(1997)은 Smith(1997)에 기대어 문장 전체의 상의 모습에 주목
하였다.26) [상태성], [지속성], [완성성]을 기본적 상성으로 설정하고
[결과성], [예비성]을 부차적인 상성으로 보았다. [상태성], [지속성],

---

24) 이남순(1998)은 '-었-'의 형성과정을 다음과 같이 나타내었다.

            ┌─ 단축형 '엣'→응축형 '엇'→ 현대형 '었' : 과거시제 표시
  '어 잇' ─┤
            └──────→ 현대형 '어 있' : 완료상 표시

25) 하마노우에(浜の上 2001 : 73-74)에서 '결혼 했나요? 네, 결혼했어요'의 '-었-'은
'과거'라는 시제적 의미를 잃고 주체의 속성에 주목하고 있는 것으로 파악했다.
이와 같이 '-었-'은 현재의 결과상태를 나타내는 경우가 있다. '아마도 당신이
더 늙었을 거요'에서 '늙었다'의 '-었-'은 주체의 현재의 상태를 나타낸다. 그러
나 '늙은 주인은 어딘지 모르게 훨씬 더 늙어 있었다.'에서 알 수 있는 바와 같
이 '과거시제'에서는 '-어 있다'로 나타날 수도 있다.

26) 우창현(2003)도 문장차원에서 상 해석이 이루어져야 한다는 견해를 보였다.

[완성성]의 이원 자질로써 동작류를 '상태상황[+상태, +지속]', '완성상황[-상태, +지속, +완성]', '과정상황[-상태, +지속, -완성]', '순간상황[-상태, -지속, +완성]'으로 분류하였다.

그는 '동사구내 주어 가설'을 전제로 상황의 통사적 단위를 동사구(VP)로 보았는데, '동사구내 주어 가설'이란 VP안에 주어가 들어 있다고 보는 견해로서 사실상 상황의 통사적 단위를 문장 전체(S)로 보는 것이다.

다음 예문에서 동사 '가다'가 (24가)에서는 [+완성성]이고 (24나)에서는 [-완성성]인데 이것은 상황이 단순히 동사에 의해서만 실현되는 것이 아니고 주어, 목적어, 보어들의 의미 특성이 합성되어 실현되기 때문으로서 상황의 통사단위는 동사구(VP)이어야 한다고 주장하였다.

(24) 가. 우리는 {*20분 동안/20분 만에} 학교에 갔다.
　　　나. 우리는 {20분 동안/20분 만에} 학교 쪽으로 갔다.

그러나 (24나)가 '학교 쪽으로'와 공기하여 [-완성성]을 보이는 것은 '학교 쪽으로'라는 부사어구의 수식을 받았기 때문으로서 어떠한 동사라도 수식어구가 개입하면 시간적 특성이 바뀔 수 있다.[27) 바로 이러한 이유 때문에 상황의 통사적 단위는 '동사'이어야 하는 것이다. 그래야 동사에 내재한 고유의 시간적 특성을 올바르게 파악할 수 있게 된다.

한편 그는 원형이론(prototype theory)을 적용하여 상황을 원형적인 것과 주변적인 것으로 구분하였는데 이 연구의 '완성·활동상황'을 '완성상황'과 '과정상황'의 경계에 있는 주변적인 예라고 보았다. 또한 '3

---

27) 현재의 상태를 나타내는 '윤희는 한복을 입었다'가 시간부사어 '어제'의 수식을 받으면 '윤희는 어제 한복을 입었다'의 '과거 시제'의 문장이 되어 버리는 것과 같은 이치이다.

시간 만에 다시 놀았다'나 '그는 10시에 집에 갔다' 등은 '시동상'의 의미를 갖는 것으로서 '순간상황'의 주변적인 예로 보았다. 이호승(1997)은 동사가 나타내는 상황은 보조용언의 상적 기능과 함께 합성적으로 문장의 상적 의미를 구성하며 이때 상황은 동사와 같은 어휘적 요소에 의해 표현되는 상황 그 자체의 내적 시간구성에 대한 객관적 성격의 정보를 말하고 문법적 의미를 갖는 보조용언은 내적 시간구성을 전체적으로 드러내거나 일부분만을 드러내는 화자 관점의 주관적 선택과 관련되어 있다고 하였다.

이호승(1997)은 '외우다', '눈치채다' 등의 동사를 심리동사에 포함시키고 심리동사를 [-상태성]으로 파악하고 있다. 그러나 '외우다'나 '눈치채다'를 정신활동이 수반된다고 해서 심리동사라 부를 수는 없다. '외우다'는 '완성·활동상황'이고 '눈치채다'는 '성취상황'에 속한다. 서정수(1996)가 심리동사는 '-고 있다'와 어울릴 수 있으나 진행상을 드러내는 것이 아니라 [+상태성]을 갖는다고 한 견해를 반박하며 '영희는 철수를 미워하고 있었다'를 예로 들면서 '-고 있다'와 공기가 가능하므로 과정상황으로 해석될 수 있다고 보았다. 문제는 '-고 있다'와 결합했다고 해서 반드시 [-상태성]을 보장하는 것은 아니다. 영어의 상태상황 'I love you'의 대역이 '나는 너를 사랑하고 있다' 또는 '나는 너를 사랑한다'이다. 이 연구에서는 '사랑하고 있다'의 '-고 있다'는 [+상태성]을 나타낸다고 본다.

[+상태성]의 특성 중 하나가 시간의 제한을 받지 않는 것이다. 예를 들면 자고 있는 철수를 보고 '철수는 밥을 먹고 있어'라고 할 수는 없지만 '철수는 윤희를 사랑하고 있어'라고는 말할 수 있다. 이것이 바로 '사랑하다'가 [+상태성]임을 입증하는 것이다. 한국어 상표지 '-고 있다'는 [+상태성]과 [-상태성]을 다 나타내는 특징이 있다.

황병순(1987, 2000)은 움직임이 있으되 움직임이 관찰되지 않는 내면 행위를 드러내는 동사의 상적 특성을 [+내재성][28]이라 하였다. [기동성], [내재성], [순간성], [과정성], [종결성]의 상적 특성을 설정하고 동작류를 '순간동사', '성취동사', '과정 성취동사', '과정동사', '감정·감각동사', '속성동사'로 분류하였다. 그런데 [−순간성]이 [+과정성]이므로 [순간성]과 [과정성]을 동시에 설정한 것은 잉여적이라 하겠다. 그는 [+종결성]의 동사에 이어지는 '−어 있/고₂ 있−'은 '−었−'으로 대치가 되어도 의미 차이가 별로 생기지 않는다고 하고 이때의 '−었−'은 '완료'라 보고 '−어 있/고₂ 있−'으로 대치될 수 없는 '−었−'은 '과거시제'로 보았다. 그러나 '결혼했다', '다쳤다', '이겼다'와 같은 동사의 '−었−'은 '−어 있'으로 대치될 수 없지만 '완료'의 의미를 가지므로 '−었−'이 '−어 있−'으로 대치될 수 있느냐의 여부로써 '−었−'의 의미를 '완료' 또는 '과거'로 단정하는 것은 무리가 있다.

조민정(2000, 2007)은 동사구를[29] 동작류 분류의 기본 단위로 삼고 동작류를 '어휘상'이라 하고 동작상을 '복합상'이라 명명하였다. '−었−'은 미종결상 동사구에서는 '동작 끝냄' 혹은 '과거'를 나타내고, 종결상 동사구(telic verb phrase)에서는 '결과 있음'을 나타낸다고 하였다. 그리고 동사의 의미 자질 중에서 시간적 양상에 관련하는 자질을 상적 특성이라 하고 [상태성][순간성][완성성]을 설정하였다. 한국어 동작류 분류에서 'telic'의 번역 대응어는 대체로 [완성성] 또는 [종결성]인데 'telic'의 번역 대응어를 '종결상'이라 하기도 하고 '완성성'이라 하기도 하는 것은 일관성이 없다고 본다.

그리고 동사구를 상태동사구와 비상태동사구로 나누고 비상태동사

---

28) 황병순(1987)에서는 [내면성]이라 하였다.
29) 동사구는 동사와 동사가 하위범주화하는 최소의 논항 혹은 부가어로 이루어진다고 보았다.

구를 미종결상과 종결상으로 나눈 다음 미종결상을 순간동사구와 행위동사구로 나누고 종결상동사구를 달성동사구와 완수동사구로 나누었다. 조민정의 순간동사구는 이 연구의 순간적 활동상황(Semelfactives)에 해당하고 행위동사구는 활동상황에 해당되며, 달성동사구는 완성상황에, 완수동사구는 성취상황에 해당된다. 조민정은 '편지 한 통을 썼다'와 같은 문장을 '결과 있음'이라 하였는데 이 연구에서는 '책을 읽다' '편지를 쓰다' 등의 동사를 '결과 있음'으로 보지 않는다.

정규석(2005)은 [기동성], [종결성], [순간성], [과정성], [내재성]의 상적 특성을 설정하여 동사를 분류하였고 김천학(2007)은 동작류 분류의 기준으로 상적 특성을 이용하지 않고 상표지 '-고$_1$ 있다', '-고$_2$ 있다', '-어 있다'와의 결합관계로 동작류를 분류하였다. '기다리다'를 [+상태성], '모르다'를 [-상태성]동사로 분류하였는데 '기다리다'는 [-상태성], '모르다'는 [+상태성]동사로 분류되어야 한다. 그는 '이기다', '지다'가 진행을 나타내므로 '달성동사'[30]로 구분할 수 없다고 하였는데 이때의 '진행'은 영어의 'win'이 예비 단계에서 진행형을 취하는 것과 마찬가지로 예비 단계에서 목표를 향해 접근하고 있는 상황을 나타내는 것으로 '이기다', '지다'는 '성취상황'에 속한다.

박덕유(2007)는 동사 분류의 기준으로 [동태성], [완결성], [순간성], [접근성]의 상자질을 설정하였다. 접근성은 '도착하다', '빠지다' 등의 이행동사를 위해 설정된 것으로서 '-고 있다'와 결합하여 진행과정이 아니라, 접근성을 보여주는 것으로 보았다.[31] 그는 위의 상적 특성에 따라 동사를 '길다', '높다' 등의 '상태동사', '보다', '쓰리다' 등의 '심리동사', '읽다', '먹다' 등의 '행위동사', '마르다', '얼다' 등의 '변화동사',

---

30) 김천학(2007)의 '달성동사'는 이 연구의 '성취동사'에 해당된다.
31) 그러나 이 연구에서는 '도착하다'가 '-고 있다'와 결합하여 보이는 상을 '진행상'의 일종으로 본다.

'입다', '만들다' 등의 '완성동사', '치다', '때리다' 등의 '순간동사', '도착하다', '착륙하다' 등의 '이행동사'로 분류하였다.

지금까지 살펴본 상 연구에서 동작류 분류의 기준이 된 상적 특성과 분류된 동작류를 정리하면 〈표 3〉, 〈표 4〉가 된다.

〈표 3〉 동작류 분류에 사용된 상적 특성 비교

유타니(1978)	[상태성], [순간성], [결과성]
이남순(1981나)	[동적], [정적], [국시적]
이지양(1982)	[일점성], [동적], [완성점] *
정문수(1984)	[상태성], [순간성], [완성성], [결과성]
이익환(1994)	[행위], [과정], [변천]
이호승(1997)	[상태성], [지속성], [완성성], [결과성], [예비성]
황병순(1986, 2000)	[기동성], [내재성], [순간성], [과정성], [종결성]
조민정(2000, 2007)	[상태성], [순간성], [완성성]
박덕유(2007)	[동태성], [완결성], [순간성], [접근성]

〈표 4-1〉 선행 연구들의 동작류 분류(순간적 활동동사 포함)

Vendler(1967)	정문수(1984)	이호승 (1997)	황병순 (1986, 2000)	조민정 (2000, 2007)
activities	비완성풀이씨	과정상황	과정동사	행위동사구
accomplishments	완성풀이씨	완성상황	과정성취동사	달성동사구
achievements	순간풀이씨	순간상황	성취동사	완수동사구
states	상태풀이씨	상태상황	속성동사	상태동사구
(semelfactives)32)	순간풀이씨	순간상황	순간동사	순간동사
			감정·감각동사33)	

---

32) 'semelfactives(순간적 활동상황)'는 Comrie(1976 : 42)의 용어로서 'cough', 'knock' 등의 동사가 이에 해당된다.

33) 황병순(1986, 2000)은 Vendler(1967)와 Comrie(1976)의 5가지 동작류 외에 '감정·감각동사'라는 부류를 하나 더 설정하였다.

〈표 4-2〉 선행 연구들의 동작류 분류(순간적 활동동사 비포함)

이남순(1981나)	'상태변화동사', '상태동사', '동작동사', '인식동사', '형용사', '존재사', '지정사'
이지양(1982)	A류 '순간동사', B류 '동작동사', C류 '상태변화동사 및 성취동사', D류 '상태동사', E류 '형용사'
이정민(1994)	'행위동사', '완성동사', '달성동사', '상태동사'
이익환(1994)	'행위동사', '완수동사', '달성동사', '상태동사'

위의 <표 4-2>는 Comrie(1976)의 '순간적 활동동사(Semelfactives)'를 동작류에 포함시키지 않은 동사 분류의 예이다.

2.3. 일본어의 상에 관한 선행 연구

일본어 동사의 상 연구는 마츠시타(松下 1924)에서 시작된다. 그는 '기연태(旣然態)'를 결과의 상태를 나타내는 '전기연태(全旣然態)'와 진행을 나타내는 '반기연태(半旣然態)'로 나누고, 동사가 나타내는 동작을 '순간적 동작'과 '계속적 동작'으로 분류하여, 각각 '결과의 상태', '진행의 상태'를 나타낸다고 보았다. 이 이론이 킨다이치(金田一 1950)에서 상의 이론으로 정립된다. 킨다이치(金田一 1950)는 일본어의 동사를 [상태성], [순간성]에 따라 다음과 같이 분류하였다.

제1종 동사는 '-te iru'[34]와 결합하지 않고서도 현재의 상태를 나타내는 상태동사들로서, 'aru(있다)', 'iru(있다)', 'dekiru(가능하다)', 'wakaru(이해하다)', 'mieru(보이다)' 등의 동사가 이에 속한다.

제2종 계속동사는 시간의 길이를 가진 동작·작용을 나타내는 동사

---

34) '-te iru'는 우리말 '-고 있다'에 대응된다. '-te'는 연결어미 '-고' 또는 '-어'에 해당하고 'iru'는 '있다'에 해당되는데 일본어에서는 유정물에는 'iru(있다)', 무정물에는 'aru(있다)'로 구별하여 쓴다.

들로서 '-te iru'와 결합하여 동작·작용이 진행 중임을 나타낸다. 계속동사에는 'yomu(읽다)', 'kaku(쓰다)', 'utau(노래하다)', 'nomu(마시다)', 'taberu(먹다)', 'kangaeru(생각하다)', 'benkyousuru(공부하다)', '(ame)huru ((비)내리다)' 등이 있다.

제3종 순간동사는 동작·작용이 순간에 끝나는 동사들로서 '-te iru'와 결합하여 동작이 끝나고 그 결과가 현재 잔존하고 있음을 나타낸다. 순간동사에는 'sinu(죽다)', 'kieru(사라지다)', 'sawaru(만지다)', 'kimaru(결정되다)', 'siru(알다)', 'toutyakusuru(도착하다)',35) 'wasureru(잊다)' 등이 있다.

제4종 동사는 시간의 관념을 갖지 않는다는 점에서 제1종 상태동사와 유사하나 언제나 '-te iru'와 결합하여 현재의 상태를 나타낸다는 점이 다르다. 'sugureru(뛰어나다)', 'omodatu(중심이 되다)', 'tomu(풍부하다)', 'niru(닮다)', 'arihureru(흔하다)' 등의 동사가 이에 해당된다.

킨다이치(1950)는 최초로 상적 관점에서 일본어동사를 분류한 것으로 평가된다. 그는 동사에 내재된 시간적 속성 가운데 시간의 길이에 주목하여 제2종 '계속동사'와 제 3종 '순간동사'로 분류하였고 동사의 상태성에 주목하여 상표지 '-te iru'와의 결합 제약에 따라 상태동사를 제1종과 제4종으로 하위 구분하였다.

마치다(町田 1989 : 24)는 킨다이치(金田— 1950)의 동사 분류가 Vendler (1967)의 동사 분류와 기본적으로 공통되며 보편성을 띤다고 보았다. 그러나 킨다이치(金田— 1950)의 동사 분류는 [상태성][순간성]의 상자질만으로 이루어진 것으로서 동사의 내적 시간구성에 필연적인 목표점

---

35) 일본어의 표기는 음소 표기를 원칙으로 한다. 따라서 실제 음성형 [tʃi], [tsu]는 음소형 /ti/, /tu/로 표기된다. 장모음은 같은 모음을 2번 연속하여 쓴다. 따라서 /aa/ /ii/, /uu/, /ee/, /oo/의 실제 음성형은 [aː], [iː], [uː], [eː], [oː]가 된다. 그리고 /ou/, /ei/도 [oː], [eː]로 발음한다.

이 있는가의 여부를 가리는 [종결성]이 간과되었으므로 그의 동사 분류는 동사의 상적 특성이 온전히 파악된 분류라고 볼 수 없다. Vendler(1967)의 동사 분류와 비교하면 킨다이치의 분류는 결국 '활동', '성취', '상태'의 세 부류이며 '완성'이 결여 되어있다.

스즈키(鈴木 1957)는 동사의 'ru'형과36) '-te iru'형의 형태론적 대립에서 보여지는 특징을 '완결상'과 '비완결상'의 대립으로 파악하였다. 'ru'형을 '기본태', '-te iru'형을 '지속태'라 칭하고, 동사를 다음의 세 부류로 분류하였다.

첫째, 동작성 동사는 기본태 'ru'형으로 미래의 동작 · 작용을 나타내고, 지속태의 의미에 따라 '계속 동작성 동사'와 '순간 동작성 동사'로 나누었다. 계속 동작성 동사는 기본태 'ru'형으로 미래의 동작 · 작용을 나타내고 지속태 '-te iru'형으로 현재 진행중인 동작 · 작용을 나타낸다. 'aruku(걷다)', 'kaku((글)쓰다)', 'huru((비)오다)' 등의 동사가 이에 해당된다. 순간 동작성 동사는 상태 변화가 순간적으로 일어나는 동사로서 기본태 'ru'형으로 미래의 동작 · 작용을 나타내고 지속태 '-te iru'형은 상태 변화가 이전에 종료하여 현재 그 결과가 잔존하고 있음을 나타낸다. 'kuru(오다)', 'iku(가다)',37) 'tatu(서다)', 'tumoru(쌓이다)' 등의 동사가 이에 속한다.

둘째, 상태성 동사는 'aru · iru(있다)', 'sugiru((정도가)심하다)' 등 변화를 초래하지 않는 동사로서 지속태 '-te iru'형을 취하지 못하고 기본태로 현재의 성질, 존재 등을 나타낸다.

셋째, 동작 · 상태성 동사는 동작과 상태의 중간적 성질을 가진 동

---

36) 'ru'형이란 동사의 기본형을 의미한다.
37) 스즈키(鈴木 1957)는 'kuru(오다)', 'iku(가다)'를 순간동사에 분류하였다. 그러나 킨다이치(1955)는 'kuru', 'iku'가 순간동사와 계속동사를 겸한다고 하였으나 실제로 유정물이 주어인 문장에서 '-te iru'와 결합한 'kuru', 'iku'는 결과상태만을 나타내는 순간동사로 기능한다.

사로서 스즈키(鈴木 1957)는 기본태 'ru'형으로 현재의 현상을 나타낸다는 점에서는 상태성 동사에 가까우나, 지속태 '-te iru'형과 접속할 수 있다는 점에서는 동작성 동사에 가깝다고 보았다. 지각동사 'mieru(보이다)', 'kikoeru(들리다)', 감각동사 'itamu(아프다)', 사고동사 'omou(생각하다)', 'kangaeru(생각하다)', 그리고 'niau(어울리다)', 'tigau(다르다)' 등의 동사가 여기에 속한다.

스즈키(鈴木 1957)의 동작 · 상태성 동사는 킨다이치(金田一 1950)에서 간과된 동사 부류로서 지각, 감각, 사고 등의 심리동사를 동작성과 상태성을 동시에 지니는 동사로 분류한 것은 주목할 만하다.

후지이(藤井 1966)는[38] 순간동사 중에는 'mokugekisuru(목격하다)' 등과 같이 결과의 잔존을 나타내지 않는 동사가 있음에 주목하였다. 즉 결과의 잔존을 나타낸다고 전부 순간동사로 볼 수는 없으며 'tiru(꽃이 지다)'는 계속 동사이면서 결과 잔존을 나타낸다고 하였다. 그는 [결과성]의 유무에 따라서 킨다이치(金田一 1950)의 계속동사, 순간동사를 다음과 같이 각각 '결과동사'와 '비결과동사'로 다시 하위분류 하였다.

1) 계속동사
   비결과동사 : yomu(읽다), kaku((글)쓰다), hataraku((일)하다), kiku(듣다)
   결과동사 : tiru((꽃이)지다), otiru(떨어지다), kiru((옷을)입다), noru(타다), kuru(오다), iku(가다)
2) 순간동사
   결과동사 : kekkonsuru(결혼하다), owaru(끝나다), mitukaru(발견되다), hazimeru(시작하다), tootyakusuru(도착하다), siru(알다)

---

38) 킨다이치(金田一 1950)는 경험을 나타내는 'yonde iru'는 순간동사화한 것이라 보고 '결과의 잔존'과 같은 의미 기능을 하는 것으로 파악하였다. 그러나 후지이(1966)는 '경험'을 나타내는 'yonde iru(읽었다)'는 부사어 'genzai(현재)'와 공기할 수 없으므로 현재의 상태를 나타내는 '결과의 잔존'과 구별된다고 하였다.

비결과동사 : mokugekisuru(목격하다), okoru(일어나다), siriau(서로알다)

타카하시(高橋 1969)[39]는 일본어 동사를 상태동사와 비상태동사로 나누고, 후자를 다시 아래 <표 5>와 같이 하위 분류하였다.

1) 상태동사 : 'iru', 'aru'
2) 비상태동사 : kiru, miru, sinu, butukaru

〈표 5〉 타카하시(高橋 1969)의 동사 분류

	계속동사	순간동사
주체에 변화를 일으키는 동사	kiru(입다), nobiru(자라다)	sinu(죽다), otiru(떨어지다)
주체에 변화를 일으키지 않는 동사	hasiru(달리다), miru(보다)	butukaru(부딪치다), mokugekisuru(목격하다)

요시카와(吉川 1973)[40]는 '계속동사 · 순간동사'의 대립은 '결과동사 · 비결과동사'의 대립과는 분류 기준이 다름에도 불구하고, 대다수의 계속동사는 비결과동사의 특징을 갖고, 대다수의 결과동사는 순간동사의 특징을 갖는다고 보았다. 그는 '-te iru'의 의미 기능을 '동작 · 작용의 계속', '동작 · 작용의 결과상태', '단순 상태', '경험', '반복'의 5 가지로 나누었다. 그는 계속동사는 'taberu(먹다)--tabete iru(먹고 있다)--tabeta(먹었다)'의 구조이고 순간동사는 'simaru(닫히다)--simatta(닫

---

39) 타카하시(高橋 1966)는 'suwatte iru(앉아 있다)', 'nete iru(자고 있다)'는 진행상으로 해석될 수도 있고 결과상으로 해석될 수도 있다고 하였는데 이것은 일본어 동사 상표지인 '-te iru'의 중의성에서 오는 것으로 한국어에서는 '앉아 있다', '자고 있다'로 구분되므로 중의성이 나타나지 않는다.

40) 요시카와(吉川 1973)는 인간의 정신적 활동을 나타내는 동사 'omou(생각하다)', 'simpaisuru(걱정하다)', 'negau(바라다)', 'yorokobu(기뻐하다)' 등을 모두 계속동사에 포함시켰으나 이 연구는 이들 심리 동사를 상태동사에 분류하고 있다.

혔다)--simatte iru(닫혀 있다)'의 구조로 보았다.

오쿠다(奧田 1977)는 일본어 동사를 '상성'이 있는 것과 없는 것으로 대별하고, 그것을 다시 다음과 같이 하위분류하였다.

1) 상성이 있는 동사
　가. 주체의 동작을 나타내는 동사
　　　: yomu(읽다), kaku((글)쓰다), aruku(걷다)
　나. 주체의 변화를 나타내는 동사
　　　: sinu(죽다), tuku((불)켜지다), todoku(닿다)
2) 상성이 없는 동사
　가. '-te iru'형이 없는 동사 : iru(있다), dekiru(가능하다)
　나. '-te iru'형만 있는 동사 : sugureru(뛰어나다), niru(닮다)

쿠도마유미(工藤眞由美 1995)는 킨다이치(金田一 1950)의 '시간적 길이'에 의한 동사 분류로는 동사의 능동형·수동형의 대립이 보이는 상적 대립을41) 설명할 수 없다고 지적하고, 먼저 일본어 동사를 '외적 운동동사', '내적 정태동사', '정태동사'로 분류하고 오쿠다(奧田 1977)의 '주체의 동작', '주체의 변화'라는 변별적 의미 특징을 채용하여 이들을 각각 다음과 같이 하위분류하였다.

　1) 외적 운동동사 : '완결상'과 '비완결상'의 대립이 있는 동사

---

41) 능동문 (1가)는 '동작 계속'을 나타내고 수동문 (1나)는 '결과 계속'을 나타낸다.
　(1) 가. Tarou-wa roopu-wo kitte iru.
　　　Tarou-TOP rope-ACC cut-SF be-PRES-DECL
　　　타로는 로프를 끊고 있다.
　　　太郎はロープを切っている。
　　나. roupu-ga kirarete iru.
　　　rope-NOM cut-PASS-SF be-PRES-DECL
　　　로프가 끊어져 있다.
　　　ロープが切られている。

　　　가. 주체동작·객체변화동사 : akeru(열다), taosu(쓰러뜨리다), ireru(넣
　　　　　다), moyasu(태우다), mageru(구부리다), kiru(자르다)

　　　나. 주체변화동사 : aku(열리다), taoreru(쓰러지다), tatu(서다),
　　　　　magaru(굽다), kaburu((모자)쓰다), tuku(도착하다), motu(잡다),
　　　　　iku(가다), kuru(오다), suwaru(앉다), hairu(들어가다)

　　　다. 주체동작동사 : nomu(마시다), sagasu(찾다), iu(말하다), kaku((글)
　　　　　쓰다), ugokasu(움직이다), nagasu(흘리다)

　　2) 내적 정태동사

　　　가. 사고동사 : omou(생각하다), utagau(의심하다), sinjiru(믿다), inoru
　　　　　(빌다)

　　　나. 지각동사 : mieru(보이다), kikoeru(들리다), niou(냄새가나다)

　　　다. 감정동사 : yorokobu(기뻐하다), kanasimu(슬퍼하다), odoroku(놀라
　　　　　다)

　　　라. 감각동사 : itamu(아프다), (nodo)kawaku((목)마르다), (onaka)suku
　　　　　((배)고프다)

　　3) 정태동사 : 상 대립이 없는 동사

　　　가. 존재동사 : aru(있다), sonzaisuru(존재하다)

　　　나. 관계동사 : kotonaru(다르다), tigau(틀리다), sootoosuru(상당하다)

　　　다. 특성동사 : niau(어울리다), arihureru(흔하다)

　쿠도마유미(工藤眞由美 1995)는 '-te iru'의 상적 의미를 '동작 계속', '결
과 계속'으로 나누고 이와 같은 상적 차이는 결합하는 동사의 어휘적
의미에 따라 결정된다고 보았다. '주체동작·객체변화동사'의 능동문
은 '동작 계속'을 나타내고 수동문은 '결과 계속'을 나타내는데, '주체
동작동사'의 타동사는 능동문과 수동문이 상적 대립을 보이지 않고
모두 '동작 계속'을 나타낸다고 하였다. 쿠도마유미(工藤眞由美 1995)는
'주체동작·객체변화동사'와 '주체동작동사'의 능동·수동의 대립에서
보이는 상적 차이를 동사의 '내적 시간적 한계'로 설명하였다. 여기서
'내적 시간적 한계'란 이 연구의 '종결성(telicity)'과 같은 개념이다.
　쿠도마유미는 동사 중에는 그 내적구성에 필연적으로 끝나야할 목

표를 가지고 있는 동사가 있다는 사실을 지적하였다. 그리고 '주체동작·객체변화동사', '주체변화동사'를 '내적 한계동사', '주체동작동사'를 '비내적 한계동사'로 구분 하였다. 쿠도마유미의 '주체동작·객체변화동사'는 Vendler(1967)의 '완성동사(accompliments)에 해당한다. 쿠도마유미는 동사에 내재된 '시간의 길이'라는 의미 특징만을 가지고 동사를 분류한 킨다이치(1950)의 동사분류에서 간과된 '완성동사' 부류를 분류해 내었다. 그러나 '내적 시간적 한계'라는 의미 특징만을 가지고 '동작'과 '변화'를 동시에 나타내는 '완성동사'를 분류해 내는 것은 불가능하다고 보고 '동작'과 '변화'라는 상적 의미 특징과 '주체', '객체'라는 능동-수동의 '태(voice)'적인 의미 특징을 결합시켰을 때 비로소 동사의 어휘적 의미, 상적 의미, 능동-수동의 태의 구조간의 문법적 현상을 설명할 수 있다고 하였다.

쿠도마유미의 동사분류 가운데 '외적 운동동사(dynamic verb)'는 시간 속에서 개시, 전개, 종료되고 경우에 따라서는 결과를 남기고, 정태동사는 시간 속에서의 전개를 문제 삼지 않는 동사로서 사물간의 관계, 특성, 존재 등을 나타내며 '-ru'와 '-te iru'의 상적 대립을 보이지 않는다. 쿠도마유미는 '외적 운동동사'와 '정태동사'에 속하지 않는 '내적 정태동사'를 설정하였다. '내적 정태동사'는 시간적 전개성은 가지나 그 움직임이 눈에 보이지 않는 '사고', '지각', '감각', '감정' 등 인간의 정신적 활동을 나타내는 동사이다.[42]

쿠도마유미가 동사 어휘의미에 내재하는 필연적 목표의 유무에 착안하여 '외적 운동동사'를 '주체동작·객체변화동사', '주체동작동사'와

---

42) 감각동사, 감정동사의 완성상 '-ru'와 '-ta'는 동작성 동사와 달리 현재의 감각이나 감정을 나타낼 수 있는데 인칭과 관련하여 선택된다. 3인칭에서는 현재의 감각이나 감정을 나타내기 위해 완성상 '-ru'와 '-ta'는 쓸 수가 없다. 여기서 '-ta'는 '-ru'의 과거형을 뜻한다.

'주체변화동사'로 분류한 점은 큰 성과이다. 그러나 동사의 시간적 길이 즉 [±순간성]을 전혀 고려하지 않고 분류를 한 결과 'tataku(두드리다)', 'keru(차다)' 등의 동사를 순간적 활동동사(semelfactives)로 분류하지 않고 'miru(보다)', 'kiku(듣다)'등의 동사와 같은 부류 즉 모두 '주체 동작동사'에 분류하였다. 그리고 '내적 시간적 한계'의 의미 특징을 지니는 '내적 한계동사'에는 결과상태를 나타내는 'kiru((옷)입다)' 'nugu(벗다)' 등의 동사와 결과상태를 나타내지 않는 'yomu(읽다)', 'taberu(먹다)' 등의 동사가 있음을 간과하고 'yomu(읽다)', 'taberu(먹다)'등의 '내적 한계동사'를 'aruku(걷다)', 'oyogu(수영하다)' 'naku(울다)' 등의 '비내적 한계동사'와 같은 부류에 분류하는 등 '시간적 내적 한계'를 결정짓는 객관적 변별 기준이 결여되어 있다.

쿠도마유미는 계속동사, 순간동사의 '시간적 길이'는 동사 어휘 자체에 있는 것이 아니고 'issyun ni(순간에)', 'nizikan de(2시간 만에)' 등의 부사어에 의해 드러나는 것이라고 보았다. 이러한 견해는 동사 어휘 의미에 시간의 길이를 포함하여 '시간적 한계성' 등 동사 고유의 시간적 성질이 있다고 보는 이 연구와는 대립되는 견해이다.

Mori, Löbner, and Micha(1992)는 Vendler의 동사 분류 방식에서 제시된 4가지 분류기준인 진행형의 유무, 시간부사어 'at', 'for', 'in'을 교차적으로 적용하여 가능한 동작류의 경우수를 16가지로 설정하였다. 그리고 각각의 동사와 진행형의 유무, 시간부사어 'at', 'for', 'in'과의 공기여부에 따라 일본어 동사를 분류하였다. 이와 같이 3 가지의 시간부사어와 동사가 결합할 수 있는 경우수에 따라 일본어 동사의 동작류 분류를 시도한 것은 Mori, Löbner, Micha(1992)가 처음이다. 그들은 일본어 동사를 <표 6>과 같이 9 가지로 분류하였다. 그들의 동작류 z-V는 '상태', p-V는 '활동', t-V는 '완성', s-V는 '성취'에 해당된다.

〈표 6〉 Mori, Löbner, Micha(1992)의 일본어 동사 분류표

	1	2	3	4	5	6	7	8	9	10	11	12	13	14	15	16
진행상	O	O	O	O	O	O	O	O	X	X	X	X	X	X	X	X
at	O	O	O	O	X	X	X	X	O	O	O	O	X	X	X	X
for	O	O	X	X	O	O	X	X	O	O	X	X	O	O	X	X
in	O	X	O	X	O	X	O	X	O	X	O	X	O	X	O	X
		r-V			u-V	p-V	t-V	v-V		z-V	s-V	w-V			q-V	

Verb examples (by column, under res3 / res2 / res1 / res0):

- Column 2 — res3: keru (차다)
- Column 5 — res3: yomu (읽다)
- Column 6 — res3: aruku (걷다)
- Column 7 — res3: kiru (옷 입다); doceru (기어 하다); res1: tateru (집 짓다)
- Column 8 — res2: hueru (늘다)
- Column 10 — res2: iru (있다)
- Column 11 — res3: tomaru (멈추다); res2: wasureru (잊다); res1: tuku (도착 하다), mitukeru (발견 하다)
- Column 12 — res3: tuku (켜지다), kasu (빌려 주다), hairu (들어 가다); res1: morau (받다), sinu (죽다), okuru (보내다)
- Column 15 — res3: kakureru (숨다); res1: odiru (떨어 지다)

Mori 등은 [결과성]의 동사들을 시간부사어 'kan(동안)'이 '-te ita(-고/어 있었다)' 또는 '-ta(-었다)'와 공기하여 결과상태 지속을 나타낼 수 있는가의 여부에 따라 결과성 동사를 <표 7>과 같이 4가지로 하위 분류하였다.

〈표 7〉 Mori, L bner, and Micha(1992)의 결과성 동사의 하위 분류

	res0	res1	res2	res3
KF=res	*	O	O	O
ZDA2(-te ita)	*	*	O	O
ZDA3(-ta)	*	*	*	O

'KF=res'는 '-te iru'형이 결과상태를 나타내는 것을 뜻하고, ZDA2는 시간부사어 'kan(동안)'이 '-te ita(-고/어 있었다)'와 공기하는 경우이고, ZDA3는 'kan(동안)'이 '-ta(-었다)'와 공기하는 경우이다. res0에는 타동사 'tateru((집)짓다)', 'mitukeru(발견하다)', 'okuru(보내다)' 등이 해당되는데 이들 타동사는 '-te iru'와 결합하여 결과상태를 드러내지 못하고 완료상을 나타낸다고 보았다.

'res1'에는 [+결과성]의 동사이나 'kan(동안)'과 결합하여 결과상태 지속을 보이지 못하는 'morau(받다)', 'sinu(죽다)', 'tuku(도착하다)', 'hueru(늘다)' 등의 동사가 여기에 속한다고 보았다.

'res2'에는 'kan(동안)'이 '-te ita'와 결합하여 결과상태 지속을 나타내는 'wasureru(잊다)', 'otiru(떨어지다)', 'oboeru(외우다)' 등의 동사가 있고, 'res3'에는 'kan(동안)'이 '-te ita'나 '-ta'에 모두 공기하여 결과상태 지속을 나타내는 'kasu(빌려주다)', 'tomeru(멈추다)', 'kiru(입다)' 등이 해당된다.

Mori 등은 'hueru(늘다)'를 그 어떤 시간부사어와도 공기하지 않는 동사로 분류하였는데 'hueru'는 다음 예문(25)과 같이 'de'와 공기할 수

있다.

(25) kawa-no mizu-wa hutukakan-de konnani hueta.
river-GEN water-TOP 2days-in this much increase-PRES-DECL
강물은 이틀만에 이렇게 불었다.
川の水は二日間でこんなに増えた。

그리고 Mori, Löbner and Micha(1992)에서 'q-V'로 분류된 'kakureru (숨다)', 'otiru(떨어지다)'는 제15 부류에 해당되는데 본 연구에서는 15부류에 해당되는 일본어 동사는 없는 것으로 분류된다. 제15 부류는 'kan(동안)', 'ni(에)'와는 공기하지 못하고 'de(만에)'하고만 공기하는 부류인데 다음 예문 (26가, 나)와 같이 'kakureru', 'otiru'는 순간적 상황의 성립시점을 나타내는 'sono syunkan(그 순간)', 'ni(에)'와 공기할 수 있다. 따라서 'kakureru', 'otiru'가 제 15부류에 분류되는 것은 옳지 않다.

(26) 가. sono syunkan hannin-wa biru-no naka-ni kakureta.
at the moment criminal-TOP building-GEN into hide-PAST-DECL
그 순간 범인은 빌딩 안으로 숨었다.
その瞬間犯人はビルの中に隠れた。
나. kare-wa kinou-no gogo sanzi-ni okuzyou-kara otita.
he-TOP yesterday afternoon 3 o'clock-at rooftop-from fall- PAST-DECL
그는 어제 오후 3시 옥상에서 떨어졌다.
彼は昨日の午後3時に屋上から落ちた。

또한 동사 'sinu(죽다)'를 'morau(받다)', 'okuru(보내다)' 등과 같은 w-V 부류에 분류하였는데 이 w-V는 이 연구의 제12 부류에 해당된다. 그런데 'sinu'는 (27)과 같이 시간부사어 '만에'와 공기가 가능하며 '동안'과 공기하여 결과상태 지속을 나타낼 수 없다. 그러나 'morau'는 '동안과 공기하여 '반복상'을 나타낸다는 점에서도 'sinu'는 'morau'와 달리 s-V 부류 즉 이 연구의 제11 부류에 분류되어야 한다.

(27) kare-wa byouin-kara taiinsi-te tatta ikkagetu-de sinda.
he-TOP hospital-from discharge-SF just one month-in die-PAST-DECL
그는 병원에서 퇴원하여 겨우 한달 만에 죽었다.
彼は病院から退院してたった一ヶ月で死んだ。

Mori, Löbner and Micha(1992)의 동작류 분류의 문제점은 크게 세 가지로 볼 수 있다. 첫째, 시간부사어 'kan(동안)'이 '-te ita'형 또는 '-ta'형과 공기하여 결과상태 지속을 나타낼 수 있느냐의 여부로 결과성 동사를 다시 4 부류로 하위분류 하면서도 'katu(이기다)', 'makeru(지다)' 등의 동사가 예비 단계에서 '과정'을 나타낼 수 있다는 사실을 간과하고 하나의 독립된 부류로 분류하지 못한 점이다. 둘째, 존재사 'iru', 'aru'는 상태동사로 분류하면서도 감각동사 'tukareru(피곤하다)', 'suku(배고프다)', 감정동사 'aisuru(사랑하다)', 'yorokobu(기뻐하다)', 지각동사 'mieru(보이다)', 그리고 사고동사 'omo(생각하다)' 등의 심리동사를 논의에서 제외시킨 점이다.

셋째, 분류의 기준이 되는 시간부사어의 적용에 일관성이 없다는 점이다. 'ni(에)'는 순간적 상황의 [+순간성]을 검증하기 위한 것으로 순간적 상황이 성립되는 시점을 의미할 때만 분류 기준에 부합되는 것으로 간주되고 [-순간성]을 지닌 상황과 공기하여 시동상이나 동작 지속의 의미를 드러낼 때는 분류 기준에 부합되지 않는 것으로 간주하여 X로 처리하여야 한다. 그런데 동사 'iru(있다)'를 <표 6>의 제10 부류로 분류한 것은 분류 기준 적용에 일관성이 없음을 보여 주는 것이다. 'sanzi-ni ie-ni ita(3시에 집에 있었다)'에서 'ni(에)'는 순간적 상황의 성립 시점을 나타내는 것이 아니고 그 시점에 어떤 상태에 있었다는 것을 의미하는 것이므로 <표 20>에서 X로 처리되어야 한다. 결과적으로 일본어에 제10 부류는 존재하지 않는다.

요시카와치즈코(吉川千鶴子 1996)는 동작류를 '어의상'(語義相)이라 불렀으며, Vendler(1967)의 분류 방식을 이용하여 일본어 동사의 동작류를 다음 <표 8>과 같이 7부류로 분류하였다.

<표 8> 요시카와(吉川 1996)의 동사분류

	1	2	3	4	5	6	7
	무한상태 동사	유한상태 동사	도달동사	기거동사	달성동사	순간동사	계속동사
'-te iru' 와의 공기	X	O	O	O	O	O	O
'-te iru'가 나타내는상		상태상	결과상태상	결과지속상	결과지속상 계속상	연속상	계속상
'itizi kara ~te iru' (한시부터 ~고 있다)	-	X	X	O	O	O	O
'itizikan kakatte ~ta' (한 시간 걸려서 ~했다)	X	X	O	X	O	X	X
	aru(있다) iru(필요하다) ataisuru (~ 할만하다)	sobieru (솟다) niru(닮다) sugureru (우수하다)	tuku (도착하다) owaru (끝나다) sinu(죽다)	suwaru (앉다) tatu(서다) tomaru (멈추다)	kigaeru (갈아입다) wakasu (물끓이다) someru (염색하다)	keru(차다) utu(치다) tataku (두드리다)	hasiru (달리다) yomu (읽다)

요시카와(吉川 1996)는 동사 분류의 분류 기준으로 시간부사어 'kan(동안)' 대신 부사구 'itizi-kara'를 사용하여 'itizi-kara ~te iru(1시부터 ~하고 있다)'로 '동작 지속' 또는 '결과지속'을 가려내었다. 또 동사가 지시하는 상황이 종결될 때까지 걸린 시간을 나타내는 시간부사어 'de'

(만에) 대신 부사구 'iti zikan kakatte'를 이용하여 'iti zikan kakatte ~ ta(한 시간 걸려서 ~했다)'로 동사의 [+종결성]을 검사하였다.

요시카와는 '성취동사'를 [지속성]의 여부에 따라 '도달동사'와 '기거동사'로 나누었는데, '도달동사'는 '결과상'만을 나타내고 '기거동사'는 '결과 지속상'을 나타낸다고 보았다. '달성동사'는 Vendler의 '완성동사'이고 '계속동사'는 '활동동사'에 해당된다. 그리고 '순간동사'는 Comrie(1976)의 '순간적 활동동사(semelfactives)'에 해당된다.

요시카와는 '상태동사'를 '-te iru'와의 결합 여부에 따라 '무한 상태동사'와 '유한 상태동사'로 나누었다. 그러나 요시카와가 '유한 상태동사'에 분류한 'sobieru(우뚝솟다)', 'niru(닮다)', 'sugureru(우수하다)' 등의 동사는 모두 그 상태가 무한히 지속되는 것으로서 이 연구의 '영속적 상태동사'에 해당된다.

야마다(山田 1984 : 89)는 외국의 상 이론을 소개하면서 Vendler(1967)의 4가지 동작류를 각기 상태(ststes), 활동(activities), 달성(achievements), 완성(accomplishments)이라 불렀다. 그러나 요시카와(吉川 1996)에서는 'achievements'를 '도달', 'accomplishments'를 '달성'이라고 부르는 등 한국어 동작류의 명칭이 연구자에 따라 달리 쓰이는 것과 마찬가지로 일본어 동작류의 용어도 통일 되지 않고 쓰이고 있다.

2.4. 요약

문법상은 '-고 있다', '-어 있다', '었'과 같은 '상 형식'에 의해 드러나는 '진행상', '완료상', '결과상' 등을 뜻하고, 어휘상은 동사 어휘의미에 내재하는 상적 속성을 의미한다. 먼저 문법상의 종류를 살펴본다.

'완결상'이란 상황을 '시작', '전개', '종결'로 분할하지 않고 상황전체를 하나로 보여주는 것이고, 비완결상이란 상황을 분할하여 시작, 중간, 종결의 어느 한 국면만을 드러내는 상이다.

'완료상'은 일반적으로 과거의 상황이 현재와 관련을 맺고 있는 것을 뜻하는데 이렇듯 '완료상'은 '과거에 일어난 사태가 현재에 미치는 효력이 있음'을 함축하는 상이다. 그러나 이 연구에서 규정한 '완료상'은 사태가 완료되는 국면에 초점이 있는 좁은 의미의 '완료상'으로서 '비완결상'에 속한다.

'결과상'은 동사가 지시하는 상황이 종결된 뒤의 결과상태를 나타내는 상으로 '결과상'은 어휘적으로 제한이 있다.

'진행상'은 어떤 상황이 발화시 이전부터 시작해서 발화시에 끝나지 않고 발화시 이후에도 계속되는 상황을 의미한다. 한편 '지속상'은 '진행상', '결과상', '상태상'을 모두 포괄하는 상위개념으로서 '진행상'은 '동작 지속', '결과상'은 '결과상태 지속'을 나타내며, '상태상'은 '상태 지속'을 뜻한다. 따라서 '진행상', '결과상', '상태상' 모두 '지속상'의 일종이라 할 수 있다.

Vendler(1967)는 동사와 시간부사어 'at', 'for', 'in' 과의 공기 제약, 진행형의 유무 등을 분류기준으로 삼아 동사를 '상태(states)', '활동(activities)', '완성(accomplishments)', '성취(achievements)'의 4부류로 분류하였다. 시간부사어 'in'은 '종결성(telicity)'을, 'for'는 '비종결성(atelicity)'을 검증하기 위한 것이고, 시간부사어 'at'은 '순간성(punctuality)'을 검증하기 위한 것이다. 따라서 시간의 길이를 가진 어떤 동작동사가 'for'와 공기하면 활동상황이고 'in'과 공기하면 완성상황임을 알 수 있다.

한편 Dowty(1979)는 Vendler(1967)의 어휘상 분류의 문제점을 지적하며 어떤 동사들은 두 개의 '시간 도식(time schema)'이 가능하여 'he read a book for an hour', 'he read a book in an hour'와 같이 시간부

사어 'for' 와 'in'을 다 취할 수 있다고 하였다. 이는 이 연구의 동작류 제5 부류 '완성·활동상황'의 근거가 된다.

한국어 어휘상 선행 연구는 유타니(1978)를 시작으로 이남순(1981), 이지양(1982), 정문수(1982, 1984), 황병순(1987, 2000), 이호승(1997), 조민정(2000, 2007), 김천학(2007), 박덕유(2007)의 순으로 검토하였고, 일본어 어휘상 선행 연구는 킨다이치(1950)를 시작으로 스즈키(1957), 후지이(1966), 요시카와(1973), 오쿠다(1977), 쿠도 마유미(1995, 2004)에 이르는 전통적 분류와 Vendler(1967)의 동사 분류 방식 을 이용하여 어휘상을 분류한 Mori, Löbner, Micha(1992)와 요시카와치즈코(1996)의 분류를 검토하였다.

제3장

한국어 동사의 동작류 분류

이 장과 다음 장에서는 한국어와 일본어의 어휘상 즉, 동사 어휘의 미에 내재되어 있는 시간적 특성을 연구하여 한국어와 일본어의 동작류를 분류하고 각 동작류의 통사·의미적 특성을 밝혀 두 언어의 상의 공통점과 차이점을 밝히고자 한다.

3.1. 동작류 분류의 기준 및 방법

Vendler(1967)의 기본적인 분류법을 유지하면서 이를 계승 발전시킨 Mori, Löbner and Micha(1992)의 일본어 동작류 분류를 면밀히 검토하고, Ryu and Löbner(1996)의 한국어 동작류 분류를 참고하여 한국어와 일본어 동사의 동작류를 일차적으로 각각 10가지 부류와 11가지 부류로 구분할 것이다.

나아가서 [+종결성]을 가진 동작류를 [결과성]의 유무에 따라 이차적으로 한층 더 하위분류하여 한국어는 총 11가지 부류, 일본어는 총 13가지 부류로 구분하고 그 구분에 소속되는 구체적인 어휘 항목들의 상적 특성을 일일이 분석하여 일목요연하게 표로 제시할 것이다. 이 표에서 선행 연구에서 불합리하게 분류된 동사들을 다시 조정하고 선행 연구 업적들에서 간과되었던 많은 중요한 동사항목들을 보충할 것이다.

3.1.1. 시간부사어 'at', 'for', 'in'

이 연구의 분류 기준이 되는 영어의 시간부사어 'at', 'for', 'in'은 한국어 시간부사어로는 '에', '동안', '만에'로 대응되고 일본어 시간부사어로는 'ni', 'kan', 'de'로 대응된다. 다음은 시간부사어 '에/ni', '동안/kan', '만에/de'가 동작류 분류 기준으로서 어떤 기능을 하는지 살펴본다.

첫째, 동사의 [+순간성]을 변별해 주는 영어의 시간부사어 'at'은 한국어 '에', 일본어 'ni'에 대응된다. '에/ni'는 '시점(point of time)'을 나타내는데, 시간의 길이를 갖지 못하는 상황이 순간적으로 완성되는 시점을 의미하므로 '성취상황'하고만 공기 한다.

이 논문에서 '에/ni'가 어떤 동사와 결합하여 '순간적 상황의 완성 시점'이라는 의미를 갖지 않을 때에 '에/ni'는 이 연구의 분류기준에 부합되지 않는 것으로 간주되어 분류표 <표 13>과 <표 20>에서 X로 처리된다. 예를 들면 '나는 3시에 밥을 먹었다'의 '3시'는 상황이 진행 중이었던 시점을 의미하거나 먹기 시작한 시점을 뜻하는 것이지 순간적 상황의 완성 시점을 뜻하는 것이 아니므로 이 연구의 분류기준에 부합되지 않는다. 따라서 이런 경우의 '에/ni'는 분류표 <표 13>과 <표 20>에서 X로 처리된다.

둘째, [-종결성]의 변별 기준이 되는 시간부사어 'for'는 한국어 '동안', 일본어 'kan'에 대응된다. '동안/kan'은 시간의 길이를 가진 동적인 '활동상황'이나 정적인 '상태상황'이 일정기간 지속되는 시간을 나타내는데, 순간적 상황은 '동안/kan'과 공기하여 '진행'의 의미를 갖지 못하지만, 대다수의 순간적 상황은 '동안/kan'과 공기하여 상황이 종결된 뒤의 결과상태 지속을 나타낸다. 그러나 이 경우의 '동안/kan'은 이 연구의 분류기준이 의미하는 '동작 지속'이 아니므로 본 분류표 <표 13>과 <표 20>에서는 X로 표시된다.

셋째, [+종결성]의 변별 기준이 되는 시간부사어 'in'은 한국어는 '만에' 일본어는 'de'에 대응된다. 시간부사어 '만에/de'는 시간의 폭을 가진 어떤 상황이 시작하여 완성되기까지 걸린 시간을 의미하거나 문맥 내에서 일정 시점으로부터 순간적 상황이 완성될 때까지의 시간을 의미한다. '한 시간 만에 책을 읽었다'는 전자의 예이고 '기차가 역에 한 시간 만에 도착했다'는 후자의 예이다.

그러나 '태풍이 3년 만에 불었다'에서 '3년 만에'는 '태풍이 불기 시작해서 다 부는데 3년이 걸렸다'라는 의미가 아니고 '3년 동안 태풍이 불지 않다가 불었다'라는 '시동상'의 의미를 나타내는 것으로서 이 연구의 '만에/de'와는 다른 의미 기능을 갖는다. 따라서 이런 경우의 '만에'는 이 연구의 분류기준에 부합되지 않으므로 분류표 <표 13>에서 X로 표시된다.

윤재학(1996 : 51)에 따르면 부사어는 'now(지금)', 'last year(작년에)', 'in summer(여름에)', 'during the vacation(방학 동안에)' 등의 '위치 부사어 (Locating Adverbials)'와 , 'in two hours(2시간 만에)', 'for two hours(2시간 동안)' 등의 '계량 부사어(Measuring Adverbials)'로 나눌 수 있는데 이 연구의 중요한 분류 기준이 되는 '동안'과 '만에'는 '계량 부사어'에 들고 '에'는 '위치 부사어'에 해당된다.

그런데 그는 '동안에'는 시간 축 상에서의 위치를 나타내는 부사어 이므로 '수량 NP'하고는 결합할 수 없다고 하였는데 그렇지 않다. '동안에'는 '방학 동안에'에서는 위치부사어로 기능하나, '한 시간 동안에 숙제를 다 했다'에서는 '계량부사어'로 기능한다. 이와 같이 '동안에'는 앞에 서술 표현이 오면 '위치 부사어'로 기능하고, 수량사가 오면 '계 량 부사어'로 기능한다.

김석득(1974), Lee(1982)는 Vendler(1967)의 동사 분류 방식을 한국어 동사 분류에 적용하면서 시간부사어 'in'을 우리말 '동안에'로 대응시 켰다. 그러나 'in'의 대응어로 '동안에'는 적절하지 않다. '동안에'가 왜 'in'의 대응어로 적절하지 않은지 '동안에'의 의미기능을 알아보도록 한다.

(1) 가. ??철수는 1년 동안에 집을 지었다.
　　나. 철수는 1년 동안에 집 1채를 지었다.
　　다. 철수는 1년 만에 집을 지었다.

'동안에'는 '동안'과 '에'로 분석될 수 있다. '동안'은 '시간의 폭'을 나 타내고, '에'는 '동안이 지시하는 시간을 단위로 하여서' 라는 의미기능 을 갖는다. 따라서 위의 예문 (1가)와 같이 '동안에'는 수량사가 후속 하지 않으면 어색하고, (1나)와 같이 수량사가 명시되어야 완성상황인 '집을 짓다'와 공기할 수 있다. 즉 '동안에' 뒤에 '수량사 NP'가 들어가 야 문법성을 갖게 된다.[1] (1나) '동안에'와 비교할 때 (1다) '만에'는

---

1) 그러나 (I)과 같이 '동안'과 '동안에' 앞에 수량사가 아닌 서술적 표현이 오면 '동 안'과 '동안에'의 의미차이는 사라진다.(임호빈 (1997))
　(I) 가. 회의하는 동안은/동안에는 전화를 받을 수 없습니다.
　　나. 찻집에서 친구를 기다리는 동안/동안에 편지를 썼습니다.
　　다. 식사하는 동안은/동안에는 너무 말을 많이 하지 않는 것이 예의죠.
　　라. 선생님이 안 계시는 동안/동안에 전화가 많이 왔어요.

수량사가 뒤에 안 와도 정문이 되므로 더 경제적인 표현이라 하겠다.

(2) 가. *윤희는 1시간 동안에 부산에 도착했다.
　　나. 윤희는 1시간 만에 부산에 도착했다.
　　다. *윤희는 한 시간 동안에 해결책을 발견했다.
　　라. 윤희는 한 시간 만에 해결책을 발견했다.

한편 위의 (2가)와 (2다)에서 순간적 상황인 '도착하다'와 '발견하다'
는 '동안에'와 공기하면 비문이 된다. 왜냐하면 '동안에'가 '동안'의 의
미를 함의하므로 시간의 폭을 갖지 않는 '도착하다'나 '발견하다'가 시
간의 폭을 의미하는 '동안에'와 서로 대립하기 때문이다. 그러나 비문
인 (2가)나 (2다)의 '동안에'를 '만에'로 바꾸면 (2나), (2라)와 같이 정
문이 된다. '동안에'가 '성취상황'과 어울리지 못하는 것은 '동안에'가
시간의 길이를 뜻하는 '동안'을 함의하기 때문이다.

위의 예문에서 (2가)와 (2다)가 비문인 것은 '동안에'가 'in'의 대응
어로 충분하지 못하다는 증거이다. '동안에'는 수량사와 함께 '완성상
황'과는 공기할 수 있으나, '성취상황'과는 공기하지 못하는 결합제약
이 있다. 따라서 '종결성'과 '비종결성'을 식별해 주는 시간부사어 'in'
의 한국어 대응어로는 '만에'가 타당하다는 결론에 이르게 된다.

3.1.2. 분류 방법

한국어와 일본어 동사의 동작류는 다음과 같은 방법으로 분류된다.
먼저 상표지 '-고 있다/-te iru'와 결합한 동사가 드러내는 상에 따라

(I)의 '서술표현+동안/동안에'는 '얼마동안'의 기간을 나타내는 것이 아니고 '언
제' 상황이 일어났는지를 의미하므로 뒤에 결합하는 동사에 제약이 없다.

각각 '진행상'을 보이는 8부류와 '비진행상'을 보이는 8부류, 총 16부류를 설정한다. 다음은 동사가 시간부사어 '에/ni', '동안/kan', '만에/de'와 공기할 수 있는지의 여부에 따라서, 한국어는 '진행상'을 보이는 6부류와 '비진행상'을 보이는 4부류, 총 10부류의 동작류로 분류되고 일본어는 진행상을 보이는 6부류, 비진행상을 보이는 5부류, 총 11부류로 일차 분류된다.

그리고 이차적으로 [+종결성]의 동사[2] 가운데는 상황이 완성된 후, 결과상태를 보이는 부류가 있는데 [결과성]의 유무에 따라 한층 더 하위분류되어 최종적으로 한국어는 모두 11가지 부류, 일본어는 13가지 부류의 동작류를 얻게 된다. 이 연구의 동사 분류표에서는 동사가 상표지 '-고 있다/-te iru'와 공기하여 진행상을 나타내면 <표 13>과 <표 20>에서 O로 표시되고, 진행상을 나타내지 못하면 X로 표시된다.

이 연구에서는 각 동작류의 시간적 특성을 파악하기 쉽도록 가장 핵심적인 Vendler(1967)의 4가지 동작류 '활동', '성취', '완성', '상태'를 이용하여 각 동작류를 명명한다. 그리고 각 동작류의 상적 특성은 Comrie(1976 : 41-51)에서 제시된 '상자질(aspectual properties)' [상태성], [순간성], [종결성]의 '± 이원적 대립'으로 나타낸다.[3] 그런데 상자질 [결과성]은 [+종결성]이 전제 되어야 [+결과성]과 [-결과성]으로 하위 구분되는 것이므로 이 연구에서는 [결과성]을 기본적인 상성으로 보지 않고 이차적인 상성으로 간주한다. 따라서 [+종결성]의 동작류에 한해서만 [+결과성] 또는 [-결과성]을 표시하고 [-종결성]의 동작류는 모두

---

2) Yang(1977)은 [종결성]의 유무에 따라서 동사를 'end-state-preserved verbs(끝-상태-보존 동사)'와 'end-state-non-preserved verbs(끝-상태-비보존 동사)'로 나누었다.

3) Comrie(1976)는 상자질을 ±이원적 대립으로 나타내지 않고 '순간성(punctual)'과 '지속성(durative)', '종결성(telic)'과 '비종결성(atelic)', 그리고 '상태성(state)'과 '동태성(dynamic)'으로 나타내었다.

[−결과성]이므로 따로 표시하지 않는다.

그리고 한국어와 일본어 동사의 추상적인 내적 시간구성은 Smith (1997)를 참고하여 다음과 같이 설정한다. <그림 3>의 내적 시간구성에서 시간의 폭을 지닌 '활동상황'과 '완성상황'은 <그림 3가>의 내적 단계를 가지며 '성취상황'은 어떤 사태가 시작과 동시에 종결되는 순간적 상황이므로 <그림 3나>와 같이 시작점과 종결점이 하나로 겹쳐 있게 되어 '내적 단계'를 가지지 못한다. '예비 단계'는 목표를 향해 접근하고 있는 상황을 나타내는 '도착하다', '이기다' 등의 동사들을 위해 설정된 것이다. 그리고 [+종결성]을 가진 '완성상황'과 '성취상황'은 '결과 단계'를 가질 수 있다.

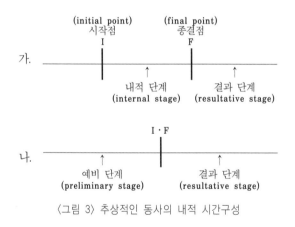

〈그림 3〉 추상적인 동사의 내적 시간구성

3.1.3. 동작류 분류의 전제 조건

시간부사어 '에/ni', '동안/kan', '만에/de'로 동사의 상적 특성을 분석할 때는 몇 가지 조건이 전제된다. 첫째, 주체나 대상이 복수일 때의 '반복상'과 장기간에 걸쳐 일어나는 '습관상'은 논의에서 제외한다. 왜

냐하면 '반복상'과 습관상에서는 '시간의 폭'을 갖지 못하는 순간상황
의 동사들도 예문 (3가, 나)에서와 같이 '시간의 폭'을 나타내는 시간
부사어 '동안'과 공기하거나 상표지 '고 있다'와 공기하므로 동사가 가
지고 있는 고유한 상적 특성을 올바르게 파악할 수 없기 때문이다.4)

(3) 가. 철수는 한 달 동안 계속 새로운 사실들을 발견하였다.
　　나. 우리는 매일 7시에 일어나고 있다.

둘째, 시간부사어와의 공기 관계를 검사할 때는 모두 '단순 과거형'
에서 이루어 져야 한다. 예를 들어 상황이 순간적으로 완성되는 시점
을 나타내는 시간부사어 '에/ni'는 단순 과거형에서 테스트해야 한다.
왜냐하면 '세 시에 밥을 먹고 있었다'에서는 밥을 먹는 상황이 3 시에
진행되고 있었음을 의미하므로 이 연구의 분류기준인 '에/ni'와 다른
의미 기능을 갖기 때문이다.

셋째, 동작류 분류의 통사적 단위는 동사로 간주한다. Dowty(1979),
Smith(1997) 등은 동사 이외의 문장 성분들도 고려하여 단순히 동사만
이 아니고 동사구(VP)의 층위, 더 나아가 문장 층위에서 동작류의 분
류가 이루어져야 한다고 주장한다.

그러나 문장 안에 있는 모든 요소들을 포함시키면 동사 고유의 시
간적 특성을 파악하는데 오히려 장애가 될 것이다. 예를 들면 '매일 7
시에 일어나고 있다'에서 부사어 '매일'의 수식으로 순간적 상황을 나

---

4) 타케우치(2007 : 19)는 다을 예문을 제시하며 'noru(타다)'가 진행상과 결과상을
　모두 나타낼 수 있다고 하였는데 예문 (I나)는 복수의 주어가 반복상을 보이는
　것이므로 '버스를 타다'가 드러내는 진정한 상적 의미로 볼 수 없다. 주어가 복
　수이면 어떤 동사라도 '반복상'을 보이게 되므로 이 연구에서 반복상을 논의에
　서 제외하는 이유가 바로 이 때문이다.
　(I) 가. 단체객들이 버스에 타고 있다. (결과상)
　　　나. 단체객들이 순서대로 버스에 타고 있다. (진행상)

타내는 동사 '일어나다'가 시간의 폭을 가진 과정 동사처럼 행동할 수 있기 때문에 동사 본연의 내적 시간구성을 파악하기 어렵게 된다. 이 연구에서는 '현미경적 해석(microscopic reading)'이나 '확대해석(extended reading)'은 논의의 대상에서 제외한다. 이와 같은 동작류 분류의 전제 조건은 한국어와 일본어 동작류 분류에서 똑 같이 적용된다.

3.1.4. 분류 동사의 범위

이 연구의 한국어와 일본어 동사의 동작류 분류에서는 선행연구에서 다루었던 동사들과 그간 소홀히 다루어져 온 심리동사를 포함하여 동사 전체를 대상으로 삼는다. 정문수(1982), 이지양(1982) 등 그간의 동작류 분류에서는 전통 문법에서의 형용사를 Vendler(1967)의 '상태동사'로 분류하고 정작 상태성을 보이는 동사에는 주목하지 않는 경향이 있었다. 이러한 태도에 대해 김정남(2005 : 14-15)은 다음과 같이 지적하고 있다.

> 국어의 형용사는 인구어 등의 형용사와 달리 동사와 거의 유사한 기능을 하는 품사류이다. 그런데 바로 이러한 점 때문에 형용사가 동사와 대등한 하나의 범주로 인식되기 보다는 동사의 한 하위부류 정도의 것으로 인식되고 기술되어 왔던 측면이 있다. 형용사를 '상태동사'라 달리 이름하는 일이 이러한 사실을 단적으로 보여 준다

이 연구는 김정남(2005)과 같은 견해로서 사물의 성질이나 속성을 나타내는 형용사의 '상태성'은 동사의 '상태성'과 구분하여 논외로 한다. 이 연구가 관심을 갖고자 하는 것은 동태성을 기본적인 의미 내용으로 하는 동사가 '동태성'을 잃고 '정태성'을 보이는 [+상태성]의 동사

들이다. 소위 심리동사라 불리어지는 동사 부류인데, 진행형을 취하지 못하는 영어의 상태동사 'love', 'know', 'believe'와는 달리 그에 대응하는 한국어 동사 '사랑하다', '알다', '믿다'와 일본어 동사 'aisuru(사랑하다)', 'siru(알다)', 'sinziru(믿다)'는 각각 상표지 '-고 있다/-te iru'와 결합한다.

이 연구의 관심사 중의 하나는 '-고 있다/-te iru'와 결합한 한국어와 일본어의 심리 동사들이 드러내는 상이 '진행상'인지 아니면 영어와 같이 '상태상'인지를 밝히는 것이다. 이 연구는 심리동사를 '알다/siru', '이해하다/wakaru' 등의 인지동사, '생각하다/omou', '믿다/sinziru' 등의 사고동사와 '보이다/mieru', '들리다/kikoeru' 등의 지각동사, '사랑하다/aisuru', '기뻐하다/yorokobu' 등의 감정동사로 나누어 이들 심리동사들의 상적 특성을 파악하고자 한다.

3.2. 한국어 동사의 동작류 분류

한국어 동사의 동작류 분류의 제1 단계는 '-고 있다'와 결합하여 '진행상(progressive)'을 드러내는 부류와 '진행상'을 드러내지 못하고 '상태상(stative)'이나 '결과상(resultative)'을 드러내는 부류로 분류되어. 다음 <표 9>와 같이 '진행상'과 '비진행상'의 두 그룹으로 나눈다. <표 9>의 '비진행상'에는 '상태동사'의 '상태상'과 '성취동사'의 '결과상'이 해당된다.

〈표 9〉 상표지 '-고 있다'가 나타내는 상

진행상	비진행상
먹다, 놀다, 쓰다, 읽다, 가다, 오다, 찾다, (옷)입다, 날다, (집)짓다, 만들다, 얼다, 녹다, 증가하다, 달리다, 걷다, 울다, 웃다, (바람)불다, (비)내리다	사랑하다, 희망하다, 믿다, 생각하다, 깨닫다, 알다, (눈)감다, (손)잡다, 가지다, 잊다, 끄다, 켜다, 보이다, 들리다, 살다, 포함하다, 이해하다

제2단계는 '진행상'과 '비진행상'에 속하는 동사들을 시간부사어와의 공기 제약에 의해 다음의 <표 10>과 <표 11>을 얻는다.

<표 10> '-고 있다'와 결합하여 진행상을 보이는 동작류

'-고 있다'	진행상(progressive)							
	1	2	3	4	5	6	7	8
	활동· 성취	순간적 활동	예비 단계 성취		완성· 활동	활동	완성	
'에'	O	O	O	O	X	X	X	X
'동안'	O	O	X	X	O	O	X	X
'만에'	O	X	O	X	O	X	O	X
	찾다	(발)차다 두드리다	이기다 도착하다		먹다 읽다 외우다	울다 걷다 (비)오다	(해가)뜨다 가다 오다	

<표 11> '-고 있다'와 결합하여 비진행상을 보이는 동작류

'-고 있다'	비진행상(non-progressive)							
	9	10	11	12	13	14	15	16
			성취	성취 (수여동사)		상태 (심리동사)		영속적 상태
'에'	O	O	O	O	X	X	X	X
'동안'	O	O	X	X	O	O	X	X
'만에'	O	X	O	X	O	X	O	X
			(눈)감다 잡다 알다	빌려주다 빌리다 보내다 받다		사랑하다 생각하다 보이다 살다		인접하다 이웃하다 닮다

'-고 있다'와 결합한 동사가 '진행상'을 나타내는지 아니면 '상태상'

을 나타내는지 알아보기 위해서는 'What are you doing now?'로 검사
한다. 'What are you doing now?'의 대답으로 가능한 문장이면 '진행
상'을 나타내고, 대답으로 불가능하면 '비진행상'을 나타내는 것으로
간주한다.

    (4) Q : 너 지금 무엇하고 있니?
        A : 가. 나 밥 먹고 있어.
           나. ??나 지금 남북통일을 희망하고 있어.
           다. ??나 지금 그가 결백하다고 믿고 있어.

 '너 지금 무엇하고 있니?'는 발화시 현재 일어나고 있는 청자의 행
동을 묻는 질문으로서 동사의 동태성을 검증하기 위한 도구이다. '너
지금 무엇하고 있니?'라는 질문의 대답으로 (4나, 다)가 어색한 것은
'희망하고 있다', '믿고 있다'가 '동작 진행'의 의미가 아니고 '상태 지
속'의 의미로 해석되기 때문이다.
  다음은 각 동작류의 상적 속성에 따른 통사·의미적 특성을 차례로
살펴보기로 한다.

3.2.1. 진행상을 보이는 동작류

 먼저 상표지 '-고 있다'와 결합하여 '진행상'을 보이는 동사의 부류
들을 살펴보기로 한다.

3.2.1.1. 제1 부류 활동·성취상황(activities·achievements)

 제1 부류 활동·성취상황은 <그림 4가>와 같이 활동상황으로 행동

할 때 [-상태, -순간, -종결]의 상적 특성을 갖고, <그림 4나>와 같이 '성취상황'으로 행동할 때는 [-상태, +순간, +종결][5]의 상적 특성을 갖는다. <그림 4가>의 종결점 F가 괄호 안에 들어 있는 것은 동사에 필연적으로 내재된 종결점이 없다는 것을 의미한다.

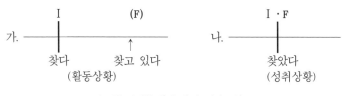

〈그림 4〉 '찾다'의 내적 시간구성

이와 같이 한국어 동사 '찾다'는 '찾고 있는 과정'과 '찾는 순간'을 모두 나타내므로 '활동상황'과 '성취상황'의 상적 특성을 모두 가지는 것으로 볼 수 있다. 그러나 영어와 일본어에서는 '찾고 있는 과정'과 '찾는 순간'을 각각 다른 동사로 나타낸다. 영어에서는 '찾고 있는 과정'은 'search for' 또는 'look for'로 나타내고 '찾는 순간'은 'find'로 나타낸다. 한편 일본어에서도 '찾고 있는 과정'은 'sagasu(찾다)'로, '찾는 순간'은 'mitukaru(발견되다)/mitukeru(발견하다)'로 나타낸다.

'살다'는 다의어로서 '살다1(거주하다)'과 '살다2(생존하다)'로 나눌 수 있는데 '살다'와 같이 '찾다'를 '찾다1(search for)', '찾다2(find)'로 나누어 볼 수도 있겠으나 '찾다'와 '살다'는 경우가 다르다. '살다'는 '거주하다'와 '생존하다'라는 별개의 의미기능을 가지므로 다의어로 간주되나 한국어 '찾다'는 '찾고 있는 과정'과 '찾는 순간'이 한 동작으로 인식되므로 '찾다'는 다의어로 볼 수 없다. 개별 언어에서 이와 같은 차이가 생기

---

5) 이 연구에서 [-상태, +순간, +종결]은 상자질 [-상태성], [+순간성], [+종결성]을 의미한다.

는 것은 인식의 차이에서 오는 것으로서 영어와 일본어에서는 '찾는 과정'과 '찾는 순간'을 다른 동작으로 인식하지만 한국어에서는 '찾는 과정'과 '찾는 순간'을 연속된 하나의 동작으로 인식하기 때문이다.

이 연구는 '찾는 과정'을 나타내는 '찾다'와 '찾는 순간'을 나타내는 '찾다'를 하나의 동사로 본다. 따라서 '찾다'는 다음 예문 (5)와 같이 '활동'과 '성취'의 2개의 내적 시간구성을 갖는 것으로 파악한다.

'찾다'의 상적 특성은 다음과 같다. '활동상황'의 상적 특성을 가질 때 '-고 있다'와 결합하여 '진행상'을 나타내고 '동안'과 공기하여 '찾는 상황'이 지속된 시간을 나타낸다. 한편 '성취상황'의 시간적 특성을 가질 때 '찾다'는 '찾는 순간'을 나타내며 찾는 상황이 성립된 순간을 시간부사어 '에'로 나타낼 수 있다. 그리고 어느 시점으로부터 찾는 상황이 성립될 때까지 걸린 시간을 '만에'로 나타낸다. 이와 같이 '찾다'는 '활동상황'과 '성취상황'의 시간적 특성을 다 가지고 있어서 (5)와 같이 '동안', '만에', '에'와 모두 공기할 수 있다.

(5) 가. 경찰은 실종된 아이를 찾고 있다.
　　나. 경찰은 실종된 아이를 한 달 동안 찾았다.
　　다. 경찰은 실종된 아이를 한 달 만에 찾았다.
　　라. 경찰은 실종된 아이를 어제 찾았다.
　　마. *경찰은 실종된 아이를 찾고$_2$ 있다.

(5마)가 비문인 것은 '찾다'에 '결과성'이 없음을 보여주는 것이다.[6]

이남순(1981가 : 57)은 '철수는 영희를 애타게 찾았다'와 '철수는 영희를 드디어 찾았다'라는 예문을 제시하며 전자는 과거 어느 시간 동안 행위가 지속되었음을 나타내고 후자는 과거 어떤 시점에서 순간적으

---

6) 그러나 일본어에서는 'mitukete iru'의 형태로 [+결과성]을 나타낼 수 있다.

로 완료된 사실임을 보여준다고 하였다. 바로 이러한 '찾다'의 시간적 특성이 '찾다'를 '활동'과 '성취'의 상적 특성을 모두 가지는 상황으로 분류할 수 있도록 뒷받침해 준다.

다음은 동사 '타다'의 시간적 특성을 알아본다. '타다'는 '보충어'에 따라서 '활동상황'과 '성취상황'을 넘나드는 것으로 파악되므로 제1 부류에 분류한다. 보충어에 따라 상황유형이 다른 경우는 많다. 예를 들어 '눈을 감다'와 '로프를 감다'의 경우가 그러한데 이때의 '감다'는 동음이의어이므로 별개의 단어로 간주된다. 하지만 '타다'는 '탈 것을 타다'라는 어휘의미를 유지하면서 보충어를 달리 취하여 상황유형이 바뀌는 것이므로 활동상황과 성취상황을 겸한다고 볼 수 있다. 다음 예문 (6)은 보충어에 따라 '타다'의 상적 특성이 바뀌는 것을 나타낸다.

(6) 가. 자전거/말을 타고 있다. (진행상)
　　나. 버스/기차를 타고₂ 있다.[7] (결과상)

(6가)는 주체가 대상이 되는 '탈 것'을 운전하고 있다는 해석이 되어 '진행상'을 나타낸다. 그러나 (6나)는 주체가 대상이 되는 '탈 것'을 운전하고 있다는 해석이 아니고 '버스 안에 또는 기차 안에 앉아 있다'는 해석을 낳는다. 따라서 (6나)의 '타고 있다'는 '결과상태'의 해석을 갖는다. '한 시간 동안 자전거/말 을 탔다'는 한 시간 동안 자전거나 말을 타고 움직이는 모습이 연상되는데 이때 '타다'는 종결점을 가지지 않는 '활동상황'의 상적 특성을 보인다.

종결점이 없는 활동동사는 동사 '멈추다(stop)'의 보충어는 될 수 있으나 '끝내다(finish)'의 보충어는 될 수 없다. '끝내다'는 [+종결성]의 완

---

7) 놀이공원에서 '청룡열차를 타고 있다'는 '진행상'으로 해석된다.

성동사만을 보충어로 취할 수 있기 때문이다. 따라서 이들 동사를 이용하여 '자전거를 타다'의 종결성의 여부를 테스트하면 (7나)는 어색한 표현이 되는데 이것으로 '자전거를 타다'는 종결점이 열려있는 활동상황의 동사임을 알 수 있다.

(7) 가. I stopped riding a bike.
　　　나는 자전거 타기를 멈추었다.
　　나. *I finished riding a bike.[8]
　　　*나는 자전거 타기를 끝냈다.

'동태성'을 확인하는 테스트로 'What are you doing now?'(지금 뭐하고 있습니까?)와 'X-에서 V-었다(V-고 있다)'의 두 가지를 들 수 있다. 예를 들어 자전거를 타고 있는 사람에게 '지금 뭐하고 있어요?'라고 물으면 '지금 자전거를 타고 있어요'라고 대답할 것이다. 그러나 버스나 기차를 타고 있는 사람에게 '지금 뭐하고 있어요?' 하고 물으면 '지금 버스/기차를 타고 있어요'라고 대답하지는 않는다. 대개는 '버스를 타고 집에 가고 있어요.' 등으로 대답한다. '버스를 타고 있어요'라고 대답하지 않는 것은 '버스를 타고 있는 상황'을 '활동(activity)' 또는 '과정(process)'으로 인식하지 않고 오히려 집으로 가고 있는 상황을 현재 자신의 활동으로 인식하기 때문이다. 이와 같은 사실에서도 '버스를 타다'는 '자전거를 타다'와 구별된다는 것을 알 수 있다.

'동태성'을 확인하는 또 다른 테스트에 'X에서 V-었다' 또는 'X에서 V-고 있다'가 있다. 이 테스트로 확인해 보면 '나는 지금 공원에서 자전거를 타고 있다'라는 표현은 가능하나 '나는 지금 서울에서 버스

---

8) 만일 매일 30분 씩 자전거를 타는 것이 규칙인 경우에는 (7나)와 같이 말할 수도 있다. 그러나 이와 같은 확대 해석은 이 연구의 논의에서 제외 된다.

를 타고 있다'라는 표현은 어색한 것을 알 수 있다. 이것은 '자전거를 타고 있다'는 '동작 진행'을 나타내고 '버스를 타고 있다'는 '결과상태'를 나타내기 때문이다.

이상의 사실로부터 동사 '타다'는 어떤 보충어를 취하느냐에 따라서 동작류가 달라진다는 것을 알 수 있다. 즉 '자전거를 타다'는 '활동상황'이고 '버스를 타다'는 '성취상황'이다. 다시 한번 이것들을 확인하기 위해 시간부사어 '에', '동안', '만에'와 동사의 공기 제약에 따른 통사·의미적 현상을 살펴보자.

(8) 가. 세 시에 자전거를 탔다.
　　 나. 한 시간 동안 자전거를 탔다.
　　 다. 한 달 만에 자전거를 탔다.
　　 라. 자전거를 타고 있다.

(8가) '세 시에 자전거를 탔다'는 '세 시에 자전거를 타고 있었다'라는 해석으로는 정문이나 순간적 상황을 나타내는 것이 아니어서 이 연구의 분류 기준에 부합되지 않으므로 이 연구의 분류표 <표 13>에는 X로 표시된다. (8나)는 동작이 지속된 시간을 뜻하고, (8다)의 '한 달 만에 자전거를 탔다'는 '한 달 동안 자전거를 타지 않다가 자전거를 탔다'라는 의미로는 정문이나 '자전거를 타기 시작하여 다 타는데 한 달이 걸렸다'라는 의미로는 비문이 된다. 따라서 종결성의 유·무를 가리는 '만에' 테스트를 통과 하지 못하므로 이 연구의 분류표 <표 13>에서는 X로 표시된다. (8라)는 '-고 있다'와 결합하여 동작 진행을 나타낸다. 다음은 '버스를 타다'를 살펴보자.

(9) 가. 나는 오후 2시에 버스를 탔다.

　　나. 나는 2 시간 동안 버스를 탔다.
　　다. 나는 (버스를 기다린 지) 한 시간 만에 버스를 탔다.
　　라. 나는 버스를 타고₂ 있다.

　(9가)는 '버스를 타는 상황'의 성립 시점을 나타내므로 '버스를 타다'
가 순간적 상황임을 보여준다. (9나)의 '2시간 동안 버스를 탔다'는 '2
시간 동안 버스를 타고₂ 있었다'를 의미하는 것으로서, 버스를 타는
동작의 종결 후 버스에 앉아 있는 결과상태 지속을 나타내므로 '버스
를 타다'가 순간적 상황임을 확인할 수 있다. (9다) '나는 한 시간 만
에 버스를 탔다'는 '버스를 기다리기 시작한 시점에서 버스를 타기까
지 한 시간이 걸렸다'를 의미하므로 '버스를 타다'가 [+종결성]의 상황
임을 보여준다.
　결론적으로 '자전거를 타다'는 '활동상황'으로서 <그림 5가>의 시간
구성을 갖고 있고, '버스를 타다'는 '성취상황'으로서 <그림 5나>의 시
간구성을 갖는다.

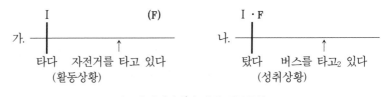

〈그림 5〉 '타다'의 내적 시간구성

3.2.1.2. 제2 부류 순간적 활동상황(semelfactives)

　제2 부류 순간적 활동상황은 [-상태, +순간, -종결]의 상적 특성을
가지며 <그림 6>의 시간구성을 보인다. '(발)차다(kick)', '기침하다

(cough)', '치다(hit)', '두드리다(knock)', '반짝이다(twinkle)', '끄덕이다(nod)', '썰다(cut)'9) 등의 동사들이 이에 속한다.

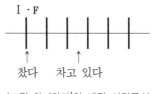

〈그림 6〉 '차다'의 내적 시간구성

이 부류의 동사들은 다음 예문 (10가)와 같이 순간동작을 나타내는 동사들로서 '성취상황'과 달리 [-종결성]이고 따라서 [결과성]이 없다. (10나)와 같이 '-고 있다'와 결합하면 순간적으로 완성된 사태가 반복적으로 일어나는 상황을 나타낸다. 이 연구에서는 이 부류의 동사가 '-고 있다'와 결합하여 나타내는 상을 '반복상'으로 보지 않고 '진행상'의 일종으로 간주한다.

   (10) 가. 그는 고개를 (한번) 끄덕였다. (=He nodded.)
       나. 그는 고개를 끄덕이고 있다. (=He is nodding.)

Smith(1997 : 172)도 순간 활동상황의 진행형을 다음과 같이 기술하고 있다.

"'They are derived Activities of the multiple action type. The progressive neutrally focuses internal stages of these events."(이 부류는 복수의 행위로부터 파생된 '활동상황'이며 이 부류의 진행형은 상황의 내적 단계에 초점을 둔다.)

---

9) 순간적 활동상황(semelfactive)에 속하는 동사는 한국어와 영어에서 거의 일치한다.

이 부류의 동사들이 보이는 통사·의미적 특성을 살펴보자.

(11) 가. 누군가가 문을 발로 차고 있다.
　　 나. 누군가가 한 시에 문을 발로 찼다.
　　 다. 누군가가 한 시간 동안 문을 발로 찼다.
　　 라. 누군가가 두 시간 만에 문을 발로 찼다.

(11가)는 문을 발로 차는 상황이 반복적으로 일어나고 있음을 나타내는데 이 연구에서는 이를 진행상으로 간주한다. (11나)는 동사가 지시하는 상황이 성립된 시점을 나타내므로 '차다'가 순간 상황임을 알 수 있다. (11다)는 한 시간 동안 발로 차는 상황이 반복적으로 일어났음을 뜻하고, (11라)는 '누군가가 두 시간 만에 다시 문을 발로 찼다'라고 해석하면 정문이 된다. 그러나 이 연구의 테스트를 통과하는 '만에'는 'V-하는데 걸린 시간이 T이다' 또는 'T-만에 다 V-었다'라고 해석될 때이다. 따라서 '두 시간 만에 문을 발로 찼다'는 '두 시간 만에 문을 발로 다 찼다'를 함의 하지 않기 때문에 종결성 테스트를 통과하지 못한다.

이익환(1994 : 27)은 '순간적 활동동사'인 '치다'를 활동동사(행위동사)'에 분류하고 있지만 '치고 있다'는 '치다'라는 순간상황이 반복되어 일어나는 상황을 지시하므로 따로 분류하는 것이 타당하다고 본다. 이 연구에서는 순간적 상황의 반복을 하나의 상황으로 간주하여 '진행상'의 일종으로 파악한다.

3.2.1.3. 제3 부류 예비 단계가 있는 성취상황
(achievements with the preliminary stage)

이 부류의 동사들은 [-상태, +순간, +종결]의 상적 특성을 가지며 '지다', '이기다', '착륙하다', '이륙하다', '도착하다', '멈추다', '떠나다' 등 의 동사들이 이 부류에 속한다. 이 부류의 동사들은 목표를 향해 접근 하고 있는 상황을 '예비 단계(preliminary stages)'에서 진행형으로 나타내 며 <그림 7>의 시간구성을 갖는다.

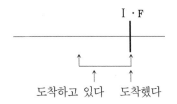

<그림 7> '도착하다'의 내적 시간구성

이 부류의 동사들은 동사가 지시하는 상황이 순간적으로 완성됨을 나타내는 동사들로서, '-고 있다'와 결합하여 예비 단계에서 동사가 지시하는 상황으로의 접근을 의미한다. 이 부류의 동사들은 동사가 지시하는 상황이 '순간적으로 성립되는 사건'이므로 본디 진행형을 취 할 수 없다고 여겨지는 동사들이다. 그러나 이들 동사들은 목표를 향 해 가고 있는 상황을 다음 (12)와 같이 '-고 있다'로 나타낼 수 있 다.10)

---

10) 이영헌·유재근(2003 : 349)은 다음과 같이 기술하고 있다. '*win(the race), lose, reach(the summit), arrive, die*'와 같은 서술어는 성취술어로 분류되었다. 왜냐 하면 이들 서술어는 순간적인 전이를 나타내는 것으로 생각되기 때문이다. 이 들 서술어는 성취에 이를 수 있는 명백한 과정을 보여주고 있다. 정상에 도달 하기 위해서 정상에 접근해야하고, 경주에서 이기기 위해서는 마지막 순간에 육상트랙을 앞질러 가야하고, 목적지에 도착하기 위해서는 목적지에 접근해야

(12) 가. 비행기가 착륙하고/이륙하고 있다.

나. 기차가 도착하고/떠나고 있다.

다. 회의가 끝나고 있다.

라. 경기에 이기고/지고 있다.

이익환(1994 : 30)도 '달성동사'[11])의 진행상은 달성의 순간으로 접근하는 것을 의미한다고 보았다. 박덕유(1999)는 예비 단계를 가지는 '도착하다', '멈추다' 등의 동사에 [접근성]이라는 상적 특성을 부여하였다. 다음은 이 부류의 동사들이 보이는 통사·의미적 특성을 살펴보자.

(13) 가. 우리팀이 이기고/지고 있다.

나. 우리팀이 어제 이겼다/졌다.

다. *우리팀이 한 시간 동안 이겼다/졌다.

라. 우리팀이 1시간 만에 이겼다/졌다.

이 부류의 동사들은 [+순간성]의 '성취상황'이면서도 (13가)와 같이 진행상표지 '-고 있다'와 결합하여 목표의 순간으로 접근하고 있음을 '진행상'으로 나타낼 수 있다. (13나)는 순간적 상황이므로 동사가 지시하는 상황의 성립 시점을 나타내는 '어제'와 공기할 수 있다. 여기서 '어제'는 시점을 나타낸다. (13다)에서 다른 '성취상황'과는 달리 '동안'과 공기하여 결과상태 지속을 나타내지 못한다.

이 부류의 동사들은 예비 단계에서 종결점을 향해 접근하고 있는

한다. (…중략…) 유경계 사건 서술어의 진행은 과정 단계의 서술어를 낳게 되고 과정이 수정해석처럼 진행형의 의미로 쓰이고 있다. *'arrive, reach the summit'*과 같은 성취진행은 최종사건의 직접적인 서막을 나타낸다. 다시 말하면 항공기가 아직 운항 중에 있다면 항공기가 19번 문으로 도착하고 있다고 말하는 것은 사실이 아니다. 이와는 달리 *win*의 진행은 '트랙을 앞질러 달린다'로 해석될 수 있고, 진행 *dying*은 오래 끄는 마지막 병고에도 적용될 수 있다.

11) 이익환(1994)의 달성동사는 이 연구의 성취동사에 해당된다.

상황을 진행상표지 '-고 있다'로 나타낼 수는 있으나 이때에도 '동안'과 공기할 수 는 없다 이것은 완성상황이 진행상을 보이면서도 '동안'과 공기하지 못하는 것과 같은 이치이다. 즉 예비 단계에서 목표(goal)를 향해 접근하고 있는 상황이나 완성상황이 내적 단계에서 목표를 향해 접근하고 있는 상황은 모두 비 균질의 '사건(events)'으로서 균질(동질)의 '활동(activities)'이 아니기 때문이다12). '사건'은 비균질적(이질적) 사태가 전개되는 상황으로서 균질적 사태가 일정 기간 전개되었음을 뜻하는 '동안'과는 공기하지 못한다. 한편 (13라)는 '만에'와 공기하여 경기가 시작되어 이기거나 질 때까지의 걸린 시간을 나타낸다.

김일웅(1991 : 31)과 같은 선행연구에서는 '끝나다', '도착하다'는 '종결상'이고 '시작하다', '떠나다'는 '시발상'이라고 보았다. 이러한 분류는 단순히 표면적인 어휘의미에 의한 것일 뿐 제대로 동사의 상적 특성을 나타낸 것이라고 볼 수 없다. '떠나다'도 <그림 7>의 '도착하다'와 같은 시간구성을 가진다. '기차가 떠나고 있다'는 기차가 바로 눈 앞에서 출발하는 상황을 뜻한다. 기차가 플랫폼을 벗어날 때 비로소 동사 '떠나다'가 지시하는 상황이 성립된다. 따라서 '떠나고 있다'도 '도착하고 있다'와 마찬가지로 '목표'를 향해 접근하고 있는 상황을 지시하는 것으로서 예비 단계에서의 '진행상'을 나타낸다.

한편 이영민(2002)은 예문 (14가)의 '착륙하고 있다'와 (14나)의 '이륙하고 있다'는 다른 시간 도식을 가지고 있다고 보았다. (14나)는 헬리콥터가 이미 이륙을 한 상황으로서 '-고 있다'와 결합하여 '미완료 지속상'의 의미가 산출되므로 Smith(1997)의 '예비 단계' 설정보다는 [-지속성]의 성취상황 동사들도 경우에 따라서는 '내적 단계'를 상정하는 것

---

12) 'events'라고 하면 'goal'을 가진 상황을 뜻하는데 성취상황과 완성상황이 이에 해당된다.

이 타당하다고 하였다.

> (14) 가. 헬리콥터가 착륙하고 있다
> 나. 헬리콥터가 이륙하고 있다

그러나 (14가)의 주어 '헬리콥터'를 '비행기'로 바꾸면 '착륙하고 있다'와 '이륙하고 있다'가 같은 시간구성을 가지고 있음이 분명해진다. 비행기가 활주로를 달릴 때 우리는 '비행기가 이륙하고 있다'고 하고 비행기가 땅에서 떨어져 하늘로 오르는 순간 '비행기가 이륙했다'라고 한다. 따라서 '이륙하고 있다'도 성취상황인 '이륙하다'의 '내적 단계'가 아니고 '예비 단계'로 파악하는 것이 타당하다고 본다.

이 부류의 동사들은 동사가 지시하는 상황이 순간적으로 성립되기 때문에 내적 시간구성에서 시작점과 종결점이 겹쳐있는 것으로 인식된다. 그러나 목표에 근접해 있는 예비 단계에서 '-고 있다'와 결합하여 진행상을 나타낸다는 점에서 다른 성취상황과 구별된다. 한편 '이기다', '지다'는 '도착하다', '착륙하다'와는 다른 구조를 갖는데, '이기고 있다', '지고 있다'라는 상황은 경기가 종료될 때 까지 한 번 이상 일어날 수 있다는 점에서 '도착하다', '착륙하다' 등과 구분된다.

이남순(1981가 : 55)도 '이기고 있다'는 승리의 goal에 가까워지고 있음을 나타낸다고 하였고, 김영희(1980)는 '이기다'와 같은 상적 특성을 지니는 동사에 [+예비성]이라는 자질을 두었다.

그런데 정희자(1994 : 51)는 '이기다', '끝나다'를 [-결과성]으로 보았다. 이는 단순히 '이기다', '끝나다'가 '-어 있다'와의 공기가 어색하다는 점만으로 판단한 결과로서 '이기다', '끝나다'는 '이겼다', '끝났다'의 형태로 결과상태를 나타낼 수 있다.

3.2.1.4. 제5 부류 완성·활동상황(accomplishments·activities)

이 부류의 동사들은 완성상황과 활동상황의 시간적 특성을 모두 지닌다. '완성상황'으로 행동할 때 [−상태, −순간, +종결]의 상적 특성을 가지며, '활동상황'으로 행동할 때 [−상태, −순간, −종결]의 상적 특성을 갖는다. 이 부류에는 '먹다', '읽다', '(편지)쓰다', '(집)짓다', '그리다', '만들다', '(장갑)짜다', '외우다', '모으다', '내려오다', '태우다', '끓이다', '늘다', '줄다' 등의 동사가 있다.

이 부류의 동사가 '완성상황'으로 행동할 때는 <그림 8가>의 시간구성이고, '활동상황'으로 행동할 때는 <그림 8나>의 시간구성이다.

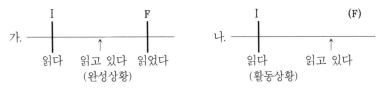

<그림 8> '읽다'의 내적 시간구성

위의 동사들은 모두 완성해야 할 '과제(task)' 또는 '목표(goal)'를 가지는 동사들로서 [+종결성]의 시간적 특성을 갖는다. 그러나 무관사 언어인 한국어와 일본어에서는 대개의 동사가 보충어의 '수'나 '관사' 표시 없이 활동상황 (15가)와 완성상황 (15나)를 겸한다.[13]

(15) 가. 나는 한 시간 동안 책을 읽었다.[14]

---

13) 임채훈(2006 : 192)은 '동안' 부사어의 경우, '행위(활동)'나 '완성'과 공기할 수 있다고 하였는데 진정한 '완성'은 '동안'과 공기할 수 없다. 그러므로 이 연구에서와 같이 이러한 동사들을 '완성·활동상황'으로 따로 분류할 필요성이 있다.
14) 조민정(2007)은 '철수는 책 한권을 읽었다'에서 '읽었다'를 결과 있음으로 보았다. 그러나 이 연구는 '읽다'를 [−결과성]으로 파악한다.

watasi-wa itizi-kan hon-o yon-da.

I-TOP an hour-for book-ACC read-PAST-DECL

私は一時間本を讀んだ。

나. 나는 한 시간 만에 책을 읽었다.

watasi-wa itizikan-de hon-o yon-da.

I-TOP an hour-in book-ACC read-PAST-DECL

私は一時間で 本を讀んだ。

Dowty(1979 : 61)도 지적하듯이 일부 영어동사도 (16)과 (17)처럼 'for (동안)'와 'in(만에)' 양쪽 모두와 공기할 수가 있다.

(16) 가. He read a book for an hour.

　　　나. He read a book in an hour.

(17) 가. She combed her hair for five minutes.

　　　나. She combed her hair in five minutes.

그러나 대부분의 영어 동사는 관사의 한정성·비한정성에 따라서 동작류의 상황이 바뀐다. 예를 들면 한정성을 가진 보충어 'the NP/a NP'에서 비한정성의 'Φ NPs/물질명사'로 바뀌면 (18)~(21)에서와 같이 '완성상황'에서 '활동상황'으로 행동한다.

(18) 가. John ate the bag of popcorn in an hour.

　　　나. *John ate popcorn in an hour.

　　　다. John ate popcorn for an hour.

(19) 가. John built a house in a month.

　　　나. *John built houses in a month.

　　　다. John built houses for two years.

(20) 가. John finished (eating) the bag of popcorn.

　　　나. *John finished (eating) popcorn.

(21) 가. John finished (building) the house.

나. *John finished (building) houses.

그런데 한국어는 동사의 NP 보충어의 '관사'나 '수'를 표시하지 않는 무표적인 언어이다. 따라서 '완성상황'의 한정적 보충어가 비한정적 보충어로 바뀌면 '활동상황'으로 상의 전이가 일어나는 영어와 달리 한국어에서는 대개의 '완성상황' 동사들이 '활동상황'으로도 행동하여 다음 예문 (22)와 같이 '동안'과도 공기한다.

(22) 가. 한 달 동안 옷을 만들었다.
     나. 한 달 동안 장갑을 떴다.

예문 (22)에서와 같이 '옷을 만들다', '장갑을 뜨다' 등은 '동안'과 결합하면 '사건'에서 '과정' 또는 '활동'으로 인식된다. 한편 예문 (23)에서 알 수 있듯이 한국어 '(집을) 짓다'는 '동안', '만에'와 모두 공기할 수 있다. 그러나 영어에서는 (23다, 라)가 보여 주듯이 'build'는 'for'와 공기할 수 없고 'in'하고만 공기한다.

(23) 가. 집을 1년 동안 지었다.
     나. 집을 1년 만에 지었다.
     다. *He built a house for a year.
     라. He built a house in a year.

다음은 완성과 활동의 상적 특성을 모두 지니는 이 부류의 동사들이 보이는 통사·의미적 특성을 살펴본다.

(24) 가. 윤희는 밥을 먹고 있다.
     나. 윤희는 책을 읽고 있다.

(25) 가. 윤희는 한 시간 동안 밥을 먹었다.
　　　나. 윤희는 한 시간 동안 책을 읽었다.
(26) 가. 윤희는 한 시에 밥을 먹었다.
　　　나. 윤희는 한 시에 책을 읽었다.
(27) 가. 윤희는 한 시간 만에 밥(한 공기)을 먹었다.
　　　나. 윤희는 한 시간 만에 책(한 권)을 읽었다.
(28) 가. 윤희는 한 시에 밥을 먹었다. → 한 시에 밥을 먹기 시작했다.
　　　나. 윤희는 한 시에 밥을 먹었다. → 한 시에 밥을 먹고 있었다.

　완성상황과 활동상황의 상적 특성을 지니는 이 부류의 동사들은 모두 시간의 폭을 가지고 있으며 (24)는 '-고 있다'와 결합하여 동사가 지시하는 상황이 진행 중임을 나타내고, (25)는 '한 시간 동안'과 결합하여 동사가 지시하는 상황이 한 시간 동안 지속되었음을 보인다. 한편 이 부류의 동사들은 이 연구의 동작류 분류에서 순간적 상황의 분류 기준으로 쓰이는 '에'와는 원칙적으로 공기가 불가능하다. 그러나 (26)과 같이 '한 시에'와 공기가 가능한데 이때의 '한 시에'는 (28가)와 같이 시동적인 해석도 가능하고 (28나)와 같이 진행상적 해석도 가능하게 된다. 따라서 (26)의 '한 시에'는 이 연구의 분류 기준과 다른 해석을 가지므로 분류표 <표 13>에서는 X로 표시된다.

　한편 이 부류의 동사들은 (27)과 같이 '한 시간 만에'와 공기하여 동사가 지시하는 상황이 시작하여 목표점에 이를 때까지 걸린 시간을 나타낼 수 있다. 이때는 완성상황으로 기능한 것인데 이때 NP 보충어에 수량사가 첨가되면 완성상황의 의미가 더욱 뚜렷해진다. 그런데 이 부류의 동사들은 시작점과 종결점을 다 가지고 있기 때문에 '만에'와 공기하여 중의적인 해석을 낳게 되는데 (29가)는 (29나)의 상황시작과 (29다)의 상황종결로 해석될 수 있다.

(29) 가. 한 달 만에 책을 읽었다.
　　 나. 한 달 동안 책을 읽지 않았다가 다시 읽었다.
　　 다. 한 달 만에 책을 다 읽었다.

　'만에'가 중의성을 낳는 것은 이 부류에 속하는 동사들의 내적 시간 구성과 관계가 있다. 이 부류의 동사들은 시작점과 종결점을 다 가지고 있어서 '만에'가 활동상황의 시간구성을 가질 때에는 시동상적 해석만을 갖고 완성상황의 시간구성을 가질 때에는 시동상과 종결상적 해석을 모두 갖게 되므로 결과적으로 이 부류의 동사들은 '만에'와 공기하면 중의성을 야기하게 된다. 동사 '쓰다'와 '(머리)감다'는 예문 (30)에서 '만에'와 공기하여 중의성을 보인다.

(30) 가. 30분 만에 편지를 썼다.
　　 → 30분 만에 편지를 다 썼다.
　　 → 집에 온지 30분 만에 편지를 쓰기 시작했다.
　　 나. 5분 만에 머리를 감았다.
　　 → 5분 만에 머리를 다 감았다.
　　 → 염색약을 바른 지 5분 만에 머리를 감았다.

　영어에서 '만에'가 '시동상'의 의미를 나타낼 때는 (31가), (31나)와 같이 'T-만에 V-었다'를 'T-동안 V-지 않았다'로 표현하거나 (31다), (31라)와 같이 시간부사어 'in'으로 나타내기도 한다.

(31) 가. 나는 어제 1년 만에 책을 읽었다.
　　　 I hadn't read a book for a year until yesterday.
　　 나. 나는 어제 2년 만에 친구를 만났다.
　　　 I hadn't met my friend for two years until yesterday.
　　 다. 40년 만에 폭설이 왔다.
　　　 It was the heaviest snowfall in forty years.

라. 나는 17년 만에 처음으로 이 집에 혼자 있게 된다.
　　I'll be all by myself in this house for the first time in 17 years.

한국어는 관사에 있어 무표적 언어이기 때문에 언어의 특성상 '완성상황'과 '활동상황'의 상적 특성을 모두 가지는 동사들이 많다. 이전의 여러 연구에서 '완성상황' 또는 '활동상황'에 분류되었던 '읽다', '먹다', '쓰다' 등의 동사들이 이 연구에서는 '완성·활동상황'에 분류된다. 다음은 동사 '(집) 짓다'의 상적 특성을 살펴본다.

(32) 가. 그는 일 년 동안 집을 지었다.
　　　 나. 그는 일 년 만에 집을 지었다.
(33) 가. 그는 일 년 동안 집 한 채를 지었다.
　　　 나. 그는 일 년 만에 집 한 채를 지었다.

이기동(1982 : 247-248)은 '짓다'의 보충어가 '한정성'일 때와 '비한정성'일 때를 구별하여 (32가)는 집이 완성되었다는 뜻이 없고, (32나)는 '일 년 만에 다시 집을 지었다'라는 시동상적 의미이고, (33가)는 일 년이라는 기간 중에 집이 완성되었다는 뜻이고, (33나)는 집 한 채가 완성되는 기간이 꼭 일 년이라는 뜻을 갖는 것으로 해석하였다.

그러나 우리말은 보충어의 관사와 수가 무표인 언어로서 영어와 달리 보충어의 한정성, 비한정성이 의미 차이를 가져오지 않으므로 (32)와 (33)은 거의 같은 의미로 해석된다. 따라서 (32나)는 시동상적 해석 외에 (33나)와 같이 '집이 완성되기까지 1년이 걸렸다'로 해석될 수도 있다. 이기동(1982)은 (33가)가 '완성'의 의미를 갖는다고 하였는데 '동안'은 집 한 채가 완성 되었는지에 대해서는 중립적이며 (33가)가 완성의 의미를 가지기 위해서는 '동안'을 '동안에'로 교체하여야 한다. '동안에'의 의미 기능에 대해서는 3.1.1에서 자세히 설명하고 있다.

(34) 가. *He built a house for a year.

　　나. *kare-wa itinen-kan ie-o tateta.

　　　　he-TOP 1 year-for house-ACC build-PAST-DECL

　　　　*彼は一年間家を建てた。

그러나 한국어 '(집)짓다'에 대응하는 영어의 'build'와 일어의 'tateru'
는 완성상황에 속한다. 그래서 (32가)의 영어 대응문 (34가) '*He built
a house for a year'는 비문이고, 일어 대응문 (34나) '*kare-wa itinen-
kan ie-o tateta'도 비문으로 인식된다. 그러나 (34나)는 반복상의 의미
로 해석될 때는 정문이 될 수도 있다.

3.2.1.5. 제6 부류 활동상황(activities)

제6 부류 '활동상황'은 그 내적 시간구성에 내재하는 종결점이 없으
므로 [-상태, -순간, -종결]의 상적 속성을 지닌다. '자다', '울다', '웃
다', '놀다', '싸우다', '(비)오다', '(바람)불다', '걷다', '달리다', '날다', '수
영하다', '기다', '끌다', '밀다', '사용하다', '운영하다', '경영하다' '노래하
다', '춤추다', '보다', '듣다' 등의 동사가 이 부류에 해당된다.

위의 동사 가운데 '노래하다', '춤추다'는 한정적인 목적어가 오면 '3
분 만에 노래 한 곡을 노래했다'와 같이 '완성상황'으로도 행동할 수
있으나 '노래방에서 한 시간 동안 노래했다'에서와 같이 주로 '활동상
황'으로 행동하므로 이 논문에서는 '활동상황'으로 분류한다.

[-종결성]의 '활동상황'은 <그림 9>의 시간구성을 갖는다. <그림
9>에서 종결점 F가 괄호 안에 들어 있는 것은 활동상황은 동사 어휘
의미에 내재된 필연적인 끝점이 없기 때문이다. 활동상황은 다음과
같은 통사·의미적 특성을 보인다.

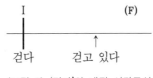

〈그림 9〉 '걷다'의 내적 시간구성

(35) 가. 윤희는 놀고 있다.
　　　나. 비가 오고 있다.
　　　다. 바람이 불고 있다.
(36) 가. 윤희는 한 시간 동안 놀았다.
　　　나. 윤희는 세 시에 놀았다.
　　　다. 윤희는 두 시간 만에 (다시) 놀았다.

　(35)는 이 부류의 동사들이 '-고 있다'와 결합하여 동사가 지시하는 상황이 진행 중임을 나타낸다. (36가)는 '윤희가 노는' 상황이 한 시간 동안 지속되었음을 나타내고, (36나)는 '윤희는 세 시에 놀고 있었다'라는 의미일 때 정문이다. 그러나 이 연구의 시간부사어 '에'는 '동사가 지시하는 순간적 상황이 성립하는 시점'을 나타낼 때에만 분류 기준에 부합되므로 (36나)는 이 논문의 분류표 <표 13>에서는 X로 처리된다. (36다)의 '윤희는 두 시간 만에 놀았다'는 '놀기 시작해서 다 노는데 두 시간 걸렸다'로 해석될 수 없으므로 이 연구의 분류표 <표 13>에서는 X로 처리된다. 그러나 (36다)가 '윤희는 친구와 놀지 않다가 두 시간 만에 다시 놀았다'라는 '시동상'으로 해석될 때는 정문이 된다.

　이 부류의 동사들이 '만에'와 공기하지 못하는 것은 이 부류의 동사들이 내적 시간구성에 종결점이 없기 때문이다. 동사의 어휘 의미에 '얼마만큼 놀아야 하고, 얼마만큼 울어야 한다'는 필연적인 종결점이 내재되어 있지 않다는 뜻이다. 그리고 자연 현상을 나타내는 '비가 오다', '바람이 불다'에서도 마찬가지여서, '비가 얼마만큼 와야 하고 바람이 얼마만큼 불어야한다'는 정해진 목표점이 있는 것이 아니기 때문에 '만에'와 공기할 수 없다. 그러나 '만에'가 시동상의 의미로 해석될 때는 정문이 될 수 있다.

이 부류의 동사들은 전체 시구간 'T'가 참이면 그 하위 시구간인 't'에서도 참이된다. 따라서 (37가), (38가)의 'T-동안 V-고 있었다'는 각각 (37나), (38나) 'T-동안 V-었다'를 함의할 수 있다.

(37) 가. 한 시간 동안 자고 있었다.
     나. 한 시간 동안 잤다.
(38) 가. 한 시간 동안 비가 오고 있었다.
     나. 한 시간 동안 비가 왔다.

이 부류의 동사들은 결과성이 없기 때문에 '눈이 내리다', '비가 오다'는 '*눈이 내려 있다', '*비가 와 있다'라는 표현으로 결과상태를 나타내지 않는다. 그러나 정문수(1984)는 '*눈이 내려 있다', '*비가 와 있다'를 정문으로 인식하고, '(눈)내리다', '(비)오다'에 결과성을 부여하였다. 그러나 '(눈)내리다', '(비)오다'는 [-결과성]의 '활동상황'이다. 자연 현상을 나타내는 이들 동사들은 눈이나 비가 온 뒤에 눈이 쌓여 있거나, 땅이 젖어 있는 등의 가시적인 상태 변화를 남긴다. 이때 우리는 쌓인 눈을 보고 '눈이 내렸다', 또는 젖은 땅을 보고 '비가 왔다'라고 표현할 수도 있다. 그러나 그렇다고 해서 '(눈)내리다', '(비)오다'가 [+결과성]의 동사인 것은 아니다. [+결과성]은 [+종결성]이 전제되어야 하는데 '(눈)내리다', '(비)오다'는 목표점 없는 '활동상황'으로서 [-종결성]이므로 [+결과성]을 가질 수 없다.

다음은 장소 이동을 나타내는 동사 '걷다', '달리다'에 대해 살펴보기로 한다. 장소 이동을 나타내는 동사에 '학교까지', '집까지' 등의 목적지나 '1km', '5마일' 등의 수량사가 나타나면 '활동상황'인 '걷다', '달리다'가 '완성상황'으로 상의 전이가 일어난다고 알려져 있다. 그러나 한국어의 '걷다', '달리다'는 영어의 'walk', 'run' 등과 달리 언제나 '활동상황'으로 행동할 뿐, '완성상황'으로 상 이동이 일어나지 않는다.15) 이것을 영어와의 비교를 통해서 확인해 보도록 하겠다.

영어에서 장소이동을 나타내는 'walk', 'run', 'swim', 'drive' 등은 예문(39)와 같이 'for'하고 공기하는 활동 동사들이다. 그러나 (40)과 같이 목적지를 나타내는 'to NP'가 첨가되거나, (41)과 같이 '수량사 NP'가 첨가되면 완성 동사로 행동한다.

(39) 가. I walked for/*in an hour.
　　나. I ran for/*in an hour.
　　다. I swam for/*in an hour.
　　라. I flew for/*in an hour.
(40) 가. I walked to school in/*for an hour.
　　나. I ran to my house in/*for an hour.
　　다. I swam to the other side of the river in/*for an hour.
　　라. I flew to London in/*for an hour.
(41) 가. I walked a block in/*for an hour.
　　나. I ran a mile in/*for an hour.
　　다. I swam 500 miles in/*for an hour.
　　라. I flew 1000 miles in/*for an hour.

영어의 'walk'는 한국어 동사 '걷다' 또는 '걸어가다'에 대응된다. 이

---

15) 한국어의 이동동사 '걷다'는 목적지가 명시되면 예문(II)와 같이 '걸어가다'로 바꾸게 된다. (I)은 '활동상황'으로 해석되고, (II)는 '완성상황'으로 해석된다.
　(I) 가. 1마일을 걸었다.　　(II) 가. (학교까지) 1마일을 걸어갔다.
　　나. 1마일을 달렸다.　　　　나. (학교까지) 1마일을 달려갔다

와 같이 영어 'walk'에는 '걷다', '걸어가다'의 의미가 들어있어서 예문 (39)와 같이 'walk'가 아무런 보충어를 취하지 않고 홀로 쓰이면, 'walk'는 한국어 '걷다'로 해석되어 '활동상황'의 상적 특성을 지닌다.

그러나 'walk' 뒤에 목적지를 나타내는 'to NP'나 이동거리를 나타내는 '수량사 NP'와 함께 '만에'가 출현하면, 'walk'는 '걸어가다'로 해석되고 '완성상황'으로 상의 전이가 일어나게 된다. 다시 말하자면 한국어 동사 '걷다'는 언제나 '활동상황'으로 행동하여, 영어 'walk'가 '목적지'나 '이동거리'와 함께 '만에'와 출현하면, 그때는 '걷다'가 아니고 '걸어가다'로 번역된다.

동사 'run'의 경우도 마찬가지여서 'run'에 목적지가 뒤따르면 다음 예문 (42나)와 같이 '달려가다'로 번역되는 것이 자연스럽다. (43)도 '달리다'가 '활동상황'의 동사라는 사실을 확인해 준다. 문장 내에 목적지가 나타난 (43가), (43나)는 '달리다'와의 공기가 어색하여 정문이 될 수 없고, (43다)의 '달려가다'와의 공기는 자연스럽다. 결론적으로 한국어 동사 '걷다', '달리다'는 '활동동사'이고 '걸어가다', '달려가다'는 '완성동사'이다.

(42) 가. I ran for an hour.
     나는 한 시간을 달렸다.
   나. I ran to school.
     나는 학교까지 달려갔다.
(43) 가. ?나는 학교까지 30분 동안 달렸다.
   나. ??나는 학교까지 30분 만에 달렸다.
   다. 나는 학교까지 30분 만에 달려갔다.

이익환(1994 : 33)은 동사 '보다', '듣다'를 '감각동사'라 하여 심리동사의 하나로 보았으나 '보다', '듣다'는 활동동사에 속한다. '보다', '듣다'

가 활동 동사임은 'What are you doing now?'로 테스트해 보면 알 수 있다. '지금 뭐하고 있어?'라는 질문에 '지금 TV를 보고 있어', '지금 음악을 듣고 있어'와 같은 대답이 가능하다. 이는 '보다', '듣다'가 [-상 태성]임을 보여주는 것이다. 이정민(1994 : 13)도 우리말의 '보다', '보이 다'는 각각 영어의 활동동사 'look', 상태동사 'see'와 같은 성질을 지니 고 있다고 하였는데 이와 같은 견해도 '보다'가 활동 동사라는 사실을 뒷받침 해 준다.

3.2.1.6. 제7 부류 완성상황(accomplishments)

제7 부류 '완성상황'은 [-상태, -순간, +종결, +결과]의 상적 특성을 보이며 그 내적 시간구성에 필연적인 종결점이 있다. '가다', '오다', '(해)뜨다', '(해)지다', '(머리)염색하다', '(옷)입다', '벗다', '(넥타이)매 다', '(벨트)차다', '(신)신다', '(불)타다', '(물)끓다', '익다' '(물)얼다', '(얼 음)녹다' 등의 동사가 이에 속한다. 이 부류의 동사들은 모두 [+결과성] 을 가지며 따라서 <그림 10>의 시간구성을 갖는다.

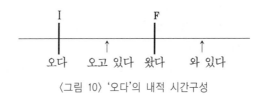

〈그림 10〉 '오다'의 내적 시간구성

완성상황은 '-고 있다'와 접속하여 동사가 지시하는 상황이 진행 중 임을 의미하고, '에'와 접속하여 분류 기준에 부합하지는 않지만 '해가 6시에 떴다'와 '윤희는 3시에 왔다'에서와 같이 동사가 지시하는 상황 의 시작이나 끝을 나타낼 수 있다. 완성상황은 '만에'와 결합하여 동사

가 지시하는 상황이 시작하여 종결될 때까지의 시간을 나타낼 수는
있지만 '동안'과 공기할 수는 없다. 이 부류의 상적 특성인 [+결과성]
은 동사의 통사적 성질에 따라서 즉 '가다', '오다' 등의 자동사는 '-어
있다'로, '옷을 입다', '신을 신다' 등의 타동사는 '-고$_2$ 있다'로 결과상
태를 나타낸다.

다음은 '(해가)뜨다'의 통사·의미적 특성을 살펴보자. (44가)는 해
가 뜨고 있는 상황을 나타내고, (44나)는 해가 뜨기 시작한 시점을 나타
내는 것이므로 이 연구의 동작류 분류표 <표 13>에서는 X로 처리된다.
(44다)는 동사 '뜨다'가 시간의 경과에 따라서 '비균질적(heterogeneous)'인
사태의 변화를 지시하므로 '균질적(homogeneous)' 사태의 지속을 뜻하는
'동안'과 공기할 수 없음을 보여준다. (44라)는 해가 뜨기 시작하여 다
뜨는데 10분이 걸렸음을 나타내고, (44마)는 해 뜨는 상황의 종료 뒤
결과상태를 나타낸다.

(44) 가. 해가 뜨고 있다.
　　　나. 해가 오전 6시 10분에 떴다.
　　　다. *해가 10분 동안 떴다.
　　　라. 해가 10분 만에 떴다.
　　　마. 해가 떠 있다.

이지양(1982) 등의 선행연구에서는 '가다', '오다'를 '활동상황'에 분류
하기도 하였으나 '가다', '오다'는 '완성상황'임을 분명히 하려 한다. '직
시적(dectic)' 성격의 동사 '가다', '오다'는 (45)에서 알 수 있듯이 이 부
류의 다른 동사들과는 다소 다른 통사·의미적 성격을 보인다.

(45) 가. 윤희는 학교에 가고/오고 있다.
　　　나. 윤희는 오전 9시에 학교에 갔다/왔다.

　　다. *윤희는 한 시간 동안 학교에 갔다/왔다.
　　라. 윤희는 한 시간 만에 학교에 갔다/왔다.
　　마. 윤희는 학교에 가 있다/와 있다.
　　바. 윤희는 다섯 시간 동안 학교에 가 있었다/와 있었다.

　(45가)는 '학교에 가는 중이다/오는 중이다'의 의미이고 (45나)의 '9시에'는 '갔다'에서는 상황의 시작점을 뜻하고 '왔다'에서는 상황의 종결점을 의미한다. 그러나 이 연구의 동작류 분류의 기준이 되는 '에'는 순간적 상황의 성립 시점을 의미하는 것일 때만 O로 처리된다. 따라서 시간의 폭을 가진 이 부류의 동사가 '에'와 공기하였을 때는 그 의미하는 바가 분류 기준과 다르므로 이 연구의 분류표 <표 13>에서는 X로 처리된다. (45다)에서 '가다', '오다'와 '동안'과의 공기에 제약이 있는 것은 바로 '가다', '오다'가 완성상황이라는 증거가 된다. (45마)는 '가다', '오다'가 '-어 있다'와 공기하여 '결과상태'를 나타내고, (45바)는 '동안'과 공기하여 '결과상태 지속'을 나타낸다.

　유타니(1978)는 '가 있다'는 '가서 있다'의 축약형이므로 '결과상태'를 나타내지 못한다고 하였다. '가서 있다'라는 표현은 '거기에 가서 하루만 있어라'에서 알 수 있는 바와 같이 '가서'와 '있다'사이에 다른 말이 들어가지 않으면 어색한 표현이 된다. '가서 있다'는 간 동작이 끝난 시점에서부터 '있다'가 나타내는 상황 사이에 공백이 있을 수 있다. 따라서 공백이 없는 '가 있다'와 반드시 같은 상을 보인다고 할 수는 없다. 그리고 '-어서 있다'가 '-어 있다'의 축약형이라고 보기에는 음운론적인 타당성이 희박해 보인다.

　완성상황의 동사들이 '동안'과 공기하지 못하는 근거를 논리적 함의 관계로 나타낸 Dowty(1979 : 57)는 다음과 같이 설명하고 있다.

(46) 가. if V is an activity verb,

　　　x Ved for y time. → x Ved at any time during y.

　나. if V is an accomplishment verb,

　　　x Ved for y time. ↛ x Ved during any time within y.

(46가, 나)의 논리적 함의 관계를 (47)에서 확인해 본다.

(47) 가. He pushed a cart for four minutes.

　　　→ He pushed a cart in any period of that time.

　나. He ran a mile in four minutes.

　　　↛ He ran a mile in any period of that time.

다음은 '재귀성 동사'에 관해 알아본다. 대개 타동사는 주체의 동작이 대상에 영향을 미치는데 '재귀성 동사'의 경우는 주체의 동작이 대상에 영향을 미치는데 그치지 않고 다시 주체에게로 귀속되어 궁극적으로는 주체의 상태 변화를 초래한다. 따라서 '옷을 입다(벗다)', '운동화를 신다', '장갑을 끼다', '넥타이를 매다' 등의 착용동사는 '-고 있다'와 결합하여 중의성을 보인다. 이들 동사들의 통사·의미적 특성은 다음과 같다.

(48) 가. 윤희는 옷을 입고 있다. (진행상)

　나. 윤희는 운동화를 신고 있다.

(49) 가. 윤희는 옷을 입고$_2$ 있다. (결과상)

　나. 윤희는 운동화를 신고$_2$ 있다.

(50) 가. 윤희는 5시간 동안 한복을 입었다. (결과상)

　나. 윤희는 5시간 동안 한복을 입고$_2$ 있었다.

재귀성 동사들은 '-고 있다'와 결합하여 (48)과 같이 '동작 진행'을 나

타내거나 (49)와 같이 '결과상태'를 나타낸다. 따라서 재귀성 동사들은
'-고 있다'와 결합하여 중의성을 보이게 된다. (50가)의 '5시간 동안 입
었다'는 동사가 지시하는 상황이 5시간동안 지속되었음을 나타내는
것이 아니고 (50나) 한복을 입은 상태가 5시간 동안 지속되었음을 나
타낸다.

[+결과성]의 재귀성 동사 '입다'의 내적 시간구성은 <그림 11>에서
와 같이 내적 단계와 결과 단계를 다 가지고 있다.

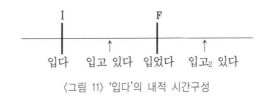

〈그림 11〉 '입다'의 내적 시간구성

이상 '-고 있다'와 결합하여 '진행상'을 나타내는 동작류와 이들 동
작류가 보이는 상적 특성을 살펴보았다. 다음은 '-고 있다'와 결합하
여 '비진행상'을 보이는 동작류와 이들 동작류가 드러내는 상적 특성
을 살펴보고자 한다.

3.2.2. 비진행상을 보이는 동작류

'-고 있다'와 결합하여 '상황 종결 후의 결과상태'를 보이는 '성취동사'
나 '단순 상태'를 보이는 '상태동사'와 '심리동사'가 이 부류에 속한다.

3.2.2.1. 제11 부류 성취상황(achievements)

제11 부류 성취상황은 발생과 동시에 종결되는 순간적 상황으로서

[-상태, +순간, +종결, +결과]의 상적 특성을 지닌다. '(눈을)감다 · 뜨다', '잡다', '알다', '이해하다', '만나다', '헤어지다', '다치다', '잃다', '얼다', '웅크리다', '구부리다', '감추다', '숨기다', '(관계)맺다', '끊다', '떨어지다', '붙다', '깨지다', '죽다', '태어나다', '(불)끄다', '켜다' 등의 동사가이 부류에 해당된다.

성취상황은 시작과 종결이 동시에 일어나는 상황이므로 <그림 12>의 시간구성을 갖는다.

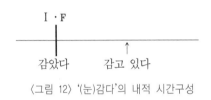

〈그림 12〉 '(눈)감다'의 내적 시간구성

이 부류의 동사들은 전형적인 Vendler의 '성취상황'의 동사들로서 동사가 지시하는 상황이 순간적으로 성립하므로 '-고 있다'와 결합하여 다음 예문 (51)이 보이는 바와 같이 '진행상'을 나타내지 못하고, (52)와 같이 동사가 지시하는 상황의 종결 후 결과상태를 나타낸다.

(51) 가. *윤희는 눈을 감고/뜨고 있다.
    나. *윤희는 비밀을 알고 있다.
(52) 가. 윤희는 눈을 감고$_2$/뜨고$_2$ 있다.
    나. 윤희는 비밀을 알고$_2$ 있다.
(53) 가. 윤희는 가족과 떨어져 있다.
    나. 벽에 포스터가 붙어 있다.

그런데 이 부류의 동사들은 동사의 통사적 성질에 따라서 즉 타동사의 경우에는 (52)의 '-고$_2$ 있다'와 결합하여 결과상태를 나타내고,

'자동사'의 경우에는 (53)의 '-어 있다'와 결합하여 결과상태를 나타낸다. 그러나 신수송·최석문(2002 : 78)은 자동사, 타동사와 같은 통사적 범주의 구분으로 '-어 있다'와의 결합가능성을 찾는다면 예문 (54)의 떠나다는 타동사임에도 '떠나 있다'가 가능하다는 점에서 자동사, 타동사와 같은 통사적 범주의 구분은 타당한 기준점이 될 수 없다고 보았다.

(54) 철수가 서울을 떠났다. → 철수가 서울을 떠나 있다.

그러나 '서울을 떠나 있다'에서 '서울을'은 이동 장소의 기점을 나타내는 보충어로서 타동사의 진정한 목적어로 볼 수 없다. 그러므로 '떠나다'는 자동사와 같이 기능하여 '-어 있다'와 결합할 수 있다. 따라서 자동사, 타동사의 통사적 범주의 구분은 '-어 있다'와의 결합가능성을 결정하는데 유효하다.

이 부류의 동사들이 시간부사어와의 결합 시 드러내는 통사·의미적 특성을 살펴보기로 한다.

(55) 가. 윤희는 오전 8시에 눈을 감았다/떴다.
    나. 윤희는 어제 비밀을 알았다.
(56) 가. 윤희는 한 시간 동안 눈을 감았다/떴다.
    나. 윤희는 한 시간 동안 눈을 감고$_2$/뜨고$_2$ 있었다.
(57) 가. *윤희는 일 년 동안 비밀을 알고$_2$ 있었다.
    나. *윤희는 일 년 동안 비밀을 알았다.

(55)는 모두 정문으로서 동사가 지시하는 순간적 상황이 'T-에' 성립되었음을 의미한다. 이 부류의 동사들은 동사가 지시하는 상황이 순간적으로 성립되는 상황이어서, '동안'과 결합하여 동작 지속을 나

타내지 못한다. 따라서 이 연구의 분류표 <표 13>에는 X로 표시된
다. 그러나 (56가)에 비문 표시가 없는 것은 이 부류의 동사들이 '동
안'과 결합하여 결과상태 지속을 나타내기 때문이다. (56가)는 (56나)
를 함의한다. 그러나 (57가, 나)가 비문인 것은 한 번 알게 된 비밀은
그 후 영속적으로 알고 있게 되므로 일시적 기간을 나타내는 '동안'과
결합할 수 없기 때문이다.

다음 예문 (58)은 어느 시점으로부터 동사가 지시하는 상황이 순간
적으로 성립될 때까지의 시간을 '만에'로 표현한 것이다. 예를 들어
'하루 만에 눈을 떴다'는 '수술 후 눈을 뜨기 까지 하루가 걸렸다'라고
해석될 수 있고, 비밀을 알려고 노력한 뒤 한 달 만에 비밀을 알게 되
었을 때 '한 달 만에 비밀을 알았다'라고 할 수 있다.

(58) 가. 윤희는 하루 만에 눈을 감았다/떴다.
나. 윤희는 한 달 만에 비밀을 알았다.

그런데 '알다'와 '이해하다'는 인간의 인지활동을 나타내는 동사들이
지만 다른 심리동사와 달리 상태 변화의 시작점을 알 수 있고 시간부
사어와의 공기 제약이 성취동사가 보이는 공기 제약과 같기 때문에
이 연구에서는 '성취상황'에 분류한다.16)

정문수(1984 : 119)도 '알다', '이해하다'를 결과성 순간동사로 분류하였
다. 그가 '알다', '이해하다'를 결과성 순간동사로 분류한 근거는 다음
과 같다. 예문 (59가)가 (59나)를, (60가)가 (60나)를 논리적으로 함의
한다는 점과 (59다)(60다)에서처럼 '알다', '이해하다'가 '-는 중이다'와

---

16) 문숙영(2000 : 11)은 '아 알았다'가 현재의 상태를 나타낸다고 하였는데 '알았다'
는 '알게 됨'이라는 순간적 사건 의 성립을 나타내는 것이다. 현재의 상태는 '알
게 됨'의 다음 단계인 '알고 있다'로 나타내거나 '안다'로 나타낼 수 있다.

결합하지 못한다는 사실이다. 이것으로써 '알고 있다', '이해하고 있다'
는 진행이 아닌 결과상태를 나타내는 것으로 판명된다고 설명하고 있
다.

(59) 가. 태원이는 마르코스가 망명했다는 사실을 알고 있다.
　　　나. 태원이는 마르코스가 망명했다는 사실을 이미 알았다.
　　　다. *태원이는 마르코스가 망명했다는 사실을 아는 중이다.
(60) 가. 정훈이는 문제의 심각성을 이해하고 있다.
　　　나. 정훈이는 문제의 심각성을 이미 이해했다.
　　　다. *정훈이는 문제의 심각성을 이해하는 중이다.

　이정민(1984 : 18)도 '알다'는 '앎이 한 순간에 이루어지고 그 영향이
대개 지속되는 것이라고 보면 달성17)의 성격을 지닌다'고 할 수 있다
고 하였다. 그는 Voorst(1992)와 마찬가지로 '감각', '인지'를 나타내는
심리동사의 상적 특성을 순간적 '성취동사'의 상적 특성과 같다는 견
해를 보이고 있다.
　그러나 '손을 잡는다', '눈을 감는다'와 같이 대부분의 성취동사가 '-
는다'와 결합하여 미래의 의미를 나타내는 것과 달리 '안다', '이해한
다'는 '사랑한다', '들린다', '믿는다' 등의 상태동사와 마찬가지로 현재
의 상태를 나타낸다. 이런 점에 주목하여 이지양(1982)은 '알다'를 상태
동사로 분류하였고 장석진(1973), 서정수(1976)도 '알다'를 상태동사로
분류하고 있다. 한편 이익환(1994:38)도 '알다' 등의 심리동사가 상태동
사와 많은 유사성을 갖는다고 보았다.
　한편 '다치다'는 '발목을 다쳤다'에서는 타동사로 기능하고, '사람이
다쳤다'에서는 자동사로 기능한다. 그런데 현재시제에서는 (61가)의

---

17) 이정민의 '달성'은 이 연구의 '성취'에 해당된다.

결과상태를 나타내는 상표지 '-고$_2$ 있다' 또는 (61나)의 '-어 있다'와 결합하지 못한다. 현재시제에서는 완료형 '다쳤다'로 결과상태를 나타낸다.

(61) 가. *윤희는 발목을 다치고$_2$ 있다.
　　 나. *윤희는 다쳐 있다.
　　 다. 사고 소식을 듣고 달려가 보니 많은 사람들이 다쳐 있었다.

그렇지만 과거시제에서는 (61다)와 같이 '-어 있다'로 결과상태를 나타낼 수 있다. 그리고 중세 국어에서 '-어 있-'이 축약되어 '-었-'이 되었다는 통시적 현상을 고려할 때 '다쳤다'가 [+결과성]을 가진다고 보는 것에 무리가 없다.

유타니(1978)는 '다치다'가 '-어 있다'와 결합하지 못하는 것을 근거로 [-결과성]의 동사로 분류하였는데 [결과성]의 유무는 단순히 '-어 있다'와의 결합 여부로 결정되는 것이 아니다. 우리말에는 '다치다' 외에도 '시험에 붙었다/떨어졌다'와 같이 '-었-'의 형태로 [결과성]을 나타내는 동사들이 적지 않다. 한편 정문수(1984)에서도 '다치다'가 [-결과성] 동사로 분류되었는데 이 연구에서는 '다치다'를 [+결과성]의 동사로 본다. '다치다'는 (62가)와 같이 '동안'과 결합하여 다친 후의 결과상태 지속 기간을 표현할 수 있다.

(62) 가. 일 년 동안 다쳤었다.
　　 나. ??일년 동안 다쳤다.[18]

---

18) (62나)가 어색한 것은 '다쳤다'가 현재의 상태를 나타낼 수 있기 때문이다. '다치다'의 어법은 다음과 같다. '발을 다쳤어요'는 현재의 상태를 나타내고, '어제 다쳤어요.'는 과거의 사건을 의미하며 '다리를 한 달 동안 다쳤었다'는 과거의 결과상태 지속을 의미한다.

또한 정문수(1984)는 '시험에 붙다', '시험에 떨어지다'를 비결과성 순간동사에 분류하였으나, '붙다', '떨어지다'도 '붙었다', '떨어졌다'와 같이 '-었-'으로 주체의 결과상태를 나타낸다. 성기철(1974)도 동사 중에는 과거형이 과거 또는 완료로 그치지 않고 완료된 결과가 현재의 상태로 지속되고 있음을 보여 주는 것이 있는데, 여기에는 '앉다', '서다', '눕다', '깨지다', '가지다' 등이 있다고 하였다. 이것은 동사가 '-었-'과 결합하여 '결과상'을 나타낼 수도 있음을 의미한다.

이지양(1982 : 6)은 '끄다', '켜다'의 [순간성]을 부정하고 '-고 있다'와 결합할 수 있다고 하였으나 이런 경우는 여러 개의 전등을 끄는 반복 상황이거나 소방대원이 화재 진압을 하는 경우라면 가능하다. 그러나 '촛불을 끄다/켜다'는 순간적 상황으로 인식된다.

'성취상황'의 동사 가운데 '죽다', '태어나다', '알다', '이해하다' 등은 통사적 특성에서 이 부류의 다른 동사들과 차이를 보인다. 이 동사들은 한번 변화된 상태가 계속 유지되는 언어 외적인 사실 때문에 '동안'과 공기하여 결과상태가 지속된 시간을 나타낼 수 없다. 한편 '죽다'는 '-고 있다'와는 결합하지 못하고[19] '-어 가다'와 결합하여 '윤희가 죽어가다'와 같이 예비 단계를 나타낼 수 있다. 일본어에서도 'sinu (죽다)'는 상표지 '-te iru'와 결합하여 예비 단계를 나타내지 못하고 '-tutuaru'라는 표현과 결합하여 '죽어가고 있다'를 'sini-tutuaru'라고 표현한다.

그러나 한국어, 일본어와는 달리 영어에서는 (63가)가 보여 주듯이 진행형으로 종결점에 다가가고 있는 예비 단계를 기술 할 수 있다. 그리고 (63나, 다)와 같이 '익사하다', '(아기)낳다' 등의 동사들도 진행형

---

19) 그러나 복수의 주어로 반복상을 나타낼 때는 '많은 사람들이 암으로 죽고 있다'와 같이 '-고 있다'와 결합할 수도 있다.

으로 예비 단계를 나타낼 수 있다.

> (63) 가. He is dying.
> 　　나. He was drowning, so I jumped into the water and saved him.
> 　　다. She is giving birth to a baby.
> (64) 가. 그는 어제 오전 10시에 죽었다.
> 　　나. 아기는 오늘 오전 8시에 태어났다.

(64)에서 알 수 있듯이 이 부류의 동사들은 '에'와 공기하여 순간적 상황의 성립 시점을 나타낸다. 그러나 '죽다', '태어나다'는 동사가 지시하는 상황이 한 번 성립되면 다시 원 상태로 돌아 갈 수 없다. 즉, 죽거나 태어나면 그 상황은 영원히 지속되는 특성이 있으므로 (65)가 보여주듯이 일시적 기간을 나타내는 '동안'과 공기하여 '결과상태 지속'을 나타낼 수 없다.

> (65) 가. *일 년 동안 죽었다.
> 　　나. *일 년 동안 태어났다.
> (66) 가. 일 년 만에 죽었다.
> 　　나. 아기는 10시간 만에 태어났다.

(66)은 어느 시점으로부터 각 동사가 지시하는 상황이 성립될 때까지 걸린 시간을 의미한다. 예를 들어 '암에 걸린 것을 알고부터 일 년 만에 죽었다'라는 표현이 가능하고 '아기는 산모가 진통을 느끼고 10시간 만에 태어났다'는 표현이 가능하므로 이 연구의 '만에' 테스트를 통과한다.

끝으로 제11 부류의 성취상황 동사들이 다른 부류의 동사들과 다른 통사적 특징은 (67가)와 같이 '-는다'와 공기하여 현재 진행의 해석은 갖지 못하고 미래의 상황을 나타낸다는 점이다. 시간의 폭을 가지는 [-순간성]의 동사들이 (67나)와 같이 '-는다'와 공기하여 현재 진행 또는 미래의 뜻을 가질 수 있다는 사실과 대조적이다.

(67) 가. 나는 눈을 감는다. (미래)
　　 나. 나는 밥을 먹는다. (현재 진행, 미래)

Vendler(1967 : 103)에 의하면 영어에서도 성취상황의 단순 현재형은 (68)과 같이 가까운 미래를 나타낼 수 있다고 한다.

(68) 가. Now he finds the treasure.
　　 나. Now he wins the race.

한국어와 일본어는 '결과상'을 나타내는 상표지가 문법화 되어있다. 흥미로운 것은 한국어와 일본어의 '결과상'에 대응하는 영어 표현은 상당수가 'be+형용사', 또는 'be+과거분사'로 실현된다는 것이다.[20]

〈표 12〉 한국어와 일본어의 결과상에 대한 영어 표현

죽어 있다	살아 있다	결혼했다	이혼했다
sin-de iru[21]	iki-te iru	kekkonsi-te iru	rikonsi-te iru
be dead	be alive	be married	be divorced

---

20) 한동완(1999나 : 234)은 결과상태상을 담당하는 국어의 형식은 우연적 구성인 '-어 있다'인 반면에, 영어의 경우는 'have'동사를 취하는 완료형식인데 영어의 완료는 '결과상태'외에도 '경험', '현재 상황까지의 지속', '최근 과거'의 의미를 갖는 차이점이 있다고 하였다

21) 'sin-de iru'는 'sin-te ir'의 음성형이다.
동사어간이 n, m, b로 끝나는 동사는 /-te iru/가 [-de iru]로 바뀐다.

3.2.2.2. 제12 부류 성취상황(수여동사)

제12 부류 성취상황은 제11 부류와 마찬가지로 상황이 시작과 동시에 완성되는 순간적 상황으로서 [-상태, -순간, +종결]의 상적 특성을 지닌다. 그러나 이 부류의 동사들은 '-고₂ 있다'와 결합하여 '결과상'을 나타내지 않는다는 점에서 제11 부류와 구분된다.

'주다', '보내다', '받다', '빌리다', '빌려주다'[22] 등의 동사가 이 부류에 해당되는데, 이 부류는 '동안'과 결합하여 '결과상태 지속'을 보이는 '빌려주다', '빌리다'와, '동안'과 결합하여 '반복상'을 보이는 '주다', '보내다', '받다' 등의 동사로 나눌 수 있다.

'보내다'는 [-결과성]이므로[23] <그림 13>의 시간구성을 갖는다. '빌리다', '빌려주다'는 '동안'과 공기하여 '빌렸다', '빌려주었다'로 '결과상'을 나타내므로 결과 단계가 있는 시간구성을 설정할 수 있다.

〈그림 13〉 '보내다'의 내적 시간구성

---

22) '빌리다', '빌려주다'는 '동안'과 공기하여 '결과상태 지속'을 나타낸다는 점에서는 제11 부류에 포함시킬 수 있으나 '-고 있다'와 결합하여 '반복상'을 보이는 점에서 제11 부류와 구별된다.

23) '보냈다'가 목표로 하는 결과상태는 목적어가 가리키는 대상이 공간적으로 이동되어 존재하는 상태가 확인될 수 있을 때 비로소 그 결과상태가 성립한다. 종결점과 결과상태 사이의 공백은 이 연구에서는 결과상태로 보지 않는다. 그 이유는 그러한 공백상태를 결과로 보게 되면 거의 대부분의 동사가 [+결과상]으로 분류되는 바람직하지 못한 결과를 가져오기 때문이다. 그러나 일본어에서 '보냈다'의 대응어 'okutte iru'는 '-te iru'로 말미암아 공백상태에 대한 인식이 현저히 약화되고 결과상태를 더 두드러지게 하기 때문에 'okutte iru'는 [+결과성]으로 인식된다.

소위 '수여동사'라고 불리는 이 부류의 동사들이 시간부사어와의 결합에서 보이는 통사·의미적 특성은 제11 부류의 '성취상황'과 다른 점이 있다. 제11 부류의 '성취상황'은 '-고 있다'와 결합하여 '결과상'을 보이는 반면에 이 부류의 동사들은 '반복상'을 보인다. 그리고 '만에'와도 공기하지 않는다는 특징이 있다. 다음 예문을 통해서 이러한 특성을 살펴보기로 한다.

(69) 가. 유미는 준수에게 책을 빌려주고 있다. (반복상)
　　　나. 유미는 준수에게 어제 책을 빌려주었다.
　　　다. 유미는 준수에게 일주일 동안 책을 빌려주었다. (결과상)
　　　라. 유미는 준수에게 일 년 만에 책을 빌려주었다.
(70) 가. 준수는 유미에게서 책을 빌리고 있다. (반복상)
　　　나. 준수는 유미에게서 어제 책을 빌렸다.
　　　다. 준수는 유미에게서 일주일 동안 책을 빌렸다. (결과상)
　　　라. 준수는 유미에게서 일 년 만에 책을 빌렸다.

(69가), (70가)에서 순간적 상황인 '빌려주다', '빌리다'는 '-고 있다'와 결합하여 '반복상'의 의미를 드러낸다. 그리고 (69나), (70나)는 책을 빌려주고, 빌리는 상황이 '어제' 성립되었음을 의미하므로 정문이다. (69나), (70나)의 '어제'는 '순간적 상황의 성립시점'을 의미한다. (69다), (70다)에서 '빌려주다', '빌리다'가 '일주일 동안'과 결합하여 책을 빌려준 상태 혹은 빌린 상태가 지속된 기간을 의미하므로 동사 분류표 <표 13>에는 X로 표시된다. 이와 같이 '빌려주다', '빌리다'는 '동안'과 결합해서 '결과상태 지속'을 나타내지만 '-고 있다'와 결합해서는 '결과상태'를 나타내지 못한다는 점에서 제12 부류에 분류된다. (69라), (70라)의 '만에'는 '준수가 유미로부터 책을 빌리는데 걸린 시간이 일년'이라고 해석될 때는 비문이나[24] 시동상으로 해석될 때는

정문이 될 수 있다

다음은 '보내다', '받다', '주다'에 관해 알아보기로 한다.

(71) 가. 어머니는 아들에게 용돈을 보내고/주고 있다. (반복상)
　　　나. 어머니는 아들에게 어제 용돈을 보냈다/주었다.
　　　다. 어머니는 아들에게 5년 동안 용돈을 보냈다/주었다. (반복상)
　　　라. 어머니는 아들에게 한 달 만에 용돈을 보냈다/주었다.
(72) 가. 아들은 어머니에게서 용돈을 받고 있다. (반복상)
　　　나. 아들은 어머니에게서 어제 용돈을 받았다.
　　　다. 아들은 어머니에게서 5년 동안 용돈을 받았다. (반복상)
　　　라. 아들은 어머니에게서 한 달 만에 용돈을 받았다.

(71가), (72가)에서도 순간적 상황인 '주다', '보내다', '받다'가 '-고 있다'와 결합하면 용돈을 보내는 혹은 받는 상황이 되풀이되어 일어나고 있는 '반복상'의 의미로 해석된다. (71나), (72나)는 '용돈을 보내는 혹은 받는' 순간적 상황이 '어제' 성립되었음을 의미하는 것으로 정문이고, (71다), (72다)에서 '주다', '보내다', '받다'는 '빌리다', '빌려주다'와 달리 '5년 동안'과 결합하면 '반복상'의 의미를 드러낸다[25]. 다시 말해 '5년 동안 돈을 받는 상황' 혹은 '주는 상황'이 되풀이 되어 일어났음을 뜻한다. (71라), (72라)는 '시동상'으로 해석될 때 정문이 된다.

정리하면 제12 부류의 동사들은 '동안'과 결합하여 나타내는 상의 모습이 다르다는 점에서 '빌리다', '빌려주다'와 '보내다', '주다', '받다'로 다시 하위 분류될 수 있다.

---

24) 도서관에서 빌리려고 하는 책이 전부 대출되어서 한 달 간을 기다렸다가 대출을 받은 경우라면 '한 달 만에 책을 빌렸다'라는 문장이 성립된다. 이때의 '한 달 만에'는 '빌리다'라는 상황이 성립할 때까지의 걸린 시간을 뜻하는 것으로 인식될 수도 있다. 그러나 이와 같은 확대해석은 논의에서 제외한다.
25) 그러나 '빌리다'도 다음과 같은 예문에서는 '반복상'의 의미를 갖는다.
　(Ⅰ) 그는 재수 시절 1년 동안 근처의 시립도서관에서 책을 빌렸다.

3.2.2.3. 제14 부류 상태상황(states)

제14 부류 상태상황은 인간의 정신 활동을 나타내는 심리동사 부류로서, '사랑하다', '희망하다', '슬퍼하다', '기뻐하다' 등의 '감정동사'와 '생각하다', '믿다' 등의 '사고동사', '보이다', '들리다', '냄새 나다' 등의 지각동사가 이 부류에 속한다. 그리고 심리동사 외에 '살다(거주하다)', '있다'26)등의 동사도 이 부류에 해당된다.

이 부류의 동사들은 [+상태, −순간, −종결]의27) 상적 특성을 띠며 <그림 14>의 시간구성을 갖는다. <그림 14>에서 시작점과 종결점이 괄호 안에 들어 있는 것은 감정과 사고 활동의 변화는 화자의 내부에 있으므로 그 상태변화의 시작과 끝을 명시적으로 나타낼 수가 없기 때문이다.

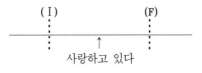

〈그림 14〉 '사랑하다'의 내적 시간구성

김종도(1993 : 23)는 상태상황은 시작점과 종결점이 없으며 내적 구조는 동질적이며 변화가 없는 비역동적인 것이 특징이라 규정하고 있다. Freed(1977 : 50)도 '상태는 내적 시간구성을 가지지 않는다'고 보았다. 그러나 <그림 15>에서와 같이 인간의 지각활동을 나타내는 지각동사 '보이다', '들리다', '냄새 나다'등은 지각의 대상이 외부에 있기 때문에

---

26) '있다'는 '존재하다' 등의 의미일 때는 동사이나 존재의 유무를 의미할 때는 형용사에 속한다.

27) [+상태]이면 [−종결]이므로 [−종결]의 상자질 표시는 잉여적이라 할 수 있다. 그러나 기술의 일관성을 위해 상태동사에도 [−종결]을 표시하기로 한다.

다른 심리 활동을 나타내는 감정동사, 사고동사와는 달리 상태 변화
의 시작과 끝을 명시적으로 나타낼 수가 있다.

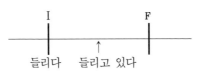

〈그림 15〉 '들리다'의 내적 시간구성

다음은 이 부류의 동사들이 시간부사어와 결합하여 보이는 통사 ·
의미적 특성을 나타낸다.

(73) 가. 오류도가 보이고 있다/보인다.
　　　나. 오류도가 어제 보였다.
　　　다. 오류도가 5시간 동안 보였다.
　　　라. 오류도가 사흘 만에 보였다.

(73가)는 현재 '오류도가 보이는 상태'에 있음을 의미하고 (73나)는
오류도가 '어제'라는 시점에서 보였음을 의미한다. (73다)는 보이는 상
태가 5시간 동안 지속되었음을 의미하고, (73라)는 '오류도가 사흘 동
안 보이지 않았다가 다시 보였다'를 뜻한다. 따라서 이때의 '만에'는
이 연구의 분류 기준에 부합되지 않으므로 분류표 <표 13>에서는 X
로 처리된다.

　한편 '거주하다'라는 의미의 '살다'도 <그림 16>에서와 같이 시작점
과 종결점이 있는 시간구성을 갖는다.

〈그림 16〉 '살다(거주하다)'의 내적 시간구성

예를 들면 '윤희는 2007년 3월 1일부터 2009년 2월 28일까지 서울에 (서) 살았다'와 같은 표현이 가능하다. '살다'는 다의어로서 '-고 있다' 와 결합한 '살고 있다'는 '거주하다'의 의미로 상태상황이고, '-어 있다' 와 결합한 '살아 있다'는 '생존하다'의 뜻으로 성취상황이다.

그러나 유타니(1978)는 '살고 있다'와 '살아 있다'를 구분하지 않고 같은 동사로 간주하고 '결과성'이 있다고 하였는데 이러한 분석은 '살다' 가 다의어임을 간과한 탓이다. 일본어의 경우에서는 '살고 있다'는 동사 'sumu'의 '-te iru'형인 'sun-de iru'로 나타내고 '살아 있다'는 'ikiru' 의 'te iru'형인 'iki-te iru'로 나타낸다. 이와 같이 '살고 있다'와 '살아 있다'는 일본어에서 각기 다른 동사에 대응된다.

다음은 '살고 있다'가 정태적 상황임을 증명하기 위해 세 가지 방법 으로 검사해 본다. 첫째, 'What are you doing now?'로 테스트 해 본다. (74)에서 알 수 있는 바와 같이 '지금 무엇을 하고 있어요'의 대답 으로 '서울에 살고 있어요'는 적합하지 않다.

(74) Q : 지금 무엇을 하고 있습니까?
     A : ??서울에 살고 있어요.

둘째, 상태 동사는 시간의 제약을 받지 않는다. 그러므로 '부산'에 출장을 가서도 '나는 지금 서울에 살고 있어요'가 참이 될 수 있다. 만약 '살다'가 동태성 동사라면 이와 같은 표현이 불가능하다. 동태성 동작의 경우는 2가지의 동작이 겹쳐서 일어날 수 없다. 물론 'TV를 보면서 밥을 먹었다'와 같이 동시 동작을 나타내는 표현이 가능하기는 하다. 그러나 'TV를 보면서 잤다'와 같은 표현이 불가능하고, 또한 '나는 지금 공부하면서 달리고 있다'라고 말할 수 없다. 이와 같이 동태성의 동사들은 동시동작을 나타내는 표현에 제약을 받지만 상태 동사들은 이러한 제약을 받지 않는다.

셋째, 남기심(1978, 1995)이 지적하고 있듯이 '나는 그 당시 부산에 살았다'와 '나는 그 당시 부산에 살았었다'는 의미 차이를 보이지 않는다. 그는 이러한 현상은 [+상태성]의 형용사 '예쁘다'가 '윤희는 예뻤다'와 '윤희는 예뻤었다'에서 의미 차이를 보이지 않는 것과 마찬가지로 '살다'가 [+상태성]이기 때문이라고 하였다. 그러나 '-었-'과 '-었었-'이 동사와 결합하여 의미 차이를 보이지 않는 것으로 [+상태성]을 입증하려는 이 방법은 [+상태성]을 입증하기에 필요조건은 될 수 있으나 필요충분조건은 될 수 없다. 왜냐하면 [-상태성]의 '활동상황'의 동사들도 '-었-', '-었었-'과 결합하여 의미의 차이를 보이지 않기 때문이다. '-었-'과 '-었었-'의 의미 기능에 관하여서는 5장 1절에서 자세히 논하고 있다.

다음은 '살다'가 시간부사어와의 결합시 보이는 통사·의미적 특성을 알아보자. (75가)는 '살다'가 '-고 있다'와 결합하여 현재의 상태를 드러내며, (75나)는 '작년에' 동사가 지시하는 상태에 있었음을 나타내고, (75다)는 동사가 지시하는 상태가 10년 동안 지속되었음을 나타낸다. (75라)는 '5년 동안 서울에 살지 않다가 다시 살았다'를 의미하는데 이는 이 연구의 '만에'의 의미 기능에 부합되지 않으므로 분류표 <표 13>에는 X로 표시된다. (75나)는 (75마, 바)로 환치될 수 있다.

(75) 가. 나는 서울에 살고 있다.
　　나. 나는 작년에 서울에 살았다.
　　다. 나는 10년 동안 서울에 살았다.
　　라. 나는 5년 만에 (다시) 서울에 살았다.
　　마. 나는 작년에 서울에 살고 있었다.
　　바. 나는 작년에 서울에 살았었다.

남기심(1995 : 13-14)은 (75나)의 '살았다'가 '완료'의 의미28)와 '과거'의 의미로 해석될 수 있는데 '과거'로 해석될 때는 (75바)로 환치될 수 있으며 '과거'로 해석될 때의 '-았-'은 '-었었-'의 변이로 보는 것이 옳을 듯하다고 하였다. 그러나 어떤 조건 아래서 '-았-'이 '-었었-'의 변이인지 확실하지 않다고 하면서 '살다'와 '가다'를 비교 하였다. 다음 예문 (76가), (77가) 그리고 (76다), (77다)는 정문이나 (76나, 라)는 비문이고, (77나, 라)는 정문인 것을 보면 '살다'가 다른 동사와는 다른 특질이 있다고 하였다.

(76) 가. 그는 부산에 살다가 서울로 이사했다.
　　나. *그는 부산에 살았다가 서울로 이사했다.
　　다. 이 집에 살던 사람이 누구냐?
　　라. *이 집에 산 사람이 누구냐?
(77) 가. 그는 부산에 가다가 서울로 왔다.
　　나. 그는 부산에 갔다가 서울로 왔다.
　　다. 부산에 가던 사람이 누구냐?
　　라. 부산에 간 사람이 누구냐?

위와 같이 남기심(1995)은 '살다'가 다른 동사와는 다른 특질이 있음을 지적하였는데 그 다른 특질이란 바로 '살다'가 [+상태성, -종결성]

---

28) '거주하다'로 해석될 때 '살았다'의 '-었-'에 완료의 의미는 없다. '살다'가 성취동사 '생존하다'의 의미로 쓰였을 때 '-었-'은 '완료'로 해석될 수 있다.

을 가진 동사라는 점이다. '거주하다'라는 의미의 '살다'는 [-종결성]의
상태동사로서 '완료'의 의미를 가질 수가 없다. 따라서 '살았다'가 '완
료'로 해석될 수도 있다고 한 것은 문제가 있다. 만일 '살았다'의 '-았
-'에 완료의 의미가 있다면 (76나, 라)가 정문이 되어야 할 것이다. 한
편 (77가)의 '가다가'는 부산에 가던 도중에 돌아 온 것을 의미하고
(77나)의 '갔다가'는 '완료'의 의미를 뜻하므로 '부산까지 갔다가 온 것'
을 의미한다.

상태동사 '살다'는 '-었-' 또는 '-었었-'과의 결합시 보이는 통사·의
미적 특성이 형용사와 매우 유사하다. '예뻤다'에 '완료'의 의미가 없듯
이 '살았다'에도 '완료'의 의미가 없으며 '예뻤다', '예뻤었다'가 모두 과
거의 상태를 의미하듯이 '살았다', '살았었다'도 모두 과거의 상태를 나
타낸다.

그러나 '생존하다'라는 의미의 '살다'는 [+결과성]을 가지는 성취동
사로서, <그림 17>의 시간구성을 갖고 있다.

〈그림 17〉 '살다(생존하다)'의 내적 시간구성

<그림 17>이 보여 주듯 큰 부상을 당하거나, 병에 걸렸거나 위기
상황에 처해 있어서 생명이 위태로웠다가 살아나는 순간 다시 말해
위기의 순간으로부터 벗어날 때 우리는 '살았다'[29]라고 표현한다. '살

---

29) 이 경우 일본어에서는 'tasukaru'라는 별도의 동사를 사용하여 'tasukatta'('살았
다)라고 표현한다.

았다'라는 상황은 순간적으로 성립되므로 시작점과 종결점이 겹쳐있다. 그리고 동사가 지시하는 상황이 성립된 후의 결과상태를 '살아 있다'라고 표현한다.

심리동사로 분류되는 동사들이 '-고 있다'와 결합하여 드러내는 상이 '진행상'인지 아니면 '상태상'인지 알아보기 위하여, 'What are you doing now(지금 무엇을 하고 있어요)'와 'X-에서 V하다'로써 검사를 해보기로 한다. '지금 무엇을 하고 있어요?' 라는 질문에 다음 예문 (78)은 적합한 대답이나 (79)는 대단히 어색한 대답이 된다.

(78) 가. 밥을 먹고 있어요.
　　 나. 술을 마시고 있어요.
　　 다. 노래하고 있어요.
(79) 가. 친구를 사랑하고 있어요.
　　 나. 비행기가 보이고 있어요.
　　 다. 종교를 믿고 있어요.

또 'X-에서 V-했다'로 테스트를 해보면, '어제 학교에서 무엇을 했어요?'라는 질문에 (80)은 모두 어색한 대답이 된다.[30]

(80) 가. ??학교에서 승리를 기뻐했어요.
　　 나. ??학교에서 비행기가 보였어요.
　　 다. ??학교에서 종교를 믿었어요.
(81) 가. 윤희는 남편의 승진을 기뻐하고 있다.
　　 나. 후지산이 보이고 있다.
　　 다. 윤희는 천주교를 믿고 있다.

---

30) 시간의 폭을 갖지 못하는 '성취상황'도 'X-에서 V-했다' 테스트를 통과하지 못한다.

또 상태는 시간적으로 제약을 받지 않으므로 자고 있는 사람을 보고 '철수는 윤희를 사랑하고 있어'라고 말할 수는 있어도 '철수는 밥을 먹고 있어'라고 말할 수는 없다. 왜냐하면 '사랑하다'는 [+상태성]을 가진 동사이고 '먹다'는 [−상태성]의 동사이기 때문이다. '철수가 윤희를 사랑하다'가 참이라면 책을 읽고 있는 철수를 보고서도 '철수는 윤희를 사랑하고 있다'라고 말하는 것이 참이 될 수 있다.

이로써 (81)의 '기뻐하고 있다', '보이고 있다', '믿고 있다'는 동태적인 움직임이 아니고 통제가 극히 제한되어 있는 심리적 정태적 상황을 나타낸다는 것을 알 수 있다. 이 부류의 동사들이 나타내는 통사·의미적 특성은 다음과 같다.

(82) 가. *윤희는 2시에/어제/작년에 사랑했다.
　　나. *윤희는 2시에/어제/작년에 희망했다.
　　다. *윤희는 2시에/어제/작년에 슬퍼했다.
　　라. *윤희는 2시에/어제/작년에 종교를 믿었다.
(83) 가. 윤희는 일 년 동안 그를 사랑했다.
　　나. 윤희는 평생 동안 남북통일을 희망했다.
　　다. 윤희는 일 년 동안 친구의 죽음을 슬퍼했다.
　　마. 윤희는 일 년 동안 불교를 믿었다.
(84) 가. *윤희는 한 달 만에 그를 사랑했다.
　　나. *윤희는 한 달 만에 남북통일을 희망했다.
　　다. *윤희는 한 달 만에 친구의 죽음을 슬퍼했다.
　　라. *윤희는 한 달 만에 불교를 믿었다.

(82)에서 알 수 있듯이 '사랑하다' 등의 감정동사와 '믿다' 등의 사고동사들은 정태적인 상황으로서 시점을 나타내는 '에'와 공기하여 그 시점에서 동사가 지시하는 상태가 성립하였음을 드러내지 못한다. (83)은 동사가 지시하는 정태적 상황이 '일 년 동안' 지속되었음을 의

미한다. 인간의 심리상태인 감정, 사고를 나타내는 이 부류의 동사들은 감정이나 사고 변화의 시작과 끝을 명시적으로 알 수가 없다. 따라서 (84)와 같이 '-만에'와 공기하여 비문이 된다.

그런데 정문수(1984 : 115-119)는 '사랑하다', '느끼다', '믿다', '희망하다' 등의 심리동사를 지속적 동태동사라 규정하고 다음과 같이 이를 증명하려 했다. 그는 'V-고 있다'가 '다(이미, 완전히) V-었다'를 논리적으로 함의하면 그것은 결과상태를 나타내고, 논리적으로 함의하지 않으면 진행을 나타낸다고 보았다. 즉 '진행'은 '미완'을 함의하나 '결과상태'는 '완결'31)을 전제로 한다는 논리를 세웠다. 그는 아래의 예문 (85가)가 (85나)를 함의하지 않으므로 '먹고 있다'는 '동작진행'이고, (86가)는 (86나)를 함의하므로 '쥐고 있다'는 '결과상태'로 해석된다는 것이다. 그런데 '사랑하다'는 (87가)가 (87나)를 함의하지 않으므로 '동작 진행'이라는 논리를 폈다.

(85) 가. 밥을 먹고 있다.
　　　나. 밥을 다 먹었다.
(86) 가. 강도가 손에 칼을 쥐고 있다.
　　　나. 강도가 이미 손에 칼을 쥐었다.
(87) 가. 은미가 한 청년을 사랑하고 있다.
　　　나. ?은미가 한 청년을 다 사랑했다.

그러나 (87가)가 (87나)를 함의하지 않는다고 해서 '사랑하고 있다'가 '동작진행'을 의미한다는 필요충분조건이 될 수는 없다. (87가)가 (87나)를 함의하지 않는 사실로 확인되는 것은 '사랑하고 있다'가 결과상태가 아니라는 사실 뿐이다. '한 청년을 사랑하고 있다'가 '한 청년

---

31) 정문수(1984)의 '완결'은 이 연구의 '완결상'과 다른 개념으로서 이 연구의 '완료'와 같은 개념이다.

을 다 사랑했다'를 함의하지 않는 것은 '사랑하다'가 [+상태성, -종결성]의 상태동사이기 때문이다.

한편 장석진(1973), 서정수(1976)에서도 '사랑하다'를 상태동사로 규정하고 있다. 그런데 김천학(2007)은 '희망하다', '소망하다', '사랑하다'를 [+결과성]의 상태동사로 분류하고 있는데 [+결과성]은 [+종결성]이 전제되어야 하는 것으로서 이들 심리동사들은 그 내적 시간구성에 종결점이 내재되어 있지 않다. 따라서 심리동사들은 [+결과성]을 가질 수 없다.

다음은 '심리동사'의 [상태성]에 관한 논의를 간단히 살펴보고자 한다. 심리술어에는 '기쁘다', '슬프다' 등의 심리형용사와 '기뻐하다', '슬퍼하다' 등의 심리동사가 있다. 심리형용사의 주어가 '경험주'인 점은 논의의 여지가 없는데 심리동사의 주어가 '경험주'인지 '행동주'인지에 대해서는 논란이 있어왔다. 먼저 심리동사에 [-상태성]을 인정하는 견해를 소개하면 다음과 같다.

이정민(1976)은 '그리워하다' 등의 심리동사는 심리적 움직임(psychological movement)의 통제 가능성이 어느 정도 있는 것으로 보았고, 이익섭(1978 : 71)은 '무서워하다', '기뻐하다', '미워하다', '싫어하다'가 반드시 의지의 표현에 적절한 동사들이 아니라고 하면서도 의지의 표현에 쓰일 수 있다고 하였다. 김홍수(1989 : 200-206)는 '-어 하다' 심리동사가 행동의 특성을 지니지만 이때의 행동성은 행동동사 일반과는 같지 않아서 명령법, 의도성 등에서 문맥에 따른 제약을 보인다고 하였다. 그러나 심리동사 '-어 하다'는 능동성, 행동성, 외적 양상의 의미를 가지고 있어서 심리형용사와 구별된다고 하였다.

그러나 김세중(1994 : 79-83)은 기존의 논의에서 심리형용사 구문의 경험주가 '-어 하다' 심리동사 구문이 되면 행동성을 갖게 된다고 보았던 점을 지적하면서 '-어 하다' 심리동사 구문에서 주어는 강한 행동성을 갖지 않는다고 하였다.

> (88) 가. 내가 유미가 무섭다.
> 나. 내가 유미를 무서워한다.

그는 위의 예문 (88나)가 보여 주듯이 '-어 하다' 심리동사 구문은 '먹다' 등과 같은 전형적인 타동사 구문과 같이 대격 표지를 취하지만 전형적인 타동사와 똑 같은 정도의 행동성을 가지고 있는지가 문제의 초점이라 하였다. 즉 심리형용사 구문에서의 경험주 논항이 '-어 하다' 심리동사 구문에서도 경험주 논항으로 남는지 아니면 행동주로 의미 역할이 바뀌는지가 문제의 초점이라 하였다.

> (89) 가. ?그 사실을 놀라워해라/놀라워하자.
> 나. ??심심해해라/심심해하자.

그는 '-어 하다' 심리동사 구문은 전형적인 타동사 구문과는 구별되는 몇 가지 특징을 보인다고 하였다. '-어 하다' 심리동사는 전형적인 행동성을 갖는 다른 동사들에 비해 행동성을 아주 약하게만 가져서 위의 예문 (89)와 같이 명령형, 청유형의 문장에서 문법성이 현저히 낮아진다고 하였다. 그리고 '-어 하다'의 의미는 '어떤 상태에 있음을 드러나게 하다'이며, 경험주가 하는 일련의 내적 움직임에 대한 타인의 인지를 의미한다고 하였다.

김세중(1994)이 '-어 하다' 심리동사 구문의 주어를 경험주로 본 것은 심리동사를 상태동사로 간주하는 이 연구의 견해와 일치한다. 그러나 '-어 하다' 심리동사의 의미를 전적으로 '타인에 의해 포착되거나 인지되는 모습'으로 파악한 것은 문제가 있다고 본다.

다음 예문 (90)과 같이 경험주의 인칭에 따라서 '-어 하다'의 의미가 달라질 수 있다. (90가, 나)는 김세중(1994)의 견해대로 타인에 의해 보여지는 모습을 나타내나 (90다)는 타인에 의해 보여지는 모습이라기 보다는 일인칭 화자가 동생에 대한 자신의 심리 상태를 묘사하는 것으로서 (90다)는 '나는 동생이 밉다'의 뜻으로 이해된다.

(90) 가. 준수는 개를 무서워한다.
　　나. 엄마는 아들의 승진을 기뻐한다.
　　다. 나는 동생을 미워한다.

다음은 심리동사 '뉘우치다', '후회하다'의 상적 특성을 살펴본다. '뉘우치다', '후회하다'는 '-고 있다'와 결합하여 정태적인 상황을 지시한다는 점에서는 다른 심리동사들과 같으나 내적 움직임의 단계인 '뉘우치고 있다'와 결과 단계인 '뉘우치고$_2$ 있다'의 중의성을 보이는 점에서는 다른 심리동사와 다르다. 즉 (91가)와 같이 뉘우치는 마음이 들기 시작해서 뉘우치고 있는 과정을 나타내기도 하고 (91나)와 같이 완전히 뉘우치는 마음에 도달한 후의 상태인 뉘우치고$_2$ 있다의 단계도 가지고 있어 마치 '완성동사'와 같은 상적 특성을 보인다. 그러나 '뉘우치다'는 (91다)와 같이 '만에'와 공기하여 뉘우치기까지 걸린 시간을 나타내지는 못한다. 이것은 감정을 나타내는 동사들은 감정변화의 시작과 끝을 명시적으로 알 수 없기 때문이다.

(91) 가. 철수는 자신의 잘못을 뉘우치고/후회하고 있다.
　　나. 철수는 지난 일을 뉘우치고$_2$/후회하고$_2$ 있다.
　　다. *철수는 1년 만에 지난 일을 뉘우쳤다.

본래 결과 단계는 [+종결성]이 전제되어야 하는데 심리동사는 [+상
태성, −종결성]이므로 '결과 단계'가 설정될 수 없다. 따라서 '뉘우치
다'는 원형적인 심리동사가 아니고 주변적인 심리동사로 보아야 할
것 이다. (91가, 나)와 같이 내적 단계와 결과 단계를 모두 가지는 '뉘
우치다'는 <그림 18>의 시간구성을 갖는다고 볼 수 있다.

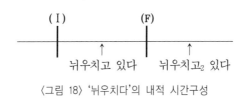

〈그림 18〉 '뉘우치다'의 내적 시간구성

3.2.2.4. 제16 부류 영속적 상태상황(permanent states)

제16 부류 영속적 상태상황은 [+상태, −순간, −종결]의 상적 특성을
가지며, '(색이)어울리다', '인접하다', '포함하다', '면하다' 등의 동사가
이 부류에 해당된다. 이 부류의 동사들이 지시하는 영구적 상황은 사
물과 사물간의 관계나 존재를 지시한다. 정문수(1984 : 106)는 이 항구적
상태의 분포 양상은 어떤 시점을 기준으로 해서 그 전후로 무한히 연
장되어 분포하는 상황으로 이해된다고 하였다. 이것은 곧 영속적 상
태는 내적 시간구성을 갖지 않는 상황임을 뜻한다.

이 부류의 동사는 (92)와 같이 동사의 통사적 성질에 따라 '-고 있
다', '-어 있다'와 결합한다.

    (92) 가. 그 마을은 바다에 인접해 있다.
        나. 그 집은 도로에 면해 있다.
        다. 공기는 산소와 질소를 포함하고 있다.

이 부류의 동사들은 영속적인 상태를 나타내기 때문에 상태 변화의 성립 시점을 나타내는 '에' 또는 [+종결성]의 상황이 공기할 수 있는 '만에', 상태변화의 일시적 기간을 나타내는 '동안'과 결합할 수 없다.

경우에 따라서는 (93가)~(95가)와 같이 '결과상'을 나타내는 성취상황의 동사들이 동사의 논항에 따라 (93나)~(95나)와 같이 영속적인 상태상을 나타내기도 한다.

(93) 가. 그가 모든 재산을 가지고 있다. (결과상)
　　　나. 그는 음악에 천부적 재능을 가지고 있다. (상태상)
(94) 가. 선생님이 아이들에게 둘러싸여 있다. (결과상)
　　　나. 그 마을은 산으로 둘러싸여 있다. (상태상)
(95) 가. 젓가락이 굽어 있다. (결과상)
　　　나. 도로가 굽어 있다. (상태상)

지금까지 한국어 동사의 동작류 10가지 부류의 상적 특성을 알아보았다. 직관이나 주관적인 판단에 근거를 둔 의미에 따른 분류는 대부분 명확한 구분이 어렵기 때문에 이 연구에서는 Vendler(1967)가 제시한 동사의 진행상의 유무, 시간부사어 '동안', '만에', '에'와의 공기 제약이라는 객관적인 분류 기준을 사용하였다. 본 절에서 일차적으로 분류된 동작류 가운데 [+종결성]을 가진 동작류는 [결과성]의 유무에 따라 다음과 같이 이차적으로 하위 분류될 수 있다.

3.2.3. [결과성]에 의한 하위분류

제5 부류 '완성·활동상황'은 [+종결성]을 가진 '완성상황'으로 행동할 때 [결과성]의 유무에 따라서 다시 제5-1 부류와 제5-2 부류로 하

위분류 될 수 있다.

3.2.3.1. 제5-1 부류 [-결과성]의 완성·활동상황

제5-1 부류는 [결과성]이 없는 부류로서 완성상황일 때 [-상태, -순간, +종결, -결과]의 상적 특성을 보이고 활동상황일 때 [-상태, -순간, -종결]의 상적 특성을 보인다. [-결과성]을 가진 동사에는 '먹다', '읽다', '쓰다', '만들다', '(장갑)짜다', '태우다', '끓이다', '익히다', '(집)짓다' 등이 있다. [-결과성]을 가진 이 부류의 동사는 예문 (96)에서 '-고 있다'와 공기하여 진행상을 나타내고, 시간부사어 '에', '동안', '만에'와 공기하나 '-고₂ 있다'와 공기하여 결과상태를 나타내지는 못한다.

> (96) 가. 나는 밥을 먹고 있다.
> 나. 나는 밥을 1시에 먹었다.
> 다. 나는 밥을 30분 동안 먹었다.
> 라. 나는 밥을 30부 만에 먹었다.
> 마. *나는 밥을 먹고₂ 있다.

3.2.3.2. 제5-2 부류 [+결과성]의 완성·활동상황

제5-2 부류의 동사들은 [+결과성]을 보인다는 점에서 제5-1 부류와 구분된다. '완성상황'으로 행동할 때 [-상태, -순간, +종결, +결과]의 상적 특성을 보이고 '활동상황'으로 행동할 때 [-상태, -순간, -종결]의 상적 특성을 보인다. 이 부류에는 '외우다', '내려오다', '늘다', '줄다', '(물이)붇다' 등의 동사가 있다. 이 부류가 [+결과성]의 '완성상황'일 때 <그림 19가>의 시간구성을 갖고, '활동상황'일 때 <그림 19나>

의 시간구성을 갖는다.

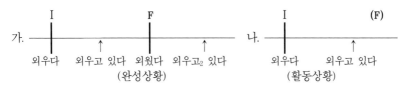

〈그림 19〉[+결과성] '외우다'의 내적 시간구성

'외우다', '내려오다', '늘다', '줄다'는 [+결과성]을 갖는 완성·활동상
황으로서 상표지 '-고 있다'와 접속하여 다음 예문 (97가)~(99가)는
동사가 지시하는 상황이 진행 중임을 나타내고 (97나)~(98나)는 동사
가 지시하는 상황이 '2시에' 진행 중이었다로 해석될 때 정문이다. (98
나)는 '2시에'가 산을 다 내려온 시점을 의미할 수도 있다. 그러나 상
태 변화를 나타내는 '늘다/줄다'는 (99나)와 같이 시점을 나타내는 시
간 부사어 '2시에'와 공기할 수 없다. 이 연구의 분류기준인 '에'는 순
간적 상황이 성립되는 시점을 뜻하므로 시간의 폭을 가진 동사 '외우
다', '내려오다'와 결합한 '에'는 본 동작류 분류의 분류기준에 부합되
지 않으므로 이 연구의 분류표 <표13>에서는 X로 처리 된다.

(97) 가. 윤희는 구구단을 외우고 있다.
나. 윤희는 2시에 구구단을 외웠다.
다. 윤희는 구구단을 한 시간 동안 외웠다.
라. 윤희는 구구단을 30분 만에 외웠다.
마. 윤희는 구구단을 외우고₂ 있다.
(98) 가. 준수는 산을 내려오고 있다.
나. 준수는 2시에 산을 내려 왔다.
다. 준수는 한 시간 동안 산을 내려왔다.
라. 준수는 두 시간 만에 산을 내려왔다.
마. 준수는 산을 내려 왔다/내려와 있다.

(99) 가. 인구/체중이 늘고/줄고 있다.
　　나. 인구/체중이 2시에 늘었다/줄었다.
　　다. 인구/체중이 1년 동안 계속 늘었다/줄었다.
　　라. 인구/체중이 2년 만에 (100만으로/60kg으로) 늘었다/줄었다.
　　마. 인구/체중이 늘었다/줄었다.

(97다)~(99다)는 동사가 지시하는 상황이 각각 '한 시간 동안', '일 년 동안' 지속되었음을 의미한다. 그런데 '인구/체중이 늘다/줄다'는 (99다)가 보이는 바와 같이 부사어 '계속'의 수식을 받으면 '동안'과의 공기가 더 자연스럽다. '늘다', '줄다'의 동사가 '동안'과 공기할 때 부사어 '계속'의 수식이 있어야 문법성이 높아지는 현상은 일본어에서도 마찬가지인데 일본어에 관해서는 4장에서 설명하기로 한다. (97라)~ (99라)는 동사가 지시하는 상황이 종결되기 까지 걸린 시간을 의미하고 (97마)~(99마)는 동사가 지시하는 상황이 종결된 뒤의 결과상태를 의미한다. 바로 이러한 점이 '결과성'이 없는 제5-1 부류의 시간적 특성과 다른 점이다.

지금까지 한국어 동사의 동작류를 분류하고 각 동작류의 상적 특성에 대해 살펴보았다. 본 절에서 이 연구는 Vendler(1967)의 동사 분류에서 제시된 4가지 분류기준에 따라 한국어 동사의 동작류를 일차적으로 10가지 부류로 분류하고, 더 나아가 [+종결성]을 가진 제5 부류를 [-결과성]의 제5-1부류와32) [+결과성]의 제5-2 부류로 다시 하위 분류하여 모두 11가지 동작류를 얻었다. 그 결과를 일목요연하게 보이면 <표 13>과 같다.

---

32) 하마노우에(浜の上 1992 : 57)는 '할아버지 너무 마셨다'에서와 같이 5-1부류의 동사가 '-었'과 결합하여 보이는 상을 パーヘクト(perfect)'라하고 이것은 넓은 의미의 결과라고 하였다. 한편 '앉아 있다'와 같은 상태 パーヘクト는 좁은 의미의 결과라 하였다.

〈표 13〉 한국어 동사의 동작류 분류

동작류 / 분류 기준	1 활동·성취	2 순간적 활동	3 예비단계 성취	4	5 완성·활동	6 활동	7 완성	8	9	10	11 성취	12 (수여동사) 성취	13	14 (심리동사) 상태	15	16 영속적 상태
진행상	○	○	○	○	○	○	○	○	×	×	×	×	×	×	×	×
'에'	○	○	○	○	×	×	×	×	○	○	○	○	×	×	×	×
'동안'	○	○	×	×	○	○	×	×	○	○	×	×	○	○	×	×
'만에'	○	×	○	×	○	×	○	×	○	×	×	×	○	×	○	×
결과성	o/x	×	○		○	×	○				○			×	○	

예시 동사:

- **1 활동·성취**: 찾다, (버스)타다
- **2 순간적 활동**: (발)차다, 두드리다, 치다, 끄덕이다, 반짝하다
- **3 예비단계 성취**: 지다, 이기다, 도착하다, 하락하다, 그치다, 멈추다
- **5 완성·활동**: 먹다, 읽다, 쓰다, 그리다, 만들다, (집)짓다, (물)끓이다, 데우다 / 외우다, 내려오다, (몸이)붇다, 늘다, 줄다
- **6 활동**: 울다, 웃다, (비)오다, (바람)불다, 걷다, 달리다, 일하다, 놀다
- **7 완성**: 해가 뜨다, 가다, 오다, 염색하다, 입다, 신다, 쫓다, 눕다, 얼다, 마르다
- **11 성취**: (눈)감다, (눈)뜨다, 앉다, 서다(생존하다), 감추다, 죽다, 태어나다, 가지다, 읽다, 이해하다
- **12 (수여동사) 성취**: 보내다, 주다, 받다, 빌리다, 빌려주다
- **14 (심리동사) 상태**: 기뻐하다, 슬퍼하다, 사랑하다, 희망하다, 믿다, 생각하다, 보이다, 들리다, 냄새나다, 살다, 있다
- **16 영속적 상태**: 틀리다, 어울리다, 포함하다, 인접하다, 닮다

일본어 동사의 동작류 분류

제4장에서도 3장의 한국어 동사의 동작류 분류와 마찬가지로 Vendler (1967)의 4가지 분류기준을 교차적으로 적용하여 조합 가능한 동작류의 경우수를 모두 16가지로 설정하고 동사의 '-te iru'형이 진행상을 나타내는지의 여부, 동사와 시간부사어 'ni(에)', 'kan(동안)', 'de(만에)', 와의 공기 제약을 분석하여 동작류 분류를 시도한다. 그 결과 일본어 동사의 동작류는 일차적으로 11가지 부류로 분류되고, 다시 [+종결성]의 부류를 [결과성]의 유무에 따라서 2차적으로 하위분류한 결과 일본어의 동작류는 총 13부류로 구분된다.

본격적인 일본어 동사의 동작류 분류에 앞서 일본어의 시제와 상 형식에 관해 알아보기로 한다.

4.1. 일본어의 시제와 상 형식

일본어도 한국어와 마찬가지로 순수하게 시제와 상을 나타내는 형식이 따로 없이 시제 형식과 상 형식이 혼재되어 있다. 일본어에서 시제를 나타내는 형식은 동사의 '-ru(비과거형)', '-ta(과거형)', '-te iru(-고 있다)',[1] '-te ita(-고 있었다)'의 4가지를 들 수 있는데 이 4가지 형식은 동시에 상을 나타내기도 한다.[2]

마치다(町田 1989 : 153)는 이 4가지 형식의 시제적 의미와 상적 의미를 상태 술어와 비상태 술어로 나누어 <표 14>와 같이 나타내었다.

〈표 14〉 일본어 동사의 시제와 상 형식

	형식	시제적 의미	상적 의미
상태 술어	'-ta'(-있)	과거	비완결상
	'-ru'(-는다)	현재	비완결상
비상태 술어	'-ta'(-있-)	과거	완결상
	'-te ita' (-고 있었다)	과거(대과거)	비완결상
	'-ru'(는다)	미래	완결상
	'-te iru'(-고 있다)	현재	비완결상

일본어의 동사는 전통적으로 크게 상태동사, 계속동사, 순간동사로 나누는데 계속동사는 시간의 길이를 가진 동사로서 Vendler(1967)의

---

1) 테라무라(寺村 1984 : 123-146)는 일본어의 상표지 '-te iru'의 다의성을 1.계속과 결과상태 2.현재의 습관 3.집단에 의한 현상의 계속 4.현재에 의의를 갖는 과거 5.형용사적 용법으로 기술하고 있다. '집단에 의한 현상의 계속'이란 '반복상'을 뜻한다. 그리고 '현재에 의의를 갖는 과거'란 '-te iru'의 의미기능 중 동작을 분할하지 않고 통일체로 나타내는 '완결상'으로 기능하는 경우를 말한다. 'te iru'의 완결상 기능에는 '경험상'과 '완료상'이 있다. '형용사적 동사'의 '-te iru'는 한국어 동사에서는 '-었-'으로 나타나는데 예를 들면 'hutoru(살찌다)'의 '-te iru'형 'hutotte iru'는 우리말 '살쪘다'에 대응된다.
2) 나카유미(中右美 1980)는 일본어의 시제에는 때를 지시하는 기능 외에 완료상과 미완료상을 지시하는 기능도 있는데 과거시제는 완료상을 나타내고 현재시제는 미완료상을 나타낸다고 하였다. 여기에서 완료상과 미완료상은 이 연구에서의 완결상과 비완결상에 해당된다.

동사 분류에서 활동상황과 완성상황에 해당하고, 순간동사는 성취상황에 해당한다. 영어의 진행상 표지에 해당하는 일본어의 상표지 '-te iru'는 계속동사와 결합하여 동사가 지시하는 상황이 진행 중임을 나타내고 순간동사와 결합하여 동사가 지시하는 상황이 종료된 후의 결과상태를 나타낸다. 한국어에서는 상표지 '-고 있다'가 진행상을 나타내고 '-어 있다'가 결과상을 나타내는 것과 대조적으로 일본어의 상표지 '-te iru'는 동사와 결합하여 '진행상' 또는 '결과상'을 나타낸다.3)

다음은 이 연구에서 동작류 분류의 객관적 기준으로 사용되는 Vendler (1967)의 시간부사어 'at', 'for', 'in'에 대응하는 일본어의 시간부사어를 알아보도록 한다.

4.2. 시간부사어 'ni(에)', 'kan(동안)', 'de(만에)'

동사와의 결합 제약에 의해 동사에 내재된 시간적 특성을 판별해 주는 시간부사어 'at', 'for', 'in'에 대응하는 일본어의 시간부사어는 'ni(에)', 'kan(동안)', 'de(만에)'이다. 이들 시간부사어를 차례로 알아본다.

순간적 상황의 성립 시점을 나타내는 'at'은 일본어 시간부사어 'ni'에 해당된다. 'T-ni'의 'T'는 'point of time(시점)'을 나타내는 것으로서 'gozi-ni(5시에)', 'kinyoubi-ni(금요일에)', 'nizyuugoniti-ni(25일에)', 'rokugatu-ni(6월에)', 'natu-ni(여름에)'와 같이 표현된다. 동사가 지시하는 상황이 일정기간 지속되었음을 나타내는 시간부사어 'for'는 일본어 'kan(間)'에 해당된다. 'aida'라는 시간부사어도 '동안'의 의미를 가져서 '3시간

---

3) 재귀성 동사 외에도 극소수의 예이기는 하지만 한국어의 상표지 '-고 있다'도 결과상을 드러내는 경우가 있다. '더운데 왜 문을 닫고 있어?', '추운데 왜 창문을 열고 있어?', '낮인데 왜 불을 켜고 있어?' 등과 같은 표현이 가능하다. 이때의 '-고 있다'는 모두 결과상을 나타낸다고 볼 수 있다.

동안'을 (1)과 같이 'sanzi-kan no aida'라고 표현할 수도 있다.

(1) sanzi-kan-no   aida
   3 hours-GEN   for
   三時間の間

(1)의 '三時間の間'는 '동안'을 의미하는 '間'이 두 번 중복되는 셈이
되는데 특별히 강조하는 경우가 아니면 'aida'를 겹쳐 쓰지 않고 '間
(kan)' 하나 만으로 동안을 나타낸다. 'T-kan'의 'T'는 '시간'을 나타내
는 것으로서 '3시간 동안'은 'sanzi-kan(三時間)', '3일 동안'은 'mikka-
kan(3日間)'이 되고 '3개월 동안'은 'sankagetu-kan(三ヶ月間)', '3년 동안'
은 'sannen-kan(三年間)'으로 나타낸다.

시간부사어 'in'에 대응하는 일본어 부사어는 'de'와 'burini'가 있다.
'de'와 'burini'는 모두 한국어 '만에'로 번역되는데 어떻게 구별되어 쓰
이는지 그 차이에 대해 알아보도록 한다. (2)의 완성상황이나 (3)의 성
취상황에서 동사가 지시하는 상황이 성립될 때까지 걸린 시간은 'de'
로 나타낸다.

(2) 가. watasi-wa   sanizikan-de sono hon-o   yon-da.
       I-TOP   three hour-in the book-ACC   read-PAST-DECL
       나는 세 시간 만에 그 책을 읽었다.
       私は三時間でその本を讀んだ。
   나. kare-wa   ninen-de   ie-o   ik-ken   tate-ta.
       he-TOP   2 years-in   house-ACC   one-wing build-PAST-DECL
       그는 이 년 만에 집을 한 채 지었다.
       彼は二年で家を一軒建てた。
   다. kare-wa   nizyuppun-de   tegami-o   kaita
       he-TOP   20 minutes-in   letter-ACC   write-PAST-DECL

그는 20분 만에 편지를 썼다.

彼は二十分で手紙を書いた。

(3) kisya-wa itizikan-de eki-ni tui-ta.

train-TOP one hour-in station-at arrive-PAST-DECL

기차는 한시간 만에 역에 도착했다.

汽車は一時間で驛に着いた。

한편 다음 예문 (4)의 'T-burini'는 동사가 지시하는 상황이 'T'동안 일어나지 않았다가 다시 일어났음을 뜻한다.

(4) sankagetu-burini ame-ga hutta.

three month-in rain-NOM fall-PAST-DECL

석 달 만에 비가 내렸다.

三ヶ月ぶりに雨が降った。

그리고 예문(5)의 '만나다'의 경우에도 'burini'를 써서 동사가 지시하는 상황이 다시 성립하기까지 2년이 걸렸음을 나타낸다. 즉 동사가 지시하는 상황이 '2년 동안' 일어나지 않았음을 의미하므로 (5)는 '2년 동안 친구를 만나지 못했다가 다시 만났다'를 의미한다.

(5) ninen-burini tomodati-ni atta.

2 years-in friend-ACC meet-PAST-DECL

이 년 만에 친구를 만났다.

二年ぶりに友達に會った。

'burini'가 쓰인 예를 조금 더 살펴보자.

(6) 가. eiga-o ikkagetu-burini mita.

movies-ACC one month-in watch-PAST-DECL

영화를 한 달 만에 보았다.

映畫を一ヶ月ぶりに見た。

나. sankagetu-burini   gaishoku-o   sita.

3 month-in   eating out-ACC   do-PAST-DECL

석 달 만에 외식을 했다.

三ヶ月ぶりに外食をした。

다. okayu bakari tabe-te ite mikka-burini gohan-o tabeta.

porridge-only eat-SF be-SF 3 days-in rice-ACC eat-PAST-DECL

죽만 먹다가 사흘 만에 밥을 먹었다.

お粥ばかり食べていて三日ぶりにご飯を食べた。

　위의 예문에서 'T-burini V-었다'에서 'burini'가 의미하는 바는 'T 동안 V하지 않다가 V-었다'로서 (6가)는 '석 달 동안 영화를 안 보다가 보았다'를 뜻하고, (6나)는 '석 달 동안 외식을 안 하다가 외식했다'를 뜻하고, (6다)는 '사흘 동안 밥을 못 먹다가 밥을 먹었다'를 의미한다.

　다음은 종결점을 가지지 않는 동사 'warau(웃다)'에 'burini'와 'de'가 공기한 예로서 그 의미하는 바가 각각 다름을 보여준다.

(7) 가. Ken-wa (niramekkosi-te) ippun-de   waratta.

Ken-TOP (playing a staring game) one minute-in laugh-PAST-DECL

켄은 (서로 쳐다보고 상대를 웃기는 게임에서) 일분 만에 웃었다.

ケンは(にらめっこして)一分で笑った。

나. kare-wa   itinen-burini   waratta.

he-TOP   one year-in   laugh-PAST-DECL

그는 일년 만에 웃었다.

彼は一年ぶりに笑った。

　(7가)는 'niramekko(서로 쳐다보고서 먼저 웃는 사람이 지는 게임)에서 켄이

게임 시작 일분 만에 웃었다'를 의미하고, (7나)는 '슬픈 일을 당해 웃음을 잃고 살았던 사람이 마침내 1년 만에 웃었다'를 의미한다. (7가)는 종결점이 없는 활동상황의 'warau(웃다)'에 'de'가 결합한 것으로, 'ippun-de'는 게임이 시작된 시점으로부터 웃기 까지 걸린 시간을 의미한다. (7나)의 'itinen-burini'는 동사가 지시하는 상황이 일 년 동안 일어나지 않았다가 일어났음을 의미한다.

그런데 이러한 의미 구별이 예외적으로 'mitukeru(발견하다)', 'mitukaru(발견되다)'에서는 일어나지 않는다. 'mitukeru'와 'mitukaru'는 동사가 지시하는 상황이 성립될 때까지 걸리는 시간을 'de'와 'burini'로 모두 나타낼 수 있는데 이때 함의에 약간의 차이가 있을 뿐 'de'와 'burini' 사이에 의미의 분화는 일어나지 않는다.

(8) 가. keisatu-wa   maigo-o   issyuukan-de/burini   mituketa.
　　 police-TOP   lost child-ACC one week-in   find-PAST-DECL
　　 경찰은 미아를 일주일 만에 찾았다.
　　 警察は迷子を一週間で／ぶりに見つけた。

나. maigo-wa   issyuukan-de/burini   mitukatta.
　　 lost child-TOP   one week-in   be found-PAST-DECL
　　 미아는 일주일 만에 찾았다(발견되었다).
　　 迷子は一週間で／ぶりに見つかった。

일본인들은 예문 (8)의 동사 'mitukeru', 'mitukaru'에 대해서는 'de' 또는 'burini'를 의미 구별 없이 같은 의미로 받아들인다. 다만 'de'를 쓸 경우 찾기까지 걸린 시간을 사실적으로 담담하게 표현하는 느낌이 들고 'burini'를 사용하면 애타게 찾으려고 했던 감정이 느껴진다고 한다.

일본어 동사는 상표지 '-te iru'와 접속하여 어휘의미에 내재하는 시간적 특성에 따라 '진행상' 또는 '결과상'을 드러내며 시간부사어 'ni

(에)', 'kan(동안)', 'de(만에)'와의 공기에서 제약을 보인다.

다음 절에서는 위의 네 가지 분류 기준을 교차적으로 적용하여 일본어 동사의 동작류를 분류한다. 일본어 동작류 분류의 첫 번째 작업은 '-te iru'와 결합한 동사가 드러내는 상에 따라 '진행상'을 보이는 부류와 '비진행상'을 보이는 두 부류로 나누는 것인데 그 결과 <표 15>를 얻는다.

〈표 15〉 상표지 '-te iru'가 나타내는 상

진행상(progressive)	비진행상(non-progressive)
taberu(먹다), asobu(놀다), kaku(쓰다), yomu(읽다), sagasu(찾다), tateru(짓다), tukuru(만들다), heru(줄다), nomu(마시다), (ame)huru((비)오다), aruku(걷다), (huku)kiru((옷)입다), hueru(늘다), yaseru(마르다), moyasu(태우다), nugu(벗다), wakasu(끓이다), utau(노래하다), horu(파다), oriru(내려오다), noboru(뜨다, 오르다), tataku(두드리다)	iku(가다), kuru(오다), mitukeru(찾다), aisuru(사랑하다), omou(생각하다), tukamu(잡다), siru(알다), sinu(죽다), kekkonsuru(결혼하다), niru(닮다), sugureru(뛰어나다), tomu(풍부하다), hairu(들어가다), wasureru(잊다), kakureru(숨다), tomaru(멈추다), tuburu(눈을감다),yorokobu(기뻐하다), kanasimu(슬퍼하다), owaru(끝나다), tukareru(피곤하다), (onakaga)suku(배고프다)

두 번째 작업은 '진행상' 부류와 '비진행상' 부류를 다시 시간부사어 'ni(에)', 'kan(동안)', 'de(만에)'와의 공기 제약에 따라 분류 하여 <표 16>과 <표 17>을 얻는다.

〈표 16〉 '-te iru'와 결합하여 진행상을 보이는 동작류

-te iru	진행상							
	1	2	3	4	5	6	7	8
ni	o	o	o	o	x	x	x	x
kan	o	o	x	x	o	o	x	x
de	o	x	o	x	o	x	o	x
	noru (타다)	tataku (두드리다) keru (차다)	katu (이기다) makeru (지다)		yomu (읽다) taberu (먹다) oboeru (외우다) hueru (늘다)	naku (울다) huru (비오다) aruku (걷다)	tateru (짓다) someru (염색하다) kiru (입다) noboru (뜨다)	

〈표 17〉 '-te iru'와 결합하여 비진행상을 보이는 동작류

-te iru	비진행상							
	9	10	11	12	13	14	15	16
ni	o	o	o	o	x	x	x	x
kan	o	o	x	x	o	o	x	x
de	o	x	o	x	o	x	o	x
		tuburu ((눈)감다) kakureru (숨다) tomaru (멈추다) toutya kusuru (도착하다)	kasu (빌려주다) kariru (빌리다) okuru (보내다)		tukareru (피곤하다) (nodoga) kawaku (목마르다)	aisuru (사랑하다) sinziru (믿다) mieru (보이다) iru (있다)		sugureru (뛰어나다) tomu (풍부하다) niru (닮다) sobieru (솟다)

4.3. 진행상을 보이는 동작류

먼저 '-te iru'와 결합하여 진행상을 보이는 동작류들의 상적 특성을 차례로 알아보기로 한다.

4.3.1. 제1 부류 활동·성취상황(activities·achievements)

제1 부류 활동·성취상황은 활동과 성취를 겸하는 부류로서 활동상황일 때 [-상태, -순간, -종결]의 상적 특성을 지니고, 성취상황일 때 [-상태, +순간, +종결]의 상적 특성을 띤다. 한국어와는 달리 일본어 동사 'sagasu(찾다)'는 찾는 과정만을 나타내는 동사이고 찾고 있던 대상을 발견하는 순간은 'mitukaru/mitukeru(발견되다/발견하다)'로 표현한다. 따라서 찾는 과정을 나타내는 동사 'sagasu'는 제6 부류 '활동상황'에 속하고, 찾는 순간을 나타내는 'mitukaru/mitukeru'는 제11 부류 '성취상황'에 속한다. 그러므로 일본어에서는 동사 'noru((차량)타다)'만이 이 유형에 속한다. 어떤 보충어를 취하느냐에 따라서 활동상황과 성취상황을 넘나드는 'noru(타다)'는 다음 <그림 20>과 같이 활동상황과 성취상황의 내적 시간구성을 갖는다.

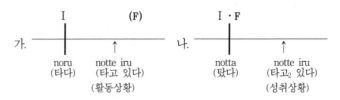

〈그림 20〉 'noru'(타다)의 내적 시간구성

(9) 가. Naomi-wa zitensya-ni notte iru.
　　　Naomi-TOP bike-on ride-SF be-PRES-DECL
　　　나오미는 자전거를 타고 있다.
　　　ナオミは自轉車に乘っている。

나. Naomi-wa basu-ni not-te iru.
　　　Naomi-TOP bus-on ride-SF be-PRES-DECL
　　　나오미는 버스를 타고2 있다.
　　　ナオミはバスに乘っている。

(9가)는 주체가 자전거를 운전하고 있다는 의미로 해석되어 진행상을 나타낸다. 그러나 (9나)는 주체가 '버스'를 움직이고 있다는 의미가 아니고 '버스 안에 앉아 있다'는 해석을 낳는다. 따라서 (9나)의 '타고2 있다'는 결과상태를4) 나타낸다. 다음은 'ni(에)', 'kan(동안)', 'de(만에)'와 동사의 공기제약에 따른 통사·의미적 특성을 살펴본다.

(10) 가. *Naomi-wa sanzi-ni zitensya-ni notta.5)
　　　　Naomi-TOP 3 o'clock-at bike-on ride-PAST-DECL
　　　　나오미는 세 시에 자전거를 탔다.6)
　　　　*ナオミは三時に自轉車に乘った。

나. Naomi-wa itizi-kan zitensya-ni notta.
　　　Naomi-TOP one hour-for bike-on ride-PAST-DECL
　　　나오미는 1시간 동안 자전거를 탔다.
　　　ナオミは 一時間自轉車に乘った。

다. *Naomi-wa itizikan-de zitensya-ni notta.7)

---

4) 타케우치(2007 : 19)에서도 'basuni notte iru(버스에 타고 있다)'는 결과상태상을 나타낸다고 보았다.
5) 그런데 운동 선수의 운동 시간표를 말하는 경우라면 정문이 될 수도 있다. 그러나 이 연구에서는 이러한 확대해석은 논외로 한다.
6) 한국어 번역문 '세시에 자전거를 탔다'는 '세시에 자전거를 타고 있었다'로 해석될 때는 정문이 될 수 있어 비문 표시를. 하지 않았다. 그러나 순간적 상황의 성립시점을 나타내지 않으므로 <표 13>에는 X로 표시된다.

Naomi-TOP one hour-in bike-on   ride-PAST-DECL

나오미는 1시간 만에 자전거를 탔다.

＊ナオミは一時間で自轉車に乘った。

라. Naomi-wa ikkagetu-burini zitensya-ni notta.

Naomi-TOP one month-in bike-on   ride-PAST-DECL

나오미는 1달 만에 자전거를 탔다.

ナオミは一ヶ月ぶりに自轉車に乘った。

마. Naomi-wa zitensya-ni not-te iru.

Naomi-TOP bike-on   ride-SF be-PRES-DECL

나오미는 자전거를 타고 있다.

ナオミは自轉車に乘っている。

(10가)는 시간의 길이를 가진 동사 'noru'가 순간적 상황의 성립시점을 나타내는 'sanzini'와 공기할 수 없으므로 '비문이 된다. (10나)는 한 시간 동안 자전거를 타는 행위가 지속되었음을 뜻하고, (10다)는 동사가 지시하는 상황이 성립하기까지 걸린 시간으로 해석될 수 없으므로 비문이 된다. 'zitensya(자전거)'가 보충어일 때 'noru(타다)'는 [-종결성]의 '활동동사'로서 'itizikan-de(한 시간 만에)'와 공기하지 못한다. 한편 한국어 번역문은 일본어를 직역한 의미로 해석할 때는 비문이지만 '자전거를 한 시간 동안 타지 않다가 다시 탔다'라는 시동상의 뜻으로 해석할 때는 정문이 될 수도 있으므로 비문 표시를 하지 않았다. 그리고 (10라) 'burini(한시간 만에)'는 '자전거를 한 달 동안 타지 않다가 탔다'라는 시동상으로서 정문이 된다. (10마)는 'noru'가 '-te iru'와 접속하여 자전거를 타는 상황이 진행 중임을 드러낸다.

(11) 가. kare-wa sanzi-ni basu-ni notta.

---

7) (10다)도 '연습해서 1시간 만에 자전거를 탔다'로 해석할 때는 정문이 될 수 있으나 이와 같은 확대해석은 이 연구에서는 논외로 한다.

    he-TOP three o'clock-at bus-on got on

    그는 3시에 버스를 탔다.

    彼は三時にバスに乘った。

나. kare-wa itizi-kan basu-ni notta.

    he-TOP one hour-for bus-on get on-PAST-DECL

    그는 1시간 동안 버스를 탔다.

    彼は一時間バスに乘った。

다. kare-wa basu-o matte ite gohun-de basu-ni notta.

    he-TOP bus-ACC wait-SF be-SF five minutes-in bus-on get on-PAST-DECL

    그는 버스를 기다린지 5분 만에 버스를 탔다.

    彼はバスを待っていて五分でバスに乘った。

라. kare-wa basu-ni notte iru.

    he-TOP bus-on ride-SF be-PRES-DECL

    그는 버스를 타고$_2$ 있다.

    彼はバスに乘っている。

    (11가)의 'sanzi-ni(세 시에)'는 동사가 지시하는 상황의 성립시점을 나타내는 것으로 '버스를 타다'가, 순간적 성취상황임을 보여 준다. (11나)는 '1시간 동안 버스를 타고$_2$ 있었다'를 의미하고 (11다) '5분 만에 버스를 탔다'는 버스를 타려고 기다리기 시작한 시점부터 버스를 타기까지 걸린 시간을 의미하는 것으로서 [+종결성]의 상황임을 알 수 있다. (11라)는 버스를 타는 상황이 성립된 후의 결과상태를 나타낸다. (11)로 부터 '(버스를) 타다'는 성취상황의 상적 특성을 가지고 있다는 것을 알 수 있다.

    후지이(藤井 1966) 등의 학자들은 'noru(타다)'를 [+결과성] 동사에 분류하고 있다. 그러나 동사 'noru(타다)'는 보충어에 따라 '자전거를 타다'는 [-종결성]의 활동상황의 상적 특성을 갖고, '버스를 타다'는 [+종결성]의 성취상황의 상적 특성을 갖는다. 보충어에 따라 '활동' 또는 '성취'의 상적 특성을 넘나드는 'noru(타다)'를 [-결과성] 또는 [+결과성]

의 어느 하나로 확정짓기는 어렵다

4.3.2. 제2 부류 순간적 활동상황(semelfactives)

제2 부류 순간적 활동상황은 [-상태, +순간, -종결]의 상적 특성을 가지며 <그림 21>의 시간구성을 갖는다. 이 부류가 제11 부류의 성취 동사와 구분되는 것은 [-종결성]인 점이다. 'keru(차다)', 'seki-o suru(기침히다)', 'utu(치다)', 'tataku(두드리다)', 'unazuku(끄덕이다)', 'kiru(썰다)', 'matataku(깜짝이다)' 등의 동사가 이 부류에 속한다. 이 부류의 동사들은 '-te iru'와 접속하여 <그림 21>과 같이 일회성 순간 동작이 되풀이되는 상황을 나타낸다. 이 연구에서는 'tataite iru'를 '반복상'으로 보지 않고 하나의 상황으로 인식하여 '진행상'을 나타내는 것으로 간주한다.

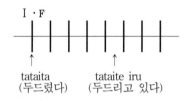

〈그림 21〉 'tataku(두드리다)'의 내적 시간구성

이 부류의 동사들이 'ni', 'kan', 'de'와의 결합에서 보이는 통사·의미적 특성을 살펴보자.

    (12) 가. dareka-ga doa-o tatai-te iru.
           someone-NOM door-ACC knock-SF be-PRES-DECL
           누군가가 문을 두드리고 있다.
           誰かがドアを叩いている。

나. dareka-ga sanzi-ni doa-o tatai-ta.
   someone-NOM three o'clock-at door-ACC knock-PAST-DECL
   누군가가 3시에 문을 두드렸다.
   誰かが三時ににドアを叩いた。

다. dareka-ga gohun-kan doa-o tatai-ta.
   someone-NOM 5 minutes-for door-ACC knock-PAST-DECL
   누군가가 5분간 문을 두드렸다.
   誰かが五分間ドアを叩いた。

라. *dareka-ga doa-o itizikan-de tatai-ta.
   someone-NOM door-ACC 1 hour-in knock-PAST-DECL
   *누군가가 문을 1시간 만에 쳤다.[8]
   *誰かがドアを一時間で叩いた。

(12가)는 동사의 '-te iru'형으로 '문을 두드리다'라는 순간적 상황이 반복적으로 일어나고 있음을 '진행상'으로 나타내고, (12나)는 '문을 두드리다'라는 순간적 상황이 세 시에 성립되었음을 나타낸다. (12다)는 문을 두드리는 상황이 5분 동안 지속되었음을 의미하고 (12라)는 [-종결성]의 동사가 'de'와 공기하여 '문을 두드리다'라는 순간적 상황이 성립하는데 걸린 시간이 한 시간이라는 의미를 나타낼 수 없으므로 비문이 된다.

일본어의 경우에는 시동상의 의미일 때는 'burini'로 표현하고 'V-하는데 걸린 시간이 T이다' 라는 의미 일 때는 'de'로 구별하여 쓰기 때문에 한국어의 '만에'와 달리 'de'는 거의 중의성을 보이지 않는다.

한편 Mori, Löbner and Micha(1992)에서도 'keru(차다)' 등의 동사를 r-V라 하여 이 부류에 분류하였고 요시카와(1994)는 'keru(차다)', 'tataku (두드리다)' 등의 동사를 순간동사에 분류하였다.

---

8) 한국어의 '만에'는 종결상으로 해석될 때는 비문이 되나, 시동상으로 해석될 때 즉 '누군가가 문을 한 시간 만에 다시 쳤다'라고 해석 될 때는 정문이 될 수도 있다.

4.3.3. 제3 부류 예비 단계가 있는 성취상황
(achievements with the preliminary stage)

제3 부류는 예비 단계가 있는 성취상황으로서 [−상태, +순간, +종결, +결과]의 상적 특성을 지니며 'katu(이기다)', 'makeru(지다)'가 이 부류에 속한다. 이 부류의 동사들은 순간적 상황의 성취동사들인데 '-te iru'와 결합하여 동사가 지시하는 상황이 성립되기 전의 예비 단계에서 목표(goal)를 향해 접근하고 있는 과정을 나타낼 수 도 있고 또한 '-te iru'형으로 '결과상태'를 나타낼 수도 있다. 이러한 상적 특성을 지닌 이 부류의 동사들은 <그림 22>의 시간구성을 갖는다.

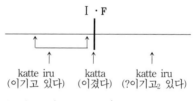

〈그림 22〉 'katu(이기다)'의 내적 시간구성

이 부류의 동사들이 지시하는 상황은 순간적으로 성립되는 사태이므로 내적 단계에서의 '진행상'은 나타낼 수 없지만 아래의 예문 (13)과 같이 예비 단계에서 목표를 향해 다가가고 있는 상황을 진행상으로 나타낼 수 있다.

(13) 가. utino timu-ga ima kat-te iru.
   our team-NOM now win-SF be-PRES-DECL
   우리 팀이 지금 이기고 있다.
   うちのチームが今勝っている。

나. utino timu-ga ima make-te iru.
   our team-NOM now lose-SF be-PRES-DECL
   우리 팀이 지금 지고 있다.

うちのチームが今負けている。

다음은 이 부류의 동사들이 시간부사어와의 결합에서 보이는 통사·의미적 특성을 살펴본다.

(14) 가. utino timu-ga kat-te iru/ make-te iru.
　　　our team-NOM　win-SF　be-PRES-DECL/ lose-SF be- PRES-DECL
　　　우리 팀이 {이기고 있다/지고 있다 또는 이겼다/졌다}.
　　　うちのチームが勝っている／負けている。
　　나. utino timu-ga kinou kat-ta/ make-ta.
　　　our team-NOM yesterday win/lose-PAST-DECL
　　　우리 팀이 어제 이겼다/ 졌다.
　　　うちのチームが昨日勝った／負けた。
　　다. *utino timu-ga sannen-kan kat-ta/ make-ta.
　　　our team-NOM 3 years-for win/lose-PAST-DECL
　　　*우리 팀이 3년 동안 이겼다/ 졌다.
　　　*うちのチームが三年間勝った／負けた。
　　라. utimo timu-ga nizyuppun-de kat-ta/ make-ta.
　　　our team-NOM 20 minutes-in win/lose-PAST-DECL
　　　우리 팀이 20분 만에 이겼다/ 졌다.
　　　うちのチームが二十分で勝った／負けた。

(14가)는 동사 ‘katu(이기다)’, ‘makeru(지다)’가 상표지 ‘-te iru’와 접속하여 동사가 지시하는 상황의 성립을 향해 접근 중에 있음을 의미하거나 이긴 상태 또는 진 상태를 의미한다. (14나)는 ‘어제’ 동사가 지시하는 상황이 성립되었음을 의미하고, (14다)에서 순간적 상황을 나타내는 ‘katu’, ‘makeru’는 ‘kan’과 결합하여 결과상태 지속을 나타내지 못함을 보여준다. [+종결성]의 성취상황의 동사들은 대개 ‘kan’과 결합하여 결과상태의 지속 기간을 나타내는데 ‘이기다’, ‘지다’는 이기거나 지

면 그 상태가 계속 유지되는 것이므로 일시적 기간을 나타내는 'kan' 과 공기하여 결과상태 지속을 나타낼 수 없다. (14라)는 'de'와 결합하 여 이기거나 지기까지 걸린 시간이 20분임을 의미하므로 정문이 된다.

다음은 동사 'katu', 'makeru'가 상표지 '-te iru'와 접속하여 결과상 을 드러내는 경우를 살펴보자.

> (15) 가. imamade kankoku-ga kat-te iru.
>   till now Korea-NOM win-SF be-PRES-DECL
>   지금까지 한국이 이겼다/?이기고₂ 있다.
>   今まで韓國が勝っている。
>   mosi ato nokorino san siai-de kat-tara,
>   if next three game-LOC   win-SUBJ
>   만일 남은 세 경기에서 이긴다면,
>   もし後殘りの三試合で勝ったら、
>   WBA-de kankoku-ga yuushousuru
>   WBA-LOC Korea-NOM   win the victory.
>   한국이 WBA에서 우승한다.
>   WBAで韓國が優勝する。
> 나. ima-made kankoku-wa ni siai-de make-te iru.
>   now until Korea-TOP two game-LOC lose-SF be-PRES-DECL
>   지금까지 한국은 두 시합에서 졌다.(??지고₂ 있다.)
>   今まで韓國は二試合で負けている。

(15가)에서 동사 'katu'에 '-te iru'가 접속된 'kat-te iru'는 시합에서 이긴 후의 결과상태를 나타낸다. (15가)에서 묘사하고 있는 상황은 세 계 야구 선수권대회(WBA)에서, 우승을 하려면 여러 번 경기를 해야 하는데, 한국이 지금까지의 경기에서 이겼고, 그래서 남은 세 경기를 이기면 우승한다는 내용이다. 한국이 지금까지 모든 경기에서 이겼다 는 상황을 일본어 동사 'katu'는 결과상의 의미인 'kat-te iru(이겼다)'로

나타낸다. (15나)는 한국이 모든 시합에서 졌음을 나타내는 예문으로 'katu(이기다)'와 마찬가지로 동사 'makeru(지다)'도 '-te iru'와 접속하여 'make-te iru(지고₂ 있다)'로 결과상의 의미를 드러낸다.

이상을 정리하면 일본어 동사 'katu', 'makeru'는 상표지 '-te iru'와 접속하여 동사가 지시하는 상황이 성립하기 전 예비 단계에서 '진행상'을 나타내기도 하고 동사가 지시하는 상황이 성립된 후의 '결과상태상'을 나타내기도 한다.

다음은 한국어와 일본어에서 행동방식의 차이를 보이는 'toutyakusuru(도착하다)', 'tyakurikusuru(착륙하다)', 'tomaru(멈추다)' 등의 상적 특성을 살펴보자. 위에 열거한 'toutyakusuru(도착하다)' 등의 일본어 동사에 대응하는 한국어 동사들은 모두 예비 단계에서 목표를 향해 접근하고 있는 상황을 '진행상'으로 나타낼 수 있는데 반해서, 일본어 동사들은 한국어 동사와는 달리 예비 단계에서 '진행상'을 나타내지 못한다.

> (16) 가. kisya-ga   eki-ni   toutyakusi-te iru.
>   train-NOM station-LOC arrive-SF be-PRES-DECL
>   기차가 역에 도착했다.(도착해 있다.)
>   汽車が驛に到着している。
> 　 나. kisya-ga   toutyakusi-masu.[9)]
>   train-NOM will arrive-HON
>   기차가 도착하겠습니다.
>   汽車が到着します。

예문 (16가)는 동사 'toutyakusuru(도착하다)'가 '-te iru'와 접속하여 기차가 도착한 후의 '결과상태'를 나타내는 것을 나타내고, (16나)는 기차가 역에 들어오고 있는 상황을 동사의 비과거형 'toutyakusuru'로

---

9) 'masu'는 'ta'의 정중체임. HON은 honorific, SUBJ는 subjunctive의 줄임말이다.

나타내고 있다. 한국어와 달리 일본어 동사 'toutyakusuru'는 '-te iru' 와 결합하여 예비 단계에서 기차가 목표점을 향해 접근하고 있는 상 황을 서술하지 못한다.

한편 Mori, Löbner and Micha(1992)와 요시카와(1996)는 이 부류를 따로 설정하지 않았는데 이는 일본어 동사 'katu(이기다)', 'makeru(지다)' 가 상표지 '-te iru'와 접속하여 목표를 향해 접근 중에 있음을 '과정' 으로 나타낼 수 있다는 사실을 간과한 때문이다.

정리하면 일본어 동사 'toutyakusuru(도착하다)', 'tyakurikusuru(착륙하 다)', 'tomaru(멈추다)', 'owaru(끝나다)' 등의 동사들은 '-te iru'와 접속하 여 결과상만을 나타내지만 'katu(이기다)', 'makeru(지다)'는 '-te iru'와 접속하여 동사가 예비 단계에서 목표를 향해 접근 중에 있음을 '진행 상'으로 나타낼 수도 있고 상황의 종료 뒤 결과 단계에서 '결과상'을 나타낼 수 도 있다.

4.3.4. 제5 부류 완성·활동상황(accomplishments·activities)

제5 부류 완성·활동상황은 '완성상황'과 '활동상황'의 상적 특성을 모두 보이는데, '완성상황'으로 행동할 때 [-상태, -순간, +종결]의 상 적 특성을 갖고, '활동상황'으로 행동할 때 [-상태, -순간, -종결]의 상 적 특성을 갖는다.

이 부류에는 'yomu(읽다)', 'taberu(먹다)', 'kaku(쓰다)', 'nomu(마시다)', 'moyasu(태우다)', 'souzisuru(청소하다)', 'yuderu(데치다)', 'wakasu(끓이다)', 'oboeru(외우다)', 'horu(파다)', 'tameru(모으다)', 'oriru(내려오다)', 'hueru(늘 다)', 'heru(줄다)', 'yaseru(야위다, 마르다)' 'hutoru(살찌다)', 'nobiru(자라다, 늘 다)', 'tizimu(줄어들다)' 등의 동사가 있다. 이 부류의 동사는 '완성상황'

일 때 <그림 23가>의 시간구성을 갖고, '활동상황'일 때는 <그림 23
나>의 시간구성을 갖는다.

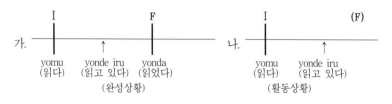

〈그림 23〉 'yomu(읽다)'의 내적 시간구성

이 부류의 동사들은 본래 완성해야 할 '목표(goal)'를 가지는 완성상
황의 동사들로서 그 내적 시간구성에 종결점을 가지고 있다. 그러나
관사표시가 무표인 일본어에서는 대부분의 동사가 보충어의 '수' 나
'관사' 표시 없이 다음 예문 (17)~(20)에서와 같이 완성상황과 활동상
황을 겸한다.

완성상황과 활동상황은 모두 시간의 길이를 가진 상황이지만 완성
상황은 그 내적 시간구성에 반드시 도달해야 할 종결점을 가지고 있
고, 활동상황은 그 내적 시간구성에 도달해야 할 필연적인 종결점을
가지고 있지 않다는 점에서 시간부사어와의 공기에서 통사적 차이를
보인다.

다음 예문 (17가)~(20가)와 (17나)~(20나)는 그 함의하는 바가 다
른데, (가)는 동사가 지시하는 상황이 완성되었는지에 대해서는 중립
적이고, (나)는 동사가 지시하는 상황이 완성되었음을 의미한다. 예를
들어 (18가)는 계란을 5분간 삶았으나 다 삶아졌는지의 여부는 알 수
없고, (18나)는 계란이 5분 만에 다 삶아졌음을 의미한다.

(17) 가. Tarou-wa ippon-no sake-o itizi-kan tibitibi non-da.

Tarou-TOP a bottle of liquor-ACC one hour-for little by little
drink-PAST-DECL.

타로는 술 한 병을 조금씩 한 시간 동안 마셨다.

太郎は一本の酒を一時間ちびちび飲んだ。

나. Tarou-wa ippon-no sake-o gohun-de non-da.

Tarou-TOP a bottle of liquor-ACC five minutes-in drink- PAST-DECL.

타로는 술 한 병을 5분 만에 마셨다.

太郎は一本の酒を五分で飲んだ。

(18) 가. Tarou-wa tamago-o gohun-kan yude-ta.

Tarou-TOP egg-ACC 5 minutes-for boil-PAST-DECL

타로는 계란을 5분간 삶았다.

太郎は卵を五分間茹でた。

나. Tarou-wa tamago-o gohun-de yude-ta.

Tarou-TOP egg-ACC 5 minutes-in boil-PAST-DECL

타로는 계란을 5분 만에 삶았다.

太郎は卵を五分で茹でた。

(19) 가. Hanako-wa gohun-kan heya-o souzisi-ta.

Hnako-TOP 5 minutes-for room-ACC clean-PAST-DECL

하나코는 5분 동안 방을 청소했다.

花子は五分間部屋を掃除した。

나. Hanako-wa gohun-de heya-o souzisi-ta.

Hnako-TOP 5 minutes-in room-ACC clean-PAST-DECL

하나코는 5분 만에 방을 청소했다.

花子は五分で部屋を掃除した。

(20) 가. Hanako-wa oyu-o gohun-kan wakasi-ta.

Hanako-TOP water-ACC 5 minutes-for boil-PAST-DECL

하나코는 물을 5분간 끓였다.

花子はお湯を五分間沸かした。

나. Hanako-wa oyu-o gohun-de wakasi-ta.

Hanako-TOP water-ACC 5 minutes-in boil-PAST-DECL

하나코는 물을 5분 만에 끓였다.

花子はお湯を五分で沸かした。

위의 예문(17)~(20)은 '활동'과 '완성'을 겸하는 이 부류의 동사들이 시간부사어와의 결합시 '과정(process)'과 '사건(event)'의 시간적 특성을 모두 갖추고 있음을 보여주고 있다. 다음은 이 부류의 동사들이 시간부사어와의 결합 시 보이는 통사 의미적 특성을 알아본다.

(21) 가. watasi-wa　hon-o　yon-de iru.
　　　　I-TOP　book-ACC　read-SF　be-PRES-DECL
　　　　나는 책을 읽고 있다.
　　　　私は本を讀んでいる。
　　 나. ?watasi-wa　nizi-ni　hon-o　yon-da.
　　　　I-TOP　2 o'clock-at　book-ACC　read-PAST-DECL
　　　　나는 2시에 책을 읽었다.
　　　　?私は二時に本を讀んだ。
　　 다. watasi-wa　nizi-kan　hon-o　yon-da.
　　　　I-TOP　2 hours-for　book-ACC　read-PAST-DECL
　　　　나는 2시간 동안 책을 읽었다.
　　　　私は二時間本を讀んだ。
　　 라. watasi-wa　itizikan-de sono hon-o　yon-da.
　　　　I-TOP　1 hour-in the book-ACC　read-PAST-DECL
　　　　나는 1시간 만에 그 책을 읽었다.
　　　　私は一時間でその本を讀んだ。
(22) 가. Hanako-wa　heya-o　souzisi-te iru.
　　　　Hanako-TOP　room-ACC　clean-SF　be-PRES-DECL
　　　　하나코는 방을 청소하고 있다.
　　　　花子は部屋を掃除している。
　　 나. Hanako-wa　heya-o　nizi-ni souzisi-ta.
　　　　Hanako-TOP　room-ACC　2 o'clock-at　clean-PAST-DECL
　　　　하나코는 방을 2시에 청소했다.
　　　　花子は部屋を二時に掃除した。
　　 다. Hanako-wa　heya-o　gohun-kan　souzisita.
　　　　Hanako-TOP　room-ACC　5 minutes-for　clean-PAST-DECL

하나코는 방을 5분 동안 청소했다.
花子は部屋を五分間掃除した。
라. Hanako-wa　heya-o　gohun-de　souzisi-ta.
Hanako-TOP　room-ACC　5 minutes-in　clean-PAST-DECL
하나코는 방을 5분 만에 청소했다.
花子は部屋を五分で掃除した。

위의 예문 (21가)와 (22가)는 시간의 폭을 가진 이 부류의 동사들이 '-te iru'와 결합하여 동사가 지시하는 상황이 진행 중임을 보여주고 있다. (21나), (22나)는 동사가 지시하는 순간적 상황이 '2시에' 성립했다는 의미 해석을 갖지 못하므로 <표 20>에서 X로 표시된다. 그러나 문맥에 따라서는 'T-ni'가 상황의 시작 시점, 진행 시점 또는 종결 시점으로 해석될 때 (21나), (22나)는 정문이 될 수 있다. (22나)에 비문 표시가 없는 것은 일본인들이 (22나)를 정문으로 인식하기 때문이다.

(21다), (22다)는 'kan'과 결합하여 '책을 읽는 상황' 또는 '청소하는 상황'이 일정시간 지속되었음을 나타낸다. 이 부류의 동사들이 'kan'과 결합할 수 있는 것은 '활동상황'으로도 행동하기 때문이다.

(21라), (22라)는 'de'와 결합하여 동사가 지시하는 상황이 시작되어 종결점에 이를 때 까지 걸린 시간을 나타낸다. 이때는 '완성상황'의 상적 특성을 보이는 것인데, 이때 NP 보충어 앞이나 뒤에 한정성의 수량사가 오면 '완성상황'의 의미가 더욱 드러난다.

다음은 'moyasu(태우다)', 'wakasu(끓이다)'의 시간적 특성을 살펴본다.

(23) 가. Mariko-wa　syorui-o　moyasi-te iru.
Mariko-TOP papers-ACC burn-SF be-PRES-DECL
마리코는 서류를 태우고 있다.
マリコは書類を燃やしている。
나. Mariko-wa　syorui-o　kinou moyasi-ta.

Mariko-TOP papers-ACC yesterday burn-PAST-DECL
마리코는 서류를 어제 태웠다.
マリコは書類を昨日燃やした。

다. Mariko-wa   syorui-o   itizi-kan   moyasi-ta.
Mariko-TOP papers-ACC 1 hour-for burn-PAST-DECL
마리코는 서류를 1시간 동안 태웠다.
マリコは書類を一時間燃やした。

라. Mariko-wa   syorui-o   zyuppun-de   moyasi-ta.
Mariko-TOP papers-ACC 10 minutes-in burn-PAST-DECL
마리코는 서류를 10분 만에 태웠다.
マリコは書類を十分で燃やした。

(24) 가. Hanako-wa   oyu-o   wakasi-te iru.
Hanako-TOP   water-ACC   boil-PAST-DECL
하나코는 물을 끓이고 있다.
花子はお湯を沸かしている。

나. Hanako-wa   oyu-o   sanzi-ni   wakasi-ta.
Hanako-TOP   water-ACC   3 o'clock-at   boil-PAST-DECL
하나코는 물을 3시에 끓였다.
花子はお湯を三時に沸かした。

다. Hanako-wa   oyu-o   gohun-kan   wakasita.
Hanako-TOP   water-ACC 5 minutes-for   boil-PAST-DECL
하나코는 물을 5분간 끓였다.
花子はお湯を五分間沸かした。

라. Hanako-wa   oyu-o   gohun-de   wakasi-ta.
Hanako-TOP   water-ACC   5 minutes-in   boil-PAST-DECL
하나코는 물을 5분 만에 끓였다.
花子はお湯を五分で沸かした。

위위 (23가)는 동사 'moyasu'가 '-te iru'와 접속하여 서류를 태우는
상황이 진행중임을 나타내고, (23나)에서 '마리코는 어제 서류를 태웠
다'10)는 정문이다. 그러나 이 연구의 순간적 상황의 성립 시점을 나타

내는 'ni'의 변별 기준에는 위배되므로 <표 20>에서는 X로 표시된다. (23다)는 '활동상황'으로 행동하여 서류를 태우는 상황이 한 시간 동안 진행되었음을 의미한다. (23라)는 '완성상황'으로 행동하여 서류를 다 태우기까지 10분이 걸렸음을 의미한다. (24)도 (23)과 같은 통사・의미적 설명이 가능하다.

[-결과성]의 완성・활동상황의 타동사 'wakasu(끓이다)', 'moyasu(태우다)', 'yaku(굽다)'에 대응되는 자동사 'waku(끓다)', 'moeru(타다)', 'yakeru(구워지다)'는 [+결과성]으로서 타동사와는 다른 상적 특성을 갖는다. 이들 자동사들의 시간부사어와의 공기 제약을 살펴보자.

(25) 가. yakan-no oyu-ga wai-te iru. (진행상)
　　　　kettle-GEN water-NOM boil-SF be-PRES-DECL
　　　　주전자의 물이 끓고 있다.
　　　　やかんのお湯が沸いている。

　　나. yakan-no oyu-ga sakki-kara wai-te iru.
　　　　kettle-GEN water-NOM since some time ago boil-SF be-PRES-DECL
　　　　주전자의 물이 아까부터 끓고 있다.
　　　　やかんのお湯がさっきから沸いている。

　　다. *yakan-no oyu-ga gohun-kan waita.
　　　　kettle-GEN water-NOM 5 minutes-for boil-PAST-DECL
　　　　?주전자의 물이 5분동안 끓었다.
　　　　*やかんのお湯が五分間沸いた。

　　라. yakan-no oyu-ga gohun-de waita.
　　　　kettle-GEN water-NOM 5 minutes-in boil-PAST-DECL
　　　　주전자의 물이 5분 만에 끓었다.
　　　　やかんのお湯が五分で沸いた。

　　마. yakan-no oyu-wa mou wai-te iru. (결과상)

10) '어제'라는 시구간 속에 '서류가 타는 시간'이 포함될 때 '어제'의 일부 시구간에서 서류가 타는 상황이 일어났음을 의미한다.

kettle-GEN water-TOP already boil-SF be-PRES-DECL
주전자의 물은 벌써 끓었다. (??끓어 있다)
やかんのお湯はもう沸いている。

'waku(끓다)'는 위의 예문 (25가)에서 '-te iru'와 접속하여 물이 끓고
있는 상황 즉 '진행상'을 드러내고 (25마)는 물이 끓어 있는 상태 즉
'결과상'을 드러낸다.11) (25나) '아까부터 물이 끓고 있다'는 정문이나
'kan'과 공기한 (25다) '주전자의 물이 5분 동안 끓었다'는 비문이고
'de'와 공기한 (25라)는 정문이다.

예문 (24), (25)의 내용을 요약하면 'kan(동안)'과도 공기하고 'de(만
에)'와도 공기하는 타동사 'wakasu(끓이다)'는 완성·활동상황이고, 'de
(만에)'하고만 공기하고 'kan(동안)'과는 공기하지 못하는 자동사 'waku
(끓다)'는 완성상황의 상적 특성을 갖는다. 계속해서 자동사 'moeru(타
다)', 'yakeru(구워지다)'의 시간적 특성을 살펴보자.

(26) 가. tonari-no ie-ga moe-te iru.
　　　neighboring house-NOM burn-SF be-PRES-DECL
　　　이웃집이 타고 있다.
　　　隣の家が燃えている。

　나. tonari-no ie-ga sakki-kara moe-te iru.
　　　neighboring house-NOM since some time ago burn-SF be-PRES-DECL
　　　이웃집이 아까부터 타고 있다.
　　　隣の家がさっきから燃えている。

　다. tonari-no ie-ga sanzi-kan moeta.12)

---

11) 상부사 'mou'는 'waite iru'와 결합하면 기본적으로는 '벌써 끓었다'로 '결과상
　　태'를 나타내나 문맥에 따라 '벌써 끓고 있다'로 '진행상'의 의미로 해석될 수도
　　있다. 'mou'의 의미기능에 대해서는 5장 2절에서 자세히 다루고 있다.
12) 'moeta(탔다)'는 예외적으로 'kan'과 공기하여 'moetuzuketa(계속탔다)'의 의미로
　　해석되어 정문이 된다.

'neighboring house-NOM 3 hours-for burn-PAST-DECL

?이웃집이 세 시간 동안 탔다.

隣の家が三時間燃えた。

라. tonari-no ie-ga itizikan-de (zenbu) moeta.

neighboring house-NOM 1 hour-in (completely) burn-PAST-DECL

이웃집이 1시간 만에 (전부) 탔다.

隣の家が一時間で(全部)燃えた。

마. koko-mo moe-te iru.

here too burn-SF be-PRES-DECL

여기도 탔다.

ここも燃えている。

(27) 가. teppan-no uede niku-ga zyuu zyuu yake-te iru.

hot plate-GEN on meat-NOM simmeringly roast-SF be-PRES-DECL

철판 위에서 고기가 지글지글 구워지고 있다(익고 있다).

鐵板の上で肉がじゅうじゅう燒けている。

나. *teppan-no uede niku-ga itizi-ni yaketa.

hot plate-GEN on meat-NOM 1 o'clock-at roast-PAST-DECL

*철판 위에서 고기가 1시에 구워졌다.

*鐵板の上で肉が一時に燒けた。

다. *teppan-no uede niku-ga gohun-kan yaketa.

hot plate-GEN on meat-NOM 5 minutes-for roast-PAST-DECL

*철판 위에서 고기가 5분 동안 구워졌다/익었다.

*鐵板の上で肉が五分間燒けた。

라. teppan-no uede niku-ga gohun-de yaketa.

hot plate-GEN on meat-NOM 5 minutes-in roast-PAST-DECL

철판 위에서 고기가 5분 만에 구워졌다/익었다.

鐵板の上で肉が五分で燒けた。

마. yakiniku-ga yake-te iru-kara tabe-te.

grilled meat-NOM roast-SF be-PRES-DECL-because eat-SF-COMM[13]

불고기가 익었으니까 먹어.

燒き肉が燒けているから食べて。

---

13) 'tabe-te'는 가벼운 명령으로서 권유에 가볍다. COMM은 command의 줄임말임

위의 예문 (25)~(27)로부터 알 수 있는 것은 자동사 'waku', 'yakeru' 등은 'de(만에)'하고는 공기하나 'kan'과는 공기하지 못하는 완성상황의 시간적 특성을 지닌다는 점이다. 그러나 'moeru',는 예외적으로 (26다)에 서와 같이 'kan'과 공기할 수 있다. (25마)~(27마) 는 'waku', 'moeru', 'yakeru' 등의 자동사들이 [+결과성]을 지닌다는 것을 보여준다.

다음은 동사가 지시하는 상황이 완성되는 목표점이 유동적이라 할 수 있는 동사들의 통사·의미적 특성을 살펴본다. 'hueru(늘다, 불다)', 'heru(줄다)', 'yaseru(야위다, 마르다)', 'hutoru(살찌다)', 'nobiru(자라다, 늘다)', 'tizimu(줄어들다)' 등의 동사는 그 내적 시간구성에 정해진 목표점이 없 다는 상적 특성을 가지고 있다.14)

```
(28) 가. zinkou-wa   zyozyoni  hue-te  iru.
        population-TOP slowly increase-SF be-PRES-DECL
        인구는 서서히 늘고 있다.
        人口は徐々に増えている。
    나. zinkou-wa   kyonen   hue-ta.15)
        population-TOP last year  increase-PAST-DECL
        인구는 작년에 늘었다.
        人口は去年増えた。
    다. zinkou-wa   gonen-kan  hue-ta/huetuzuke-ta.
        population-TOP 5 years-for (continually) increase-PAST-DECL
```

---

14) 타케우치((2007 : 20)는 'hueru(늘다)', 'heru(줄다)', 'yaseru(야위다, 마르다)' 'hutoru (살찌다)', 'nobiru(자라다, 늘다)', 'tizimu(줄어들다)' 등의 동사들은 변하는 과정 을 진행적으로 파악할 수도 있고 변화한 결과를 정적으로 파악할 수도 있다고 하였다. 이는 곧 이들 동사들이 완성상황의 상적 특성을 가지고 있음을 뜻한다.
15) 다음 예문의 '작년에'를 비교해 보면 그 함의하는 바가 다르다. (I가)의 '작년에' 는 '시구간'(time interval)을 의미하고 (I나)의 '작년에'는 '시점'(point of time)을 의미한다.
    (I) 가. 인구는 작년에 늘었다.
        나. 조사단은 작년에 그 유물을 발견했다.

인구는 5년 동안 늘었다/계속 늘었다.

人口は五年間増えた/増えつづけた。

라. zinkou-wa gonen-de konnani hue-ta.

population-TOP 5 years-in this much increase-PAST-DECL

인구는 5년 만에 이렇게 늘었다.

人口は五年でこんなに増えた。

[+결과성]의 동사들이 '-te iru'와 공기하여 드러내는 상은 기본적으로는 '결과상'이 된다. 그러나 위의 예문 (28가)는 'zyozyoni(천천히)'라는 양태 부사의 수식으로 '진행상'이 잘 드러난다. (28나)의 'kinou(작년에)'는 시간의 폭을 나타내는 시구간으로서 '작년 1년 동안에'라는 함의를 갖게 되어 정문이 된다. 따라서 '작년에'가 순간적 상황의 성립시점을 의미하지 않으므로 분류표 <표 20>에서는 X로 표시된다. (28다)에서 'huetuzukeru'의 'tuzukeru(계속하다)'가 첨가되면 인구가 증가하는 상황이 5년 동안 이루어졌음이 'hue-ta'보다 더 잘 나타나고, (28라)는 동사가 지시하는 상황이 이루어지기까지 걸린 시간을 의미한다.

Mori, Löbner and Micha(1992 : 258)는 시간부사어 'kan(동안)', 'de(만에)' 둘 다하고 공기할 수 있는 'yomu(읽다)' 등의 동사를 'u-Verb'라 하여 따로 하나의 동작류로 분류하였다. 그런데 Mori 등은 'oboeru(외우다)'를 완성상황에 분류하였다. 그러나 'oboeru'는 '동안'과 결합하여 동작지속을 나타낼 수도 있는 '완성·활동동사'이다.

요시카와(1996)는 일본어의 동작류에 '완성·활동상황'을 따로 하나의 동작류로 설정하지 않았는데, 'taberu(먹다)', 'yomu(읽다)' 등을 'hasiru(달리다)', 'aruku(걷다)' 등과 구분하지 않고 '활동동사'로 분류하였다. 이 연구에서 한국어와 일본어의 동작류에 '완성·활동상황'을 따로 설정한 것은 두 언어의 특성상 이 부류에 속하는 많은 동사들의 상적 속성을 올바르게 파악할 수 있게 해 준다는 점에서 의의가 있다.

4.3.5. 제6 부류 활동상황(activities)

제6 부류 활동상황은 [-상태, -순간, -종결]의 상적 특성을 보인다. 'neru(자다)', 'naku(울다)', 'warau(웃다)', 'asobu(놀다)', '(ame)huru((비)오다)', '(kaze)huku((바람)불다)' 'aruku(걷다)', 'hasiru(달리다)', 'tobu(날다)', 'hau(기다)', 'hiku(끌다)', 'tukau(사용하다)', 'oyogu(수영하다)' 등의 동사가 이 부류에 속한다. 이 부류의 동사들은 Vendler(1967)의 활동상황에 속하는 동사들로서, 동사가 지시하는 상황이 시간의 길이를 가진 상황들로서 그 내적 시간구성에 필연적인 종결점을 가지고 있지 않으며, 상표지 '-te iru'와 접속하여 '진행상'을 나타낸다.

동사 어휘의미에 내재하는 종결점이 없는 이 부류는 <그림 24>의 내적 시간구성을 가진다. <그림 24>에서 종결점 F가 괄호 안에 들어 있는 것은 활동상황은 그 내적 시간구성에 내재하는 끝점이 없기 때문이다.

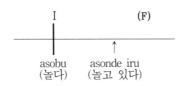

〈그림 24〉 'asobu(놀다)'의 내적 시간구성

활동상황은 시간부사어와 결합하여 다음과 같은 통사 · 의미적 특성을 보인다. 아래의 예문 (29가)는 동사 'asobu(놀다)'가 상표지 '-te iru'와 접속하여 '노는 상황'이 진행되고 있음을 보여준다. (29나)는 시간의 길이를 가진 활동상황이 순간적 상황의 성립시점을 나타내는 '세시에'와 결합 할 수 없어 비문이 된다. 따라서 <표 20>에서 X로 처리된다. (29다)는 동사 'asobu'가 'kan'과 결합하여 동사가 지시하는 상황

이 '1시간 동안' 진행되었음을 의미한다. (29라)는 종결점이 없는 활동
상황이므로 상황이 종결될 때까지의 걸린 시간을 나타내는 '만에'와
결합할 수 없음을 보여준다.

> (29) 가. Hanako-wa ason-de iru.
>   Hanako-TOP play-SF be-PRES-DECL
>   하나코는 놀고 있다.
>   花子は遊んでいる。
>   나. *Hanako-wa sanzi-ni ason-da.[16]
>   Hanako-TOP 3 o'clock-at play-PAST-DECL
>   하나코는 3시에 놀았다.[17]
>   *花子は三時に遊んだ。
>   다. Hanako-wa itizi-kan ason-da.
>   Hanako-TOP 1 hour-for play-PAST-DECL.
>   하나코는 1시간 동안 놀았다.
>   花子は一時間遊んだ。
>   라. *Hanako-wa itizikan-de ason-da.
>   Hanako-TOP 1 hour-in play-PAST-DECL.
>   ??하나코는 1시간 만에 놀았다.
>   *花子は一時間で遊んだ。

시간부사어 '동안'과 '만에'는 '활동상황'과 '완성상황'을 가려내는 분
류 기준이 된다. '동안'은 동사가 지시하는 상황이 일정 기간 진행되었
음을 나타내고, '만에'는 동사가 지시하는 상황이 종결될 때까지의 시
간을 나타내는 것이기 때문에 어떤 동사가 '동안'과 공기하여 동작의

---

16) 대부분 활동동사의 '-ta'형은 ni(에)와 공기할 수 없다. 그러나 자연현상을 나타
   내는 'kinou sanzini amega hutta.(어제 3시에 비가 왔다)' 또는 'kinou sanzini
   yukiga hutta.(어제 3시에 눈이 왔다)'는 3시에 비가 오는 상황 또는 눈이 오는
   상황을 나타낼 수 있어 정문이 된다.

17) 한국어 번역문 '하나코는 세시에 놀았다'는 원문인 '*hanako-wa sanzi-ni
   asonda'와 달리 '하나코는 세시에 놀고 있었다'로 해석될수 있어 정문이 된다.

지속시간을 나타낸다면 그 동사는 '활동상황'이고, 어떤 동사가 '만에'
와 공기하여 상황이 시작되어 종결될 때까지의 걸린 시간을 의미한다
면 그 동사는 '완성상황'이라는 증거가 된다.

    (30) 가. Ken-wa   zyuppun-kan   arui-ta.
             Ken-TOP 10 minutes-for walk-PAST-DECL
             켄은 10분 동안 걸었다.
             ケンは十分間歩いた。
      나. ?Ken-wa   zyuppun-de   arui-ta.
             Ken-TOP 10 minutes-in walk-PAST-DECL
             *켄은 10분 만에 걸었다.
             ?ケンは十分で歩いた。
      다. Ken-wa   eki-made   aruita.
             Ken-TOP station-to walk-PAST-DECL
             ?켄은 역까지 걸었다.
             켄은 역까지 걸어갔다.
             ケンは驛まで歩いた。
      라. Ken-wa   eki-made   zyuppun-de   aruita.
             Ken-TOP station-to 10 minutes-in walk-PAST-DECL
             ?켄은 역까지 10분 만에 걸었다.
             켄은 역까지 10분 만에 걸어갔다.
             ケンは驛まで十分で歩いた。

   일본어 동사 'aruku(걷다)'는[18] 한국어 동사 '걷다'와 마찬가지로 위
의 예문 (30가, 나)에서 알 수 있듯이 활동동사의 상적 특성을 지닌다.
그래서 'kan(동안)'과는 공기하나 'de(만에)'와의 공기는 어색하다. 그러
나 영어의 활동동사 'walk'에 목적지를 나타내는 보충어가 첨가되면
'완성동사'로 상의 전이가 일어나는 것과 같이 일본어의 'aruku'도 목

---

18) 영어 'walk'는 영일사전에 'aruku'(걷다), 'aruite iku'(걸어가다)로 번역되어 있다.
    이것은 'walk'의 한국어 번역이 '걷다', '걸어가다'인 것과 같다.

적지가 명시되면 (30다, 라)와 같이 '완성동사'의 상적 특성을 갖는다.
(30다, 라)의 한국어 번역문에서 알 수 있듯이 한국어 동사 '걷다'는
영어 'walk'나 일본어 'aruku'와 달리 언제나 활동동사의 상적 특성을
가지며, 목적지가 명시되면 완성동사 '걸어가다'로 번역되는 것이 자
연스럽다.

4.3.6. 제7 부류 완성상황(accomplishments)

제7 부류 완성상황은 시간의 폭을 가지며 그 내적 시간구성에 반드
시 완성해야 할 목표점을 가지고 있다. [-상태, -순간, +종결, +결과]
의 상적 특성을 갖는 완성상황의 내적 시간구성은 <그림 25>와 같다.

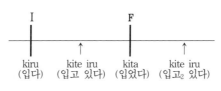

〈그림 25〉 'kiru(입다)'의 내적 시간구성

이 부류에 해당하는 동사에는 'kiru(입다)', 'nugu(벗다)', 'haku(신다)',
'simeru(매다)', 'someru(염색하다)', 'noboru((해)뜨다)', 'sizumu((해)지다)',
'kureru(저물다)', 'moeru(타다)', 'yakeru(구워지다)', 'waku(끓다)' 등의 동사
가 있다.

완성상황의 특징적인 부류로 재귀성 동사를 들 수 있다. 재귀성 동
사는 주체의 동작이 대상에 영향을 미치는데 그치지 않고 다시 주체
에게로 귀속되어 궁극적으로는 주체의 상태변화를 초래한다. 'kiru(입
다)', 'nugu(벗다)', 'haku(신다)', 'simeru(매다)' 등의 착용동사는 '-te iru'와

결합하면 '진행' 또는 '결과상태'의 두 가지 의미로 해석될 수 있다.19)
그런데 기본적으로는 '결과상'을 나타내며 '진행상'을 나타낼 때는 문
맥적 조건이 필요하다. 이것을 다음 예문으로 확인해 본다.

    (31) Hanako-wa kimono-o kite iru.
          Hanako-TOP kimono-ACC put on/wear-SF be-PRES-DECL
          하나코는 키모노를 입고 있다/입고$_2$ 있다.
          花子は着物を着ている。
    (32) 가. Hanako-wa heya-de kimono-o ki-te iru.
            Hanako-TOP room-LOC kimono-ACC put on-SF be-PRES-DECL
            하나코는 방에서 키모노를 입고 있다. ＼
            花子は部屋で着物を着ている。
      나. Hanako-wa kyou hadena kimono-o ki-te iru.
            Hanako-TOP today colorful kimono-ACC wear-SF be-PRES-DECL
            하나코는 오늘 화려한 키모노를 입고$_2$ 있다.
            花子は今日派手な着物を着ている。

   위의 예문 (31)은 중의성을 갖게 되는데 첫째는 '하나코가 키모노를
입고 있는 중'으로 해석될 수 있고, 둘째는 결과상태 즉 '하나코가 키
모노를 입고$_2$ 있다'로 해석될 수 있다. 이와 같은 중의성은 부사어구
의 도움으로 해소될 수 있다. (32가)는 동작이 일어나는 장소를 나타
내는 'heya-de(방에서)'의 수식으로 '옷을 입는' 상황이 진행 중임을 나
타내고, (32나)는 수식어 'kyou(오늘)', 'hadena(화려한)'의 수식으로 '옷을
입는' 상황이 종료된 후의 결과상태를 나타낸다.

---

19) 쿠도마유미(2005 : 14)는 '-te iru'가 드러내는 '진행'과 '결과상태'의 의미가 여러
    방언에서 예문(I)이 보여 주듯이 '-yoru'와 '-toru'로 구별되어 쓰이고 있음을 밝
    히고 있다.
  (I) 가. sensei-ga mado-o akeyoru.(선생님이 창문을 열고 있다). (진행상)
      나. sensei-ga mado-o aketoru.(선생님이 창문을 열었다(열고$_2$ 있다). (결과상)

(32)에서 일본어의 한국어 번역으로 알 수 있는 바와 같이 한국어와 일본어에서 착용의 의미를 가진 재귀성 동사들은 '-고 있다' 또는 '-te iru'와 접속하여 '진행상' 또는 '결과상'을 모두 나타낼 수 있다는 공통점이 있다.

그런데 영어에서는 동작의 진행은 'put on'으로 나타내고 '결과상태'는 'wear'로 구별하여 나타낸다. 이외에도 'She is getting dressed(그녀는 옷을 입고 있다)'와 같은 표현으로 동작진행을 나타내므로 영어에서는 중의성이 나타나지 않는다.

재귀성 동사들이 시간부사어와 결합할 때 드러내는 통사·의미론적 특성은 다음과 같다.

(33) 가. Hanako-wa kimono-o ki-te iru.
　　　　Hanako-TOP kimono-ACC put on/wear-SF be-PRES-DECL
　　　　하나코는 키모노를 입고 있다/입고₂ 있다.
　　　　花子は着物を着ている。

　　나. Hanako-wa sanzi-ni kimono-o ki-ta.[20]
　　　　Hanako-TOP 3 o'clock-at kimono-ACC put on-PAST-DECL
　　　　하나코는 3시에 키모노를 입었다.
　　　　花子は三時に着物を着た。

　　다. Hanako-wa kyou gozi-kan kimono-o kita.
　　　　Hanako-TOP today 5 hours-for kimono-ACC put on-PAST-DECL
　　　　하나코는 오늘 다섯 시간 동안 키모노를 입었다.
　　　　花子は今日五時間着物を着た。

　　라. Hanako-wa sanzyuppun-de kimono-o kita.
　　　　Hanako-TOP 30 minutes-in kimono-ACC put on-PAST-DECL
　　　　하나코는 30분 만에 키모노를 입었다.
　　　　花子は三十分で着物を着た。

---

20) 대부분 완성동사의 '-ta'형은 순간적 상황의 성립 시점을 나타내는 'ni(에)'와 공기하여 상황의 시작점이나 종결점을 의미할 수도 있다.

마. Hanako-wa kyou gozi-kan kimono-o kite ita.
　　Hanako-TOP today 5 hours-for kimono-ACC wear-SF be-PAST-DECL
　　하나코는 오늘 5시간 동안 키모노를 입고₂ 있었다. (결과상)
　　花子は今日五時間着物を着ていた。 (결과상)

　(33가)는 'kiru(입다)'가 '-te iru'와 접속하여 옷을 입고 있는 중임을
나타낼 수도 있고, 옷을 다 입은 뒤의 결과상태를 나타낼 수도 있다.
(33나)는 키모노를 입기시작한 시점이나 키모노를 입고 있는 중이거
나 입기가 끝난 시점을 의미하는 것으로 해석되어 정문이나 시간의
폭을 가진 동사 'kiru'가 'ni'와 결합하여 동사가 지시하는 상황의 순간
적 성립을 의미하지 못하므로 동사 분류표 <표 20>에는 X로 표시된
다. (33다)는 'kiru'가 'kan'과 결합하여 '키모노를 입는' 상황이 5시간
동안 진행 중이었음을 나타낼 수는 없으나 키모노를 입고 있는 '결과
상태'가 5시간 동안 지속되었다고 해석될 때는 정문이 된다. (33다)
'하나코는 오늘 5시간 동안 키모노를 입었다'는 (33마) '하나코는 오늘
5시간 동안 키모노를 입고₂ 있었다'로 대치될 수 있다.
　(33라)는 'kiru'가 'de'와 공기하여 '키모노를 입기 시작하여 다 입는
데 30분 걸렸다'를 의미한다. 거듭 강조하는 것은 한국어의 '만에'는
시동상의 의미로 해석될 수도 있기 때문에 중의성을 갖지만 일본어에
서 'de'는 동사가 지시하는 상황이 시작되어 종결될 때까지의 걸린 시
간을 나타내거나 또는 어느 시점으로부터 동사가 지시하는 상황이 성
립될 때까지 걸린 시간을 의미할 뿐 시동상의 의미로는 해석되지 않
는다.
　다음 예문 (34), (35)도 재귀성 동사 'nugu(벗다)', 'someru(염색하다)'가
'-te iru'와 접속하여 진행상 또는 결과상으로 해석될 수 있음을 보여
준다.

(34) 가. kare-wa huku-o nui-de iru.

　　　he-TOP clothes-ACC take off/wear-SF be-PRES-DECL

　　　그는 옷을 벗고 있다. (진행상)

　　　彼は服を脱いでいる。(진행상)

　　나. kare-wa huku-o nui-de iru.

　　　he-TOP clothes-ACC be undressed-SF be-PRES-DECL

　　　그는 옷을 벗고₂ 있다. (결과상)

　　　彼は服を脱いでいる。(결과상)

(35) 가. Hanako-wa kami-o some-te iru.

　　　Hanako-TOP hair-ACC dye-SF be-PRES-DECL

　　　하나코는 머리를 염색하고 있다. (진행상)

　　　花子は髪を染めている。(진행상)

　　나. Hanako-wa kami-o some-te iru.

　　　Hanako-TOP hair-ACC dye-SF be-PRES-DECL

　　　하나코는 머리를 염색했다(?염색하고₂ 있다). (결과상)

　　　花子は髪を染めている。(결과상)

　다음은 동사 'noboru(뜨다)'가 시간부사어와의 결합 시 보이는 통사·의미적 특성이다.

(36) 가. hi-ga zyozyoni nobot-te iru.

　　　sun-NOM slowly rise-SF be-PRES-DECL

　　　해가 서서히 뜨고 있다.

　　　日が徐々にのぼっている。

　　나. hi-ga gozi sanzyuppun-ni nobot-ta.

　　　sun-NOM 5:30-at rise-PAST-DECL

　　　해가 5시 30분에 떴다.

　　　日が五時三十分にのぼった。

　　다. *hi-ga gozikan nobot-ta.

　　　sun-NOM 5 hours-for rise-PAST-DECL

　　　?해가 5시간 동안 떴다.

　　　　*日が五時間のぼった。
　　라. hi-ga   sanzyuppun-de   nobot-ta.
　　　　sun-NOM 30 minutes-in rise-PAST-DECL
　　　　해가 30분 만에 (다) 떴다.
　　　　日が三十分でのぼった。

　(36가)는 해가 뜨고 있는 중임을 의미하고 (36나)는 해가 뜨는 상황
이 5시 30분에 시작되었음을 의미하는 것으로 이 연구의 분류기준인
순간적 상황의 성립시점에 부합되지 않으므로 동사 분류표 <표 20>
에서는 X로 표시된다. (36다)는 비균질적 상황인 '해뜨다'가 '동안'과
결합하였으므로 비문이고, 또한 '동안'과 결합하여 결과상태 지속을
나타내지도 못한다. [+결과성]을 갖는 완성동사 가운데는 결과상태는
나타내지만 'kan'과 공기하여 '결과상태 지속'의 의미를 나타내지 못하
는 동사들이 있는데 'noboru', 'sizumu', 'kureru' 등의 동사가 이에 해
당된다.   이것으로써 '-te iru'와 결합하여 진행상을 보이는 6가지 동
작류에 관해 살펴보았다.

4.4. 비진행상을 보이는 동작류

　지금까지는 '-te iru'와 결합하여 진행상을 보이는 동작류에 관해
살펴보았다. 다음은 '-te iru'와 결합하여 비진행상을 보이는 동작류에
대해 차례로 살펴보기로 한다.

4.4.1. 제11 부류 성취상황(achievements)

　제11 부류 성취상황은 [-상태, +순간, +종결, +결과]의 상적 특성을

보인다. 'tuburu(눈감다)', 'toru(잡다)', 'nigiru(잡다)', 'siru(알다)', 'wakareru (헤어지다)', 'au(만나다)', 'sinu(죽다)', 'umareru(태어나다)', 'kegasuru(다치다)', 'tomeru(멈추다)', 'tomaru(멈추다)', 'wasureru(잊다)', 'nakusu(잃다)', 'mitukeru (발견하다)', 'mitukaru(발견되다)', 'hairu(들어가다)', 'kakureru(숨다)', 'kakusu (숨기다)', 'wareru(깨지다)', 'waru(깨다)', 'tuku(도착하다)', 'owaru(끝나다)', 'todoku(닿다)', 'kimaru(결정되다)', 'otiru(떨어지다)', 'kekkonsuru(결혼하다)', 'sotugyousuru(졸업하다)', 'hazusu(풀다)',[21] 'tatu(서다)', 'deru(나가다)', 'suwaru (앉다)', 'okiru(일어나다)', 'simau(치우다)', 'simeru(닫다)' 등의 동사가 이 부류에 속한다. [+순간성, +결과성]을 가진 이 부류의 시간구성은 <그림 26>과 같다.

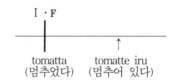

〈그림 26〉 'tomaru(멈추다)'의 내적 시간구성

이 부류의 동사들은 동사가 지시하는 상황이 순간적으로 성립하므로 상표지 '-te iru'와 결합하여 진행상을 나타내지 못하고 동사가 지시하는 상황이 성립된 후의 결과상태를 나타낸다. 성취상황의 동사들은 (37가)와 같이 'kan'과 공기하여 결과상태 지속을 나타내는 것과 (37나)와 같이 결과상태 지속을 나타내지 못하는 것으로 나뉜다.

(37) 가. kisya-ga itizi-kan tomatta.

---

21) 'botan-o hazusu(단추를 풀다)', 'seki-o hazusu(자리를 뜨다)'의 경우는 '성취상황'으로 행동하나 'kanban-o hazusu(간판을 떼다)' 등은 예비 단계를 가진 성취상황으로 행동한다.

train-NOM 1 hour-for stop-PAST-DECL

기차가 1시간 동안 멈추었었다.(=멈추어 있었다)

汽車が一時間止まった。

　나. *kisya-wa eki-ni itizi-kan tuita.

train-NOM station-LOC 1 hour-for arrive-PAST-DECL

*기차는 역에 1시간 동안 도착했었다.(=도착해 있었다)

*汽車は驛に一時間着いた。

'kan'과 공기하여 결과상태 지속을 나타낼 수 있는 성취동사에는 'tuburu(눈감다)', 'nigiru(손잡다)', 'au(만나다)', 'tomeru(멈추다)', 'tomaru(멈추다)', 'suwaru(앉다)', 'tatu(서다)', 'toziru(닫다)', 'simau(치우다)', 'kakusu(숨다)', 'kakureru(숨다)', 'hazusu(끄르다, 풀다)', 'hazureru(빠지다, 끌러지다)', 'hanareru(떠나다, 떨어지다)', 'iku(가다)', 'kuru(오다)' 등의 동사가 있다.

(38) 가. Ken-wa mise-o simete iru.

Ken-TOP store-ACC close-SF be-PRES-DECL

*켄은 가게를 닫고 있다.(진행상)

켄은 가게를 닫았다.(결과상)

ケンは店を閉めている。(결과상)

　나. Ken-wa sanzi-ni mise-o simeta.

Ken-TOP 3 o'clock-at store-ACC close-PAST-DECL

켄은 3시에 가게를 닫았다.

ケンは三時に店を閉めた。

　다. Ken-wa itizi-kan mise-o simeta.

Ken-TOP 1 hour-for store-ACC close-PAST-DECL

켄은 1시간 동안 가게를 닫았다.(결과상)

ケンは一時間店を閉めた。(결과상)

　라. Ken-wa itizikan-de mise-o simeta.

Ken-TOP 1 hour-in store-ACC close-PAST-DECL

켄은 1시간 만에 가게를 닫았다.

ケンは一時間で店を閉めた。

위의 예문 (38가)는 동사 'simeru(닫다)'가 상표지 '-te iru'와 결합하여 가게를 닫은 뒤의 상태를 나타내고, (38나)는 'ni'와 결합하여 가게를 닫는 순간적 상황이 3시에 성립되었음을 나타낸다. (38다)는 순간적 상황인 'simeru(닫다)'가 'kan'과 결합하여 결과상태가 한 시간 동안 지속되었다는 뜻으로서, 'simete ita(닫고₂ 있었다)'로 대치될 수 있다. (38라)는 문을 연 시점으로부터 가게를 닫는 상황이 성립할 때까지의 걸린 시간을 나타낸다.

(39) 가. Ken-wa Hanako-no te-o nigit-te iru.[22]

      Ken-TOP Hanako-GEN hand-ACC hold-SF be-PRES-DECL

      켄은 하나코의 손을 잡고 있다.

      ケンは花子の手を握っている。

  나. Ken-wa Hanako-to tukiatte ite yatto kinou Hanako-no te-o nigitta.

      Ken-TOP Hanako-with go out-SF be-SF barely yesterday Hanako-GEN hand-ACC hold-PAST-DECL

      켄은 하나코와 사귀어서 겨우 어제 하나코의 손을 잡았다.

      ケンは花子と付き合っていてやっと昨日花子の手を握った。

  다. Ken-wa Hanako-no te-o gohun-kan nigitta.

      Ken-TOP Hanako-GEN hand-ACC 5 mimutes-for hold-PAST-DECL

      켄은 하나코의 손을 5분 동안 잡았다. (결과상)

      ケンは花子の手を五分間握った。(결과상)

  라. Ken-wa Hanako-to (tukiaihazime-te yatto) ikkagetu-de Hanako-no te-o nigitta.

      Ken-TOP Hanako-with go out-start-SF finally one month-in Hanako-GEN hand-ACC hold-PAST-DECL

---

22) 'te-o toru',와 'te-o nigiru'는 모두 '손을 잡다'의 의미이나 그 함의하는 바가 다르다. 전자는 가볍게 손을 잡다의 의미이고 후자는 힘주어 잡다의 의미로 'obaasan-no te-o totte oudan houdou-o watatta(할머니의 손을 잡고 횡단보도를 건넜다)', 'ano hutari-wa eiga-o mite iru aida zutto te-o nigitte ita(그 두 사람은 영화를 보는 동안 내내 손을 잡고 있었다)'와 같이 구별된다.

켄은 (하나코와 사귀기 시작해서 마침내) 한 달 만에 하나코의 손을 잡았다.
ケンは(花子と付き合いはじめてやっと)一ヶ月で花子の手を握った。

위의 예문 (39가) '손을 잡고 있다'는 '결과상태'를 나타내고, (39나)는 손을 잡는 순간적 상황이 어제 일어났음을 의미하는데, 이때의 '어제'는 시점으로 기능한다. (39다)는 결과상으로 해석될 때 정문이다. 그러나 이 연구의 동사 분류의 분류 기준은 동사가 'kan'과 공기하여 진행상을 보여야 하므로 분류표 <표 20>에는 X로 표시된다. (39라)는 '만나기 시작한 시점으로부터 한달 만에 손을 잡았다'라는 뜻이다.

다음은 순간적으로 성립되는 신체의 자세나 위치 변화, 또는 상태 변화를 나타내는 동사들로서 시간부사어와의 결합 시 다음과 같은 통사·의미적 특성을 보인다.

(40) 가. kuruma-ga tomat-te iru.
　　　　car-NOM stop-SF be-PRES-DECL
　　　　차가 멈추어 있다.
　　　　車が止まっている。

　　 나. kuruma-ga sanzi-ni tomatta.
　　　　car-NOM 3 o'clock-at stop-PAST-DECL
　　　　차가 3시에 멈추었다.
　　　　車が三時に止まった。

　　 다. kuruma-ga itizi-kan tomatta.
　　　　car-NOM 1 hour-for stop-PAST-DECL
　　　　차가 1시간 동안 멈추었었다.
　　　　車が一時間止まった。

　　 라. kuruma-ga itizikan-de tomatta.
　　　　car-NOM 1 hour-in stop-PAST-DECL
　　　　차가 1시간 만에 멈추었다.
　　　　車が一時間で止まった。

(41) 가. Ken-wa suwat-te iru.

　　　 Ken-TOP sit-SF be-PRES-DECL.

　　　 켄은 앉아 있다.

　　　 ケンは座っている。

　　나. Ken-wa sanzi-ni suwatta.

　　　 Ken-TOP 3 o'clock-at sit-PAST-DECL

　　　 켄은 3시에 앉았다.

　　　 ケンは三時に座った。

　　다. Ken-wa itizi-kan suwatta.

　　　 Ken-TOP 1 hour-for sit-PAST-DECL

　　　 켄은 1시간 동안 앉았었다.

　　　 ケンは一時間座った。

　　라. Ken-wa itizikan-de suwatta/suwareta.[23]

　　　 Ken-TOP 1 hour-in sit-PAST-DECL/be able to sit-PAST-DECL

　　　 켄은 1시간 만에 앉았다/앉을 수 있었다.

　　　 ケンは一時間で座った/座れた。

(42) 가. sono mise-wa simat-te iru.

　　　 the shop-TOP close-SF be-PRES-DECL

　　　 그 가게는 문이 닫혀 있다.

　　　 その店は閉まっている。

　　나. sono mise-wa gozi-ni simat-ta.

　　　 the shop-TOP 5 o'clock-at close-PAST-DECL

　　　 그 가게는 5시에 문을 닫았다.

　　　 その店は五時に閉まった。

　　다. sono mise-wa ikkagetu-kan simat-ta.

　　　 the shop-TOP 1 month-for close-PAST-DECL

　　　 그 가게는 1달 동안 문을 닫았었다.

　　　 その店は一ヶ月間閉まった。

　　라. sono mise-wa ikkagetu-de simat-ta.

　　　 the shop-TOP 1 month-in close-PAST-DECL

---

23) 만원 전철에서 서서 가다가 겨우 한 시간만에 앉았을 경우 'suwatta(앉았다)'보
　　다는 'suwareta(앉을 수 있었다)'가 더 자연스러운 표현이다..

그 가게는 1달 만에 문을 닫았다.
その店は一ヶ月で閉まった。

위의 예문 (40가)~(42가)는 동사가 지시하는 상황이 성립된 후의
결과상태를 나타내고, (40나)~(42나)는 순간적 상황의 성립시점을 나
타내며, (40다)~(42다)는 결과상태가 'T-동안' 지속되었음을 나타낸다.
(40라)~(42라)는 어떤 시점으로부터 순간적 상황이 성립될 때 까지
걸린 시간을 나타내는 것으로 '달리던 차가 한 시간 만에 멈추었다',
'만원 전철에서 서서 가다가 1시간 만에 앉았다', '가게가 영업을 시작
해서 1달 만에 문을 닫았다'와 같은 표현이 가능하다.

다음 예문 (43가)의 'T-동안 V-었었다'는 (43나)의 'T-동안 V-어
있었다'로 대치될 수 있다.

(43) 가. tokei-wa itizi-kan tomatta.
        watch-TOP 1 hour-for stop-PAST-DECL
        시계는 1시간 동안 멈추었었다.
        時計は一時間止まった。
     나. tokei-wa itizi-kan tomat-te ita.
        watch-TOP 1 hour-for stop-SF be-PAST-DECL
        시계는 1시간 동안 멈추어 있었다.
        時計は一時間止まっていた。

다음 예문 (44)의 'tomaru(멈추다)', 'tomeru(멈추다)', 'kakureru(숨다)',
'simau(치우다)', 'hanareru(떠나다)', 'tatu(서다)' 등의 '-ta'형은 'kan'과 공
기하여 '결과상태 지속'을 드러낸다.

(44) 가. kisya-wa ziko-no tame sanzi-kan tomat-ta.
        train-TOP accident-GEN because of 3 hours-for stop-PAST-DECL

기차는 사고 때문에 3시간 동안 멈추었었다.

汽車は事故のため三時間止まった。

나. tenken-no tame kisya-o sanzi-kan tome-ta
check-GEN for train-ACC 3 hours-for stop-PAST-DECL
점검을 위해 기차를 3시간 동안 세워두었었다.

点検のため汽車を三時間止めた。

다. mitukaranai youni Mari-wa gohun-kan osiire-no nakani kakure-ta.
not to be found Mari-TOP 5 minutes-for closet-GEN inside hide-PAST-DECL
들키지 않게 마리는 5분 동안 벽장 속에 숨었었다.

見つからないようにマリは五分間押入れの中に隠れた。

라. hurui huku-o osiire-ni sankagetu-kan simmat-ta.
old clothes-ACC closet-in 3 months-for put away-PAST-DECL
낡은 옷을 벽장 속에 석달 동안 치워두었었다.

古い服を押入れに三ヶ月間しまった。

마. kare-wa oyamoto-o sannen-kan hanare-ta.
he-TOP home-ACC 3 years-for leave-PAST-DECL
그는 부모 슬하를 3년 동안 떠났었다.

彼は親元を三年間離れた。

바. densya-ga konde ite nizi-kan tat-ta.
train-NOM crowded 2 hours-for stand-PAST-DECL
전차가 붐벼서 2시간 동안 섰었다.

電車が混んでいて二時間立った。

다음은 이동 동사 'iku(가다)', 'kuru(오다)'의 상적 특성을 살펴본다.

(45) 가. 동생이 오고 있다. (진행상)

나. 동생이 와 있다. (결과상)

(46) 가. Otouto-ga ki-te iru/itte iru. (결과상/*진행상)
younger brother-NOM come-SF/go-SF be-PRES-DECL
동생이 와 있다/가 있다.

弟が來ている。

나. kotira-no hou-ni mukat-te iru. (진행상)

this way-GEN direction-to come-SF be-PRES-DECL
이쪽을 향해 오고 있다.
こちらの方に向かっている。

다. Yumi-wa Amerika-LOC ikkagetu-kan itta. (결과상태 지속)
Yumi-TOP America-in 1 month-for go-PAST-DECL
유미는 미국에 한 달 동안 가 있었다.
ユミはアメリカに一ヶ月間行った。

한국어와 일본어 동사 중에서 가장 현격한 상적 차이를 보이는 것은 'iku(가다)'와 'kuru(오다)'[24]의 경우이다. 한국어의 동사 '가다', '오다'는 완성동사로서 위의 예문 (45)와 같이 '진행상'과 '결과상'을 모두 나타낼 수 있다. 그러나 일본어 동사 'iku(가다)', 'kuru(오다)'는 [+결과성]의 성취동사로서 (46가)와 같이 '-te iru'와 결합한 'it-te iru', 'ki-te iru'는 '가 있다', '와 있다'로 해석되어 '결과상'의 의미만을 나타내고, '동생이 오고 있다/가고 있다'로는 해석될 수 없다. 일본어 동사 'iku(가다)', 'kuru(오다)'는 '진행상'의 의미를 나타내려면 'totyuu/tokoro(도중)'라는 단어를 써서 'iku {totyuu/tokoro}(가고 있는 중이다)', 'kuru {totyuu/tokoro}(오고 있는 중이다)'와 같이 나타내야 한다. 또는 (46나)와 같이 별도의 동사인 'mukau(향하다)'를 사용하여 'mukatte-iru'의 형태로 '진행상'을 나타낼 수 있다. (46다)는 'iku'(가다)가 'kan'과 공기하여 '결과상태 지속'을 드러낸다.

그러나 'kuru'가 '태풍', '파도' 등의 무생물을 주어로 취하는 경우는 예문 (47가, 다)와 같이 'kuru'는 '완성상황'으로 행동하여서 '-te iru'와 접속하여 '오고 있다'는 진행의 의미를 드러낼 수 있다.

---

24) 스즈키(鈴木 1957)는 'iku(가다)', 'kuru(오다)'를 순간적 동작동사에 분류하고 있다. 타케우치(2007 : 17)에서도 'iku(가다)', 'kuru(오다)' 등 이동 동사는 이동이 끝난 시점을 언급하는 것이 자연스러우며 동작 진행을 나타낼 때는 'mukau(향하다)'의 '-te iru'형을 사용한다고 하였다.

(47) 가. taihuu-ga ki-te iru.
　　　 typhoon-NOM come-SF be-PRES-DECL
　　　 태풍이 오고 있다.
　　　 台風が來ている。(진행상)
　　 나. taihuu-ga kantoutihou-ni kite iru.
　　　 typhoon-NOM east area-LOC come-SF be-PRES-DECL
　　　 태풍이 관동지방에 왔다.
　　　 台風が關東地方に來ている。(결과상)
　　 다. nami-ga ki-te iru.
　　　 wave-NOM come-SF be-PRES-DECL
　　　 파도가 오고 있다.
　　　 波が來ている。(진행상)

　　위의 예문 (47가)는 일기예보 등에서 필리핀 해상에서 발생한 태풍이 일본을 향해 오고 있는 상황에서 'ki-te iru'가 진행의 의미로 쓰였으며 (47나)는 태풍이 관동지방에 와 있는 '결과상태'를 나타낸다. (47다)는 바닷가에서 파도가 해안 쪽으로 밀려오는 것을 보며 발화할 수 있는 표현이다.

　　성취동사 중에는 'kan(동안)'과 결합하여 결과상태 지속을 나타내지 못하는 동사들이 있는데 'toutyakasuru(도착하다)', 'mitukeru(발견하다)', 'mitukaru(발견되다)', 'siru(알다)', 'wakaru(이해하다)', 'tuku(닿다, 도착하다)', 'sinu(죽다)', 'umareru(태어나다)', 'owaru(끝나다)', 'todokeru(보내다)', 'todoku(닿다)' 등의 동사가 해당된다.

(48) 가. Watasi-wa sono koto-o sitte iru.
　　　 I-TOP the thing-ACC know-SF be-PRES-DECL
　　　 나는 그 일을 알고 있다.
　　　 私はその事を知っている。
　　 나. Watasi-wa sono koto-o kinou sitta.

I-TOP   the thing-ACC yesterday   learn-PAST-DECL
나는 그 일을 어제 알았다.
私はその事を昨日知った。

다. *Watasi-wa sono koto-o   gonen-kan   sitta.
I-TOP   the thing-ACC   5 years-for   learn-PAST-DECL
*나는 그 일을 5년 동안 알았다.
*私はその事を五年間知った。

라. Watasi-wa sono koto-o itinen-de sitta.
I-TOP the thing-ACC 1 year-in learn-PAST-DECL
나는 그 일을 1년 만에 알았다.
私はその事を一年で知った。

위의 예문 (48가)의 'siru(알다)'는 'te iru'와 접속하여 '결과상태'를 나
타내지만 (48다)와 같이 'siru'는 '동안'과 공기하여 '결과상태 지속'을
나타낼 수 없다. 이것은 대개 한 번 알게 된 사실은 영속적으로 알고
있게 되기 때문이다. (48나, 라)는 'siru'가 'ni', 'de'와 공기 하여 성취상
황임을 나타낸다. 한국어 동사 '알다'와 일본어 동사 'siru'는 '성취동사'
로서 각각 '알고 있다'와 'sitte iru'로 '결과상'을 나타낸다. 그런데 한국
어 동사 '알다'나 일본어 동사 'siru'와는 대조적으로 영어의 'know'는
상태동사에 속한다.

(49) 가. kisya-wa tui-te iru.
train-TOP arrive-SF be-PRES-DECL
기차는 도착했다.(도착해 있다)
汽車は着いている。

나. kisya-wa eki-ni sanzi-ni tuita.
train-TOP station-at 3 o'clock-at arrive-PAST-DECL
기차는 역에 3시에 도착했다.
汽車は驛に三時に着いた。

다. *kisya-wa eki-ni itizi-kan tuita.

train-TOP station-at 1 hour-for arrive-PAST-DECL

*기차는 역에 1시간 동안 도착했다.

*汽車は驛に一時間着いた。

라. *kisya-wa eki-ni itizi-kan tuite ita.

train-TOP station-at 1 hour-for arrive-SF be-PAST-DECL

*기차는 역에 1시간 동안 도착해 있었다.

*汽車は驛に一時間着いていた。

마. kisya-wa eki-ni itizikan-de tuita.

train-TOP station-at 1 hour-in arrive-PAST-DECL

기차는 역에 1시간 만에 도착했다.

汽車は驛に一時間で着いた。

위의 예문 (49가)는 동사 'tuku'가 '-te iru'와 접속하여 기차가 도착해 있는 결과상태를 나타내고 (49나)는 '도착하다'라는 순간적 상황이 세 시에 성립되었음을 의미하고 (49다, 라)에서 순간동사 'tuku'는 '기차가 도착한 뒤 그 상태가 1시간 지속되었다'라는 결과상태 지속을 의미하지 못한다. (49마)는 기차가 역에 도착하기 까지 걸린 시간이 한 시간임을 의미한다.

(50) 가. kare-wa sinde iru.

he-TOP die-SF be-PRES-DECL

그는 죽어 있다.

彼は死んでいる。

나. kare-wa kinou sinda.

he-TOP yesterday die-PAST-DECL

그는 어제 죽었다.

彼は昨日死んだ。

다. *kare-wa gonen-kan sinda.

he-TOP 5 years-for die-PAST-DECL

*그는 5년 동안 죽었었다.

　　　*彼は五年間死んだ。
라. *kare-wa gonen-kan sinde ita.
　　he-TOP 5 years-for die-SF be-PAST-DECL
　　*그는 5년 동안 죽어 있었다.
　　*彼は五年間死んでいた。
마. kare-wa gandato wakatte-kara tatta mikka-de sinda.
　　he-TOP cancer-as know-SF-after only 3 days-in die-PAST-DECL
　　그는 암이라는 것을 알고서 불과 사흘 만에 죽었다.
　　彼は癌だとわかってからたった三日で死んだ。

　위의 예문 (50가)는 동사 'sinu'가 '-te iru'와 결합하여 결과상태를 나타내고 (50나)는 죽는 상황이 '어제' 일어났음을 나타내고 (50다, 라)는 한번 죽으면 영속적으로 죽는 것이므로 동사 'sinu'가 일시적 기간을 의미하는 '동안'과 공기할 수 없음을 나타낸다. (50마)는 어떤 시점으로부터 죽기까지 사흘이 걸렸음을 뜻한다.

　지금까지 [−상태, +순간, +종결, +결과]의 상적 속성을 지니는 성취상황의 시간적 특성에 대해 살펴보았다. 성취상황은 기본적으로 '-te iru'와 결합하여 결과상태를 나타내는데 이 부류의 동사들은 'tomaru(멈추다)', 'kakureru(숨다)', 'suwaru(앉다)' 등과 같이 'kan'과 공기하여 결과상태 지속을 보이는 부류와 'tuku(닿다, 도착하다)', 'mitukeru(발견하다)', 'siru(알다)', 'sinu(죽다)' 등과 같이 'kan'과 공기하여 '결과상태 지속'을 보이지 못하는 부류로 나눌 수 있다.

4.4.2. 제12 부류 성취상황(수여동사)

　제12 부류 성취상황은 제11 부류와 같이 [−상태, +순간, +종결, +결과]의 상적 특성을 지닌다. 이 부류에는 'okuru(보내다)'[25], 'morau(받

다)' 'kasu(빌려주다)', 'kariru(빌리다)' 등의 동사가 있는데 이 부류의
특징은 'kan'과 접속하여 반복상을 보일 수 있다는 점이다. 이 부류의
시간구성인 <그림 27>은 제11 부류의 시간구성과 같다.

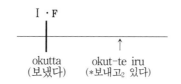

〈그림 27〉 'okuru(보내다)'의 내적 시간구성

'kasu(빌려주다)', 'kariru(빌리다)'와 'okuru(보내다)', 'morau(받다)'의 상적
특성을 비교해 본다.

(51) 가. Yumi-wa kare-ni kuruma-o kasi-te iru/kari-te iru.
　　　　Yumi-TOP him-to/from car-ACC lend/borrow-SF be-PRES-DECL
　　　　유미는 그에게 차를 빌려주었다/빌렸다. (결과상)
　　　　유미는 그에게 차를 빌려주고 있다/빌리고 있다. (반복상)
　　　　ユミは彼に車を貸している/借りている。(결과상/반복상)

　　나. Yumi-wa kimou kare-ni kuruma-o kasi-ta/kari-ta.
　　　　Yumi-TOP yesterday him-to/from car-ACC lend/borrow-PAST-DECL
　　　　유미는 어제 그에게 차를 빌려주었다/빌렸다.
　　　　ユミは昨日彼に車を貸した／借りた。

　　다. Yumi-wa kare-ni issyuu-kan kuruma-o kasi-ta./kari-ta.
　　　　Yumi-TOP him-to/from 1 week-for car-ACC lend/borrow-PAST-DECL
　　　　유미는 그에게 일주일 동안 차를 빌려주었다/빌렸다.
　　　　ユミは彼に一週間車を貸した／借りた。

　　라. *Yumi-wa kare-ni kuruma-o mikka-de kasi-ta/kari-ta.

---

25) 한국어 '보내다'는 '*보내고₂ 있다'로 결과상태를 나타내지 못한다. 그러나 '보내
다'의 일본어 대응어 'okuru'는 'okutte iru'의 형태로 결과상태를 나타낸다. 요약
하면 한국어 '보내다'는 [-결과성]이고 일본어 'okuru'는 [+결과성]이다.

Yumi-TOP him-to/from car-ACC 3 days-in lend/borrow-PAST-DECL

유미는 그에게 사흘 만에 차를 빌려주었다/빌렸다.

*ユミは彼に車を三日で貸した／借りた。

(52) 가. Yumi-wa tomodati-ni okurimono-o okut-te iru/morat-te iru.

Yumi-TOP friend-to/from present-ACC send/receive-SF be-PRES-DECL

유미는 친구에게 선물을 보냈다/받았다. (결과상을 함의)

유미는 친구에게 선물을 보내고 있다/받고 있다. (반복상)

ユミは友達に贈り物を送っている／もらっている。(結果相/反復相)

나. Yumi-wa tomodati-ni kinou okurimono-o okut-ta/morat-ta.

Yumi-TOP friend-to/from yesterday present-ACC send/receive-PAST

유미는 친구에게 어제 선물을 보냈다/받았다.

ユミは友達に昨日贈り物を送った／もらった。

다. Yumi-wa tomodati-ni gonen-kan okurimono-o okut-ta/morat-ta.

Yumi-TOP friend-to/from 5 years-for present-ACC send/receive-PAST

유미는 친구에게 5년 동안 선물을 보냈다/받았다. (반복상)

ユミは友達に五年間贈り物を送った／もらった。(反復相)

라. *Yumi-wa tomodati-ni ikkagetu-de okurimono-o okut-ta/ morat-ta.

Yumi-TOP friend-to/from 1 month-in present-ACC send/receive-PAST

유미는 친구에게 한 달 만에 선물을 보냈다/받았다.[26]

*ユミは友達に一ヶ月で贈り物を送った／もらった。

위의 예문 (51가), (52가)는 기본적으로 순간적 상황의 성립 후 결과 상태를 나타낸다. 한편 한국어 번역문으로부터 알 수 있듯이 문맥에 따라서는 반복상으로 해석될 수도 있다. 반복상적 해석에 대해서는 아래의 예문 (53)에서 다시 설명하고 있다. (51나), (52나)는 '책을 빌리는/받는', '선물을 보내는/받는' 순간적 상황이 어제 어느 시점에서 성립되었음을 의미한다. (51다)의 동사 'kasu(빌려주다)', 'kariru(빌리다)'

---

26) 일본어 문장과 같은 의미로 번역될 때는 비문이지만, 시동상의 의미로 해석되 거나 어떤 시점으로부터 동사가 지시하는 상황이 성립할 때까지 걸린 시간으로 해석될 때 (51라), (52라)의 한국어 번역문은 정문이 될 수 있다.

는 'kan'과 공기하여 결과상태를 나타낸다. 그러나 (52다)의 'okuru(보내다)', 'morau(받다)'는 'kan'과 공기하여 '반복상'을 나타낸다. 즉 선물을 보내는 상황이 또는 선물을 받는 상황이 5년 동안 반복적으로 이루어졌음을 의미한다. 한편 문맥에 따라서는 다음 예문(53)에서와 같이 'kasite iru/karite iru'도 반복상을 나타낼 수 있다.

> (53) 가. watasi-ga kuruma-o kasite iru/karite iru..
> I-NOM car-ACC lend/borrow-SF be-PRES-DECL
> 내가 차를 빌려주고 있어/빌리고 있어. (반복상)
> 私が車を貸している/借りている。(반복상)
>
> 나. watasi-wa tonari-no ie-kara yasai-o moratte iru.
> I-TOP next-GEN house-from vegetable-ACC get-SF be- PRES-DECL
> 나는 이웃집으로부터 야채를 얻고/받고 있다. (반복상)
> 私はとなりの家から野菜をもらっている。(반복상)
>
> 다. watasi-wa tomodati-ni yasai-o okutte iru.
> I-TOP friend-to vegetable-ACC send-SF be-PRES-DECL
> 나는 친구에게 야채를 보내고 있다. (반복상)
> 私は友達に野菜を送っている。(반복상)

위의 예문 (53)의 우리말 번역으로 알 수 있듯이 'kasite iru/karite iru'와 'okutte iru/moratte iru'는 문맥에 따라서는 '반복상'의 의미로 해석될 수도 있다. '이웃집은 차가 없어서 어떻게 할까?(となりの家は車がなくてどうしているかしら。)'라는 말을 듣고서 (53가) '내가 차를 빌려주고 있어'와 같은 발화가 가능한데 이때 '빌려주고 있다'는 '반복상'을 나타낸다. 또한 (53나) '야채를 얻고/받고 있다'와 (53다) '야채를 보내고 있다'도 '반복상'의 의미로 해석된다.

이 부류에 속하는 'kasu', 'kariru', 'okuru', 'morau' 등의 동사가 '-te iru'와 결합하여 반복상을 보일 수 있는 것과 '빌려주다', '빌리다', '보내다', '받다' 등의 한국어 동사가 '-고 있다'와 결합하여 '반복상'을 보이는 것은 한국어와 일본어의 수여동사가 같은 시간적 특성을 기지고 있기 때문이다.

4.4.3. 제13 부류 상태상황(감각동사)

이 부류의 상태상황에 속하는 일본어의 감각동사에는[27] 두 종류가 있다. 첫째는 비과거형 '-ru'와 과거형 '-ta'로 현재의 상태를 나타낼 수 있는 '(onakaga)suku(배고프다)', '(nodoga)kawaku(목마르다)', 'sibireru (저리다)', 'tukareru(피곤하다)' 등의 동사와 둘째는 '-ru'형 만으로 현재의 감각 상태를 나타내는 'itamu(아프다)', 'kurakurasuru(어지럽다)', 'mukamukasuru (메슥메슥하다)' 등의 동사가 있다. 이들 일본어의 감각동사는 대부분 한국어의 감각형용사에 대응되는데 예외적으로 '(nodoga)kawaku'에 대응하는 한국어 '목마르다'는 화자에 따라 형용사처럼 쓰이기도 하고 동사처럼 쓰이기도 한다.

이 부류는 다른 심리동사와 달리 감각의 상태에 이르기까지의 시간을 'de'로 표현할 수 있다. 감각동사의 내적 시간구성은 <그림 28>과 같이 설정할 수 있다.

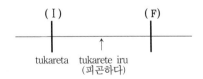

〈그림 28〉 감각동사 'tukareru(피곤하다)'의 내적 시간구성

---

27) 스나가와(砂川 1986)는 일본어의 심리동사가 동작동사와 달리 현재형으로 현재의 상태를 나타낼 수 있음을 보이고 있다.

다음은 감각동사와 시간부사어와의 공기 관계를 살펴본다. '-ta'형
으로도 현재의 감각상태를 표출할 수 있는 동사들은 다음 예문 (54)
~(56)에서 알 수 있듯이 'kan(동안)'과 공기하여 과거의 상태 지속을
나타내지 못한다. 그러나 '-ta'형으로 현재의 감각 상태를 표출하지 못
하는 'itamu(아프다)', 'kurakurasuru(어지럽다)' 등의 동사들은 'kan'과 공
기하여 과거의 상태 지속을 나타낼 수 있다.

(54) 가. watasi-wa asi-ga sibire-te iru.
　　　　 I-TOP foot-NOM be numb-SF be-PRES-DECL
　　　　 나는 발이 저리다.
　　　　 私は足が痺れている。

　　 나. watasi-wa sanzi goro[28] asi-ga sibire-ta.
　　　　 I-TOP 3 o'clock around foot-NOM be numb-PAST-DECL
　　　　 나는 3시쯤 발이 저렸다.
　　　　 私は三時ごろ足が痺れた。

　　 다. *watasi-wa sanzi-kan asi-ga sibire-ta.
　　　　 I-TOP 3 hours-for foot-NOM be numb-PAST-DECL
　　　　 나는 3시간 동안 발이 저렸다.
　　　　 *私は三時間足が痺れた。

　　 라. watasi-wa itizikan-de asi-ga (mata) sibire-ta.
　　　　 I-TOP 1 hour-in foot-NOM (again) be numb-PAST-DECL
　　　　 나는 1시간 만에 발이 (또) 저렸다.
　　　　 私は一時間で足が(また)痺れた。

(55) 가. watasi-wa nodo-ga kawai-te iru.
　　　　 I-TOP throat-NOM be thirsty-SF be-PRES-DECL
　　　　 나는 목이 마르다.
　　　　 私は喉が乾いている。

　　 나. watasi-wa gozi goro nodo-ga kawai-ta.

---

28) 감각동사가 지시하는 상태의 성립시점은 명확히 나타내기가 어려우므로 'T-ni'
　　를 'T-koro'(T-쯤)로 교체하면 자연스러워진다.

I-TOP 5 o'clock-around throat-NOM be thirsty-PAST-DECL

나는 5시 쯤에 목이 말랐다.

私は五時頃喉が乾いた。

다. *watasi-wa   gozikan   nodo-ga   kawai-ta.

I-TOP 5 hours-for throat-NOM be thirsty-PAST-DECL

나는 5시간 동안 목이 말랐다.

*私は五時間喉が乾いた。

라. watasi-wa itizikan-de (mata) nodo-ga   kawai-ta.

I-TOP 1 hour-in (again) throat-NOM be thirsty-PAST-DECL

나는 1시간 만에 (또) 목이 말랐다.

私は一時間で(また)喉が乾いた。

(56) 가. watasi-wa onaka-ga sui-te iru.

I-TOP   stomach-NOM be hungry-SF be-PRES-DECL

나는 배가 고프다

私はお腹が空いている。

나. watasi-wa gozi-goro onaka-ga suita.

I-TOP 5 o'clock-around stomach-NOM be hungry-PAST-DECL

나는 5시 쯤에 배가 고팠다

私は五時頃お腹が空いた。

다. *watasi-wa gozentyuu (zutto) onaka-ga suita[29]

I-TOP in the morning (all along) stomach-NOM be hungry-PAST-DECL

나는 오전중에 (계속) 배가 고팠다.

*私は午前中(ずっと)お腹が空いた。

라. watasi-wa sanzikan-de (mata) onaka-ga suita.

I-TOP 3 hours-in stomach-NOM (again) be hungry-PAST-DECL

나는 3시간 만에 (또) 배가 고팠다.

私は三時間でお腹が(また) 空いた。

위의 예문 (54가)~(56가)는 각각 '발이 저린 상태', '목이 마른 상태',

---

29) 'onakaga suita(お腹が空いた)'는 '배가 고프다'에 해당하는 말로써 과거에 얼마동
안 배고픈 상태를 나타낼 때에는 '-ta'가 아닌 '-te ita'로 나타내야 한다. 따라서,
'onakaga gozentyuu zutto suite ita(お腹が午前中ずっと空いていた)'로 표현한다.

'배가 고픈 상태'를 기술하는 것이고 (54나)~(56나)에서 알 수 있는 바와 같이 목이 마르고 배가 고파지는 상태 변화의 성립시점은 명시적으로 알 수 없으므로 감각동사에는 'sanzi-goro(세 시쯤)'라는 표현이 자연스럽고, 'sanzini(세 시에)'와 같은 표현은 부자연스럽다. 감각상태의 변화 시점은 순간적 상황의 완성 시점이 아니므로 <표 20>에는 X로 처리된다. (54다)~(56다)에서 알 수 있는 것은 현재의 감각 상태를 '-ta'형으로 표출할 수 있는 동사들의 '-ta'형은 'kan'과 공기하여 과거에 '발이 저린 상태', '목이 마른 상태', '배가 고픈 상태'의 지속을 나타낼 수 없다는 것이다. 왜냐하면 이들 동사의 '-ta'형은 현재의 감각 상태를 표출할 수 있는 것으로서 'kan'과 결합하여 과거의 상태 지속을 의미할 수 없기 때문이다. 그 대신 '-te ita(고/어 있었다)'형으로 'kan'과 공기하여 과거의 감각상태 지속을 나타낼 수 있다. (54라)~(56라)는 'de'와 공기하여 상태 변화의 성립시점까지의 시간을 나타낸다.

한편 감각이 지속된 시간을 명시적으로 나타내는 것은 어렵기 때문에 'nodogakawaku(목마르다)' 등의 감각동사가 '-te ita(-고/어 있었다)'형으로 과거의 상태 지속을 나타낼 때는 '5시간 동안' 등과 같은 명시적인 시간과의 공기는 부자연스럽고, 대신 'itinitizyuu(하루종일)' 또는 'gozentyuu(오전중)' 등과 같은 비명시적인 시간부사어와의 공기는 자연스럽다. 이것을 아래 예문 (57)에서 확인할 수 있다.

'itamu(아프다)', 'kurakurasuru(어지럽다)' 등과 같이 '-ru'형 만으로 현재의 감각 상태를 나타내는 동사들은 다음 예문 (57가)와 같이 동사의 과거형 '-ta'가 'kan(동안)'과 공기하여 과거의 상태 지속을 나타낼 수 있다. 이때도 '5시간 동안'과 같은 명시적인 시간 표현과의 공기는 부자연스럽고 'itinitizyuu(하루종일)', 'gozentyuu(오전중)'과 같은 비 명시적 시간부사어와 공기해야 자연스럽다.

(57) 가. watasi-wa kinou gozen-tyuu zutto atama-ga kurakurasita.
　　　 I-TOP yesterday all morning long be dizzy-PAST-DECL
　　　 나는 어제 오전 내내 머리가 어지러웠다.
　　　 私は昨日午前中ずっと頭がくらくらした。
　　 나. watasi-wa kinou itiniti-zyuu nodo-ga kawaite ita.
　　　 I-TOP yesterday all day long throat-NOM be thirsty-SF be-PRES-DECL
　　　 나는 어제 하루 종일 목이 말랐었다.
　　　 私は昨日一日中喉が乾いていた。

정리 하면 감각 동사는 상태변화가 무의지적으로 일어나기 때문에 상태의 성립 시점을 정확히 파악하기가 어렵다. 따라서 ni와 같이 시간이 명시적으로 주어지면 어색한 문장이 되나 '세 시 쯤에 배가 고팠다'와 같은 표현은 자연스럽다. 또한 감각동사는 감각상태의 변화 성립을 나타내는 '-ta'로 감각이 이미 성립했음을 나타낼 수 있고, 감각의 지속 상태는 '-ru'로 나타낸다. 그러나 동사가 지시하는 상태의 성립 시점이 분명하지 않아서 완결상 '-ta'와 '-ru', 비완결상 '-te iru'가 상적 대립을 잃고, 모두 현재의 감각 상태를 의미할 수 있다.

감각동사 'tukareru(피곤하다)', 'onakaga suku(배고프다)' 등은 상태변화의 성립을 의미하기도 하고 상태 그 자체를 의미하기도 한다. 예를 들어 'sonna muri-o si-tara tukareru to omou(그렇게 무리를 하면 피곤하게 될 거라 생각해)'에서 'tukareru'는 '피곤하게 되다'라는 뜻으로 상태 변화를 의미한다. 그러나 'aa! tukareru na(아! 피곤하다)'는 'tukarete iru'와 같은 뜻으로 현재의 상태를 의미한다.

한편 감각동사는 '-ta'형으로 'a! nodoga kawaita(아! 목마르다)'와 같이 현재의 감각을 표출할 수도 있다. 이때 인칭의 제약이 나타나는데 '-ta'형으로 현재의 감각을 나타낼 수 있는 것은 1인칭에 한한다. 그러나 의문문에서는 다음과 같이 'nodo kawaita?(목 마르니?)'라는 표현으로 2인칭 상대의 현재의 상태를 물어볼 수 있다.

일본어의 감각동사는 한국어에서는 대개 형용사로 대응되고, 영어에서는 'be+형용사'의 형태로 대응되는 것들이 많다. 동사 '(onaka-ga) suku'는 한국어의 형용사 '배고프다'에 대응되고, 일본어 동사 'kurakurasuru'는 형용사 '어지럽다'에 대응된다. 동사'tukareru'는 형용사 '피곤하다', 동사 '(asi)sibireru'는 형용사 '(발)저리다'에 대응된다. 일본어의 감각동사에 대응하는 한국어와 영어의 표현은 <표 18>과 같다.

〈표 18〉 '감각'을 나타내는 술어

일본어	한국어	영어
onakaga suku	배고프다	be hungry
kurakurasuru	어지럽다	be dizzy
tukareru	피곤하다	be tired
sibereru	저리다	be numb

4.4.4. 제14 부류 상태상황(감정 · 사고 · 지각동사)

제14 부류 상태상황은 [+상태, −순간, −종결]의 상적 특성을 갖는다. 이 부류에는 감정동사 'aisuru(사랑하다)', 'yorokobu(기뻐하다)', 'kanasimu(슬퍼하다)', 'urayamu(부러워하다)' 등과, 사고동사 'sinziru(믿다)', 'omou(생각하다)', 'utagau(의심하다)' 등과 지각동사 'mieru(보이다)', 'kikoeru(들리다)', 'nioigasuru(냄새나다)' 등이 있고 'iru((유정물) 있다)', 'aru((무정물) 있다)', 'sumu(살다)' 등의 동사가 이 부류에 속한다.

대개 심리활동동사들은30) 상태변화의 시작과 끝을 명시적으로 나

---

30) 스기무라(杉村 2007)는 심리동사와 국면동사 '―始める(시작하다)', '―續ける

타낼 수 없으므로 감정·사고 동사의 내적 시간구성은 <그림 29>와
같은 구조를 갖는다.31)

〈그림 29〉 감정동사 'aisuru(사랑하다)'의 내적 시간구성

다음은 감정·사고 동사의 시간부사어와의 결합 제약을 알아보자.

(58) 가. Yumi-wa Jun-o aisi-te iru.

　　　Yumi-TOP Jun-ACC love-SF be-PRES-DECL

　　　유미는 준을 사랑하고 있다.

　　　ユミはジュンを愛している。

　　나. *Yumi-wa Jun-o kinou aisi-ta.

　　　Yumi-TOP Jun-ACC yesterday love-SF be-PRES-DECL

　　　*유미는 준을 어제 사랑했다.

　　　*ユミはジュンを昨日愛した。

　　다. Yumi-wa Jun-o zyuunen-kan aisi-ta.

　　　Yumi-TOP Jun-ACC 10 years-for love-SF be-PRES-DECL

　　　유미는 준을 10년 동안 사랑했다.

　　　ユミはジュンを十年間愛した。

（계속하다)', 一―終わる(끝내다)', '一切る(완전히 ～하다)'와의 공기여부로써 심
리동사의 재분류가 가능하다고 보았다. 예를 들면 '考え切る'는 어색하나 '諦め
切る'는 자연스러운데 이것은 '考える'는 동작동사의 상적 특성을 보이고, '諦め
る'는 변화동사의 상적 특성을 보이기 때문으로 해석했다.

31) 모리야마(森山, 1983 : 14)는 감각, 심리상태, 태도 등을 나타내는 동사는 종결점
이 있을 수 없다고 하였다. 또 코이즈미(小泉, 1989)도 이런 종류의 동사가 나타
내는 의미는 물리적인 동작 움직임이 아니고 심적인 움직임이기 때문에 움직임
의 시작과 끝이 분명하지 않다고 하였다.

라. *Yumi-wa Jun-o itinen-de aisi-ta.

Yumi-TOP Jun-ACC 1 year-in love-SF be-PRES-DECL.

*유미는 준을 1년 만에 사랑했다.

*ユミはジュンを一年で愛した。

(59) 가. Yumi-wa kirisutokyou-o sinzi-te iru.

Yumi-TOP Christianity-ACC believe-SF be-PRES-DECL

유미는 기독교를 믿고 있다.

ユミはキリスト教を信じている。

나. *Yumi-wa kirisutokyou-o sanzi-ni sinzi-ta.

*Yumi-TOP Christianity-ACC 3 o'clock-at believe-PAST-DECL

*유미는 기독교를 3시에 믿었다.

*ユミはキリスト教を三時に信じた。

다. Yumi-wa kirisutokyou-o zyuunen-kan sinzi-ta.

Yumi-TOP Christianity-ACC 10 years-for believe-PAST-DECL

유미는 기독교를 10년 동안 믿었다.

ユミはキリスト教を十年間信じた。

라. *Yumi-wa kirisutokyou-o itinen-de sinzi-ta.

Yumi-TOP Christianity-ACC 1 year-in believe-PAST-DECL

*유미는 기독교를 1년 만에 믿었다.

*ユミはキリスト教を一年で信じた。

위의 예문 (58가)(59가)는 '사랑하는 상태, 믿는 상태'에 있음을 의미하고 (58나)(59나)가 보여 주듯이 감정·사고 동사는[32] 상태의 성립 시점을 파악하기가 어렵기 때문에 동사가 지시하는 상태 변화가 언제

---

32) 타카하시(高橋 1985)는 감정 동사를 다음과 같이 기술 하고 있다.

"감정 동사가 지시하는 감정 활동의 대상은 화자의 내부에 있는 셈이다. 따라서 내용이 대상화하기 어렵기 때문에 상에서 해방된다. 감정 동사가 상태 동사임을 입증하는 한 가지는 완결상 '-ru'형식이 비완결상 '-te iru'형식과 대립하지 않고 현재의 상태를 표현한다는 것이다. 보통 [-상태성]의 동사는 동사가 지시하는 상황이 객체화 되어 있지만 감정 동사는 동사가 지시하는 상황이 화자의 내적 상태이므로 객체화 되지 않는다. 감정 동사는 상태변화가 무의지적으로 일어나기 때문에 상태의 성립 시점을 파악하기가 어렵다."

성립되었는지 명시적으로 나타낼 수 없다. (58다)(59다)는 '사랑하는
상태, 믿는 상태'가 10년 동안 지속되었음을 의미하며, (58라)(59라)는
감정·사고 동사는 상태의 성립시점을 파악하기가 어렵기 때문에 동
사가 지시하는 상태의 성립시점까지의 시간을 '만에'로 나타낼 수 없
으므로 비문이 된다.

감정동사와 사고동사의 차이점은, 감정동사는 'a odoroita(아 놀랐다)'
에서와 같이 '-ta'형으로도 현재 상태를 나타낼 수 있지만 사고동사는
'-ta'형으로는 현재 상태를 나타낼 수 없다는 것이다. 다음은 지각동사
의 상적 속성을 알아본다.

지각동사는 <그림 30>의 시간구성을 갖게 되는데 <그림 30>의 시
작점 'I'와 'F'가 괄호 안에 들어 있지 않은 것은 'kikoeru(들리다)'가 내
적 정태동사이지만 지각활동의 대상이 외부에 있기 때문에 상태의 변
화 시점을 명시적으로 파악할 수 있기 때문이다.

〈그림 30〉 지각동사 'kikoeru(들리다)'의 내적 시간구성

다음 (60), (61)은 인간의 지각활동을 나타내는 동사 'mieru(보이다)',
'kikoeru(들리다)'가 시간부사어와 결합하여 보이는 통사·의미적 특성
을 나타낸다.

(60) 가. Huzisan-ga mie-te iru.
　　　 Huzi mountain-NOM see-SF be-PRES-DECL
　　　 후지산이 보인다.

富士山が見えている。

나. Huzisan-ga   kinou   mie-ta.³³⁾

Huzi mountain-NOM   yesterday see-PAST-DECL

후지산이 어제 보였다.

富士山が昨日見えた。

다. Huzisan-ga   mikka-kan   mie-ta

Huzi mountain-NOM   3 days-for   see-PAST-DECL

후지산이 사흘 동안 보였다.

富士山が三日間見えた。

라. *Huzisan-ga   mikka-de   mie-ta

Huzi mountain-NOM   3 days-in see-PAST-DECL

후지산이 사흘 만에 보였다.

*富士山が三日で見えた。

富士山が三日ぶりに見えた。

(61) 가. henna   oto-ga   kikoe-te   iru.

strange sound-NOM hear-SF be-PRES-DECL

이상한 소리가 들리고 있다.

変な音が聞こえている。

나. henna   oto-ga   sanzi-goro   kikoe-ta.

strange sound-NOM 3 o'clock-around hear-PAST-DECL

이상한 소리가 3시쯤 들렸다.

変な音が3時ごろ聞こえた。

다. henna   oto-ga   gohun-kan   kikoe-ta.

strange sound-NOM 5 minutes-for   hear-PAST-DECL

이상한 소리가 5분 동안 들렸다.

変な音が五分間聞こえた。

라. *henna oto-ga mikka-de kikoe-ta.

strange sound-NOM 3 days-in be heard-PAST-DECL

이상한 소리가 사흘 만에 들렸다.

*変な音が三日で聞こえた。

---

33) 지각 동사의 대상은 외부에 있으므로 '감각', '감정' '사고'를 나타내는 다른 심리
  동사'에 비해 지각동사는 상태의 성립시점을 비교적 명시적으로 나타낼 수 있다.

変な音が三日ぶりに聞こえた。

위의 예문 (60가), (61가)는 '보이는 상태', '들리는 상태'에 있음을 나타내고 (60나), (61나)는 상태 변화가 세 시쯤에 성립되었음을 나타낸다. (60다)(61다)는 '보이는 상태', '들리는 상태'가 '사흘 동안', '5분 동안' 지속되었음을 나타내고 (60라)(61라)는 'de'와 공기하여 '보이는 상태', '들리는 상태'가 '사흘 만에' 성립됨을 의미할 수 없으므로 비문이 된다. 그러나 'burini'와 공기하여 동사가 지시하는 상태가 다시 성립하기까지 사흘이 걸렸다는 의미로는 정문이 될 수 있다.

일본어의 'iru', 'aru'는 주어가 생물이면 'iru', 무생물이면 'aru'로 구별된다. 흥미로운 점은 버스와 같이 움직이는 물체는 'iru'와 공기할 수도 있다는 것이다.

(62) 가. *Ken-wa i-te iru.
      Ken-TOP be-SF be-PAST-DECL
      *켄은 있고 있다.
      *ケンはいている。

나. Ken-wa sanzi-ni uti-ni ita.
      Ken-TOP 3 o'clock-at home-at be-PAST-DECL
      켄은 3시에 집에 있었다.
      ケンは三時に家にいた。

다. Ken-wa sanzi-kan uti-ni ita.
      Ken-wa 3 hours-for home-LOC be-PAST-DECL
      켄은 3시간 동안 집에 있었다.
      ケンは三時間家にいた。

라. *Ken-wa itizikan-de uti-ni ita.
      Ken-wa 1 hour-in home-at be-PAST-DECL
      ?켄은 1시간 만에 집에 있었다.
      *ケンは一時間で家にいた。

위의 예문 (62가)는 동사 'iru', 'aru'가 상표지 '-te iru'와 접속하지 못하는 것을 나타내고 있다. (62나)는 '세 시에 집에 있었음'을 의미하는 것으로 정문이나 순간적 상황의 성립시점을 의미하지 않으므로 본 분류표 <표 20>에서는 X로 처리된다. (62다)는 '집에 있는 상태가 세 시간 지속되었음'을 의미하므로 이 연구의 분류기준에 부합되어 분류표 <표 20>에 O로 표시된다. (62라)는 'de(만에)'와 상태동사 'iru'가 어울리지 못함을 보여준다.

다음은 약간 다른 관점에서 '지각동사', '사고 동사', '감각동사', '감정동사'의 순으로 이들 심리동사의 상적 특성을 알아본다.[34]

지각동사는 현재상태가 '-ru(-는다)', '-te iru(-고 있다)'로 표현되는 동사로서 지각동사의 '-ru(-는다)'는 '항상적 상태'를 의미하는 경우와 '일시적 상태'를 의미하는 경우의 2가지가 있다. 진행상 '-te iru(-고 있다)'는 '조금 전의 지각으로 파악된 현상이 발화시에도 아직 계속되고 있다'는 함의를 갖는다. 따라서 그런 의미를 나타내는 수식어 'sakkikara(아까부터)'는 (63)과 같이 '-te iru(~고 있다)'하고만 어울린다.

(63) sakkikara kono madokara huziisan-ga miete iru. (*mieru)
from a while ago through this window mountain Huzi-NOM be seen-SF be-PRES
아까부터 이 창으로 후지산이 보이고 있다.
さっきからこの窓から富士山が見えている。

(64) 가. hareru to huzisan-ga mieru.(*miete iru)
clear up if mountain Huzi-NOM is seen-DECL.
날씨가 맑으면 후지산이 보인다.
晴れると富士山が見える。

---

34) 일본어 심리동사는 비과거형 '-ru'로 현재의 상태를 나타낼 수 있다는 점에서 일반 동작성 동사와 구별된다. 따라서 완결상 '-ru'와 비완결상 '-te iru'의 상적 의미 구별이 없어지게 된다. 일본어 심리동사의 상적 특성에 대해서는 이영희 (2005)에서 자세히 기술하고 있다.

나. kono heya kara-wa itumo huzisan-ga mieru.

this room from-TOP always mountain Huzi-NOM is seen-DECL.

이 방에서는 언제나 후지산이 보인다.

この部屋からはいつも富士山が見える。

한편 위의 예문 (64가, 나)는 항상적 상태를 나타내는 조건문이므로 '-ru(-는다)'형의 'mieru(보이다)'만 올 뿐, 'miete iru(보이고 있다)'는 허용되지 않는다. 사고동사 'omou(생각하다)', 'sinziru(믿다)', 'utagau(의심하다)' 등도 '-ru(-는다)'형과 '-te iru(-고 있다)'형으로 현재의 상태를 나타낼 수 있다.

그러나 'ru'형과 '-te iru'형이 함의하는 바는 조금 다르다. 다음 예문 (65가, 나)는 둘 다 1인칭 화자의 현재의 생각을 나타낸다. 어떤 사태를 'omou(생각하다)'와 'omotte iru(생각하고 있다)'로 표현했을 때 (65나)의 'omotte iru(생각하고 있다)'가 (65가)의 'omou(생각하다)'보다 좀 더 깊이가 느껴진다고 한다. 'omou(생각하다)'는 화자의 발화시 현재의 생각을 나타내고 'omotte iru(생각하고 있다)'는 어느 기간 동안 계속되는 화자의 생각을 나타내기 때문이다. 그래서 (66)과 같이 'koko suuzitu(요 며칠)', 'maekara(전부터)' 등과 같이 기간을 나타내는 수식어구가 오면 'omotte iru(생각하고 있다)'로 나타내야 한다.

(65) 가. watasi-wa nihongo-ga muzukasii-to omou.

I-TOP Japanese-NOM difficult-as think-PRE-DECL

나는 일본어가 어렵다고 생각한다.

私は日本語が難しいと思う。

나. watasi-wa nihongo-ga muzukasii-to omotte iru.

I-TOP Japanese-NOM difficult-as think-SF be-PRE-DECL

나는 일본어가 어렵다고 생각하고 있다.

私は日本語が難しいと思っている。

(66) maemaekara tabako-o yameyouto omotte iru.
since a long time ago tabacco-ACC to stop think-SF be- PRES-DECL
오래전부터 담배를 끊으려고 생각하고 있다.
前々からたばこをやめようと思っている。

감정동사는 '감정표출동사'와 '감정묘사동사'로 나눌 수 있다.35) '감정표출동사'는 화자가 발화시 자신의 감정을 '-ru(-는다)'나 '-ta(-했다)' 형으로 직접 표출할 수 있는 동사를 의미하는데, 감정표출동사는 'ni(에)'격 보충어를 취하여 감정 유발 요인을 나타내며, '~te iru(~고 있다)' 형식을 취하여 변화 결과가 현재 존속함을 나타낸다. 감정표출동사는 'odorokuna(놀랐다)', 'odoroitana(놀랐다)', 'komaruna(곤란해)', 'komattana(곤란해)'와 같이 '-ru(-는다)' 혹은 '-ta(-했다)'형으로 발화시 순간의 화자의 감정 상태를 직접 표출한다.

감정묘사동사는 화자가 발화시 자신의 상태를 '-ru(하다)'나 '-ta(했다)'로 직접 표출할 수 없는 동사를 의미한다. 감정묘사동사는 'o'격 보충어를 취하여 감정의 대상을 나타내고, '-te iru(-고 있다)'형식과 접속하여 1인칭 또는 3인칭 화자의 현재의 상태를 서술적으로 묘사한다. 감정묘사동사에는 'yorokobu(기뻐하다)', 'kanasimu(슬퍼하다)', 'nikumu(미워하다)', 'kurusimu(괴로워하다)' 등의 동사가 있다.

4.4.5. 제16 부류 영속적 상태상황

제16 부류 영속적 상태상황에는 'sugureru(우수하다)', 'tomu(풍부하다)', 'niru(닮다)', 'niau(어울리다)', 'tigau(다르다)' 등의 동사가 속한다. 영속적

---

35) 야마오카(山岡 1999, 2002)는 감정동사를 감정표출동사와 감정묘사동사로 나누어 자세히 설명하고 있다

인 상태를 나타내는 이 부류의 동사들은 어떤 동작이나 상태변화를 전제로 하지 않으므로 다음 예문 (67), (68)과 같이 'ni', 'kan', 'de'와 공기할 수 없다. 상태변화를 전제로 하지 않으므로 내적 시간구성은 따로 설정하지 않는다. (68)의 PART는 격조사 particle의 줄임말이다.

(67) 가. Yumi-wa sugure-te iru.
　　　　Yumi-TOP be excellent-SF be-PRES-DECL
　　　　유미는 우수하다.
　　　　ユミは優れている。

　　나. *Yumi-wa kinou sugure-ta.
　　　　Yumi-TOP yesterdayt be excellent-PAST-DECL
　　　　*유미는 어제 우수했다.
　　　　*ユミは昨日優れた。

　　다. *Yumi-wa itinen-kan sugure-ta.
　　　　Yumi-TOP 1 year-for be excellent-PAST-DECL
　　　　*유미는 1년 동안 우수했다.
　　　　*ユミは一年間優れた。

　　라. *Yumi-wa itinen-de sugure-ta.
　　　　Yumi-TOP 1 year-in be excellent-PAST-DECL
　　　　*유미는 1년 만에 우수했다.
　　　　*ユミは一年で優れた。

(68) 가. Yumi-wa okaasan-ni ni-te iru.
　　　　Yumi-TOP mother-PART resemble-SF be-PRES-DECL
　　　　유미는 엄마를 닮았다.
　　　　ユミはお母さんに似ている。

　　나. *Yumi-wa okaasan-ni kinou ni-ta.
　　　　Yumi-TOP mother-PART yesterday resemble-PAST-DECL
　　　　*유미는 어제 엄마를 닮았다.
　　　　*ユミはお母さんに昨日似た。

　　다. *Yumi-wa okaasan-ni itinen-kan ni-ta.
　　　　Yumi-TOP mother-PART 1 year-for resemble-PAST-DECL

　*유미는 1년 동안 엄마를 닮았었다.
　*ユミはお母さんに一年間似た。
라. *Yumi-wa okaasan-ni itinen-de nita.
　Yumi-TOP mother-PART 1 year-in resemble-PAST-DECL
　*유미는 1년 만에 엄마를 닮았다.
　*ユミはお母さんに一年で似た。

　영속적 상태를 나타내는 이 부류의 동사들은 형용사에 가까운 동사들로서 'niru(닮다)', 'niau(어울리다)' 등의 동사를 제외하고는 다음 <표 19>와 같이 한국어에서는 형용사에, 영어에서는 'be + 형용사'에 대응되는 경우가 많다.

〈표 19〉 영속적 상태를 나타내는 술어

일본어	한국어	영어
sugureru	우수하다	be excellent
tomu	풍부하다	be rich
tigau	다르다	be different
arihureru	흔하다	be common

4.5. [결과성]에 의한 하위분류

　이 소절에서는 [+종결성]을 지닌 일본어 동사들을 [결과성]의 유무에 따라서 다시 하위분류 한다. 일본어의 제5 부류 완성·활동상황과 제7 부류 완성상황은 [결과성]의 유무에 따라서 다시 [-결과성]의 부류와 [+결과성]의 부류로 하위분류된다.

4.5.1. 제5 부류 완성·활동상황

1) 제5-1 부류 [-결과성]의 완성·활동상황

이 부류는 완성상황으로 행동할 때 [-상태, -순간, +종결, -결과]의 상적 특성을 보이는데, 동사 'yomu(읽다)', 'taberu(먹다)', 'kaku(쓰다)', 'nomu(마시다)', 'moyasu(태우다)', 'souzisuru(청소하다)', 'yuderu(데치다)', 'wakasu(끓이다)' 등이 [-결과성]부류에 해당된다.

[-결과성]을 가진 이 부류의 동사들의 '-te iru'형은 동사가 지시하는 상황이 진행 중이거나 이미 완료되었음을 지시한다. 다음 예문 (70가)는 '동작 진행'을 의미하고, (70나)는 '현재 책을 읽는 상황이 완료되었음'을 나타낸다.

(70) 가. watasi-wa   hon-o   yon-de iru.
      I-TOP   book-ACC   read-SF be-PRES-DECL
      나는 책을 읽고 있다.
      私は本を讀んでいる。
  나. watasi-wa sono hon-o mou yon-de iru.
      I-TOP the book-ACC already read-SF be-PRES-DECL
      나는 그 책을 이미 읽었다.
      私はその本をもう讀んでいる。

2) 제5-2 부류 [+결과성]의 완성·활동상황

제5-2 부류의 완성·활동상황은 [+결과성]을 가진다는 점에서 제5-1 부류와 구별된다. 완성상황으로 행동할 때 [-상태, -순간, +종결, +결과]의 상적 특성을 보인다. 이 부류에는 'tameru(모으다, 저축하다)', 'oriru(내려오다)', 'oboeru(외우다)', 'hueru(늘다)', 'heru(줄다)' 등의 동사가 있다. 이 부류의 동사는 [+결과성]의 완성상황일 때 <그림 31가>의 시간구성을 갖는다.

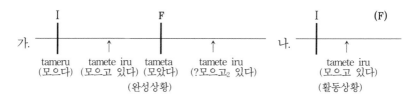

〈그림 31〉 'tameru(모으다)'의 내적 시간구성

'tameru', 'oriru', 'oboeru'는 [+결과성]을 가지므로 동사가 지시하는
상황이 종결된 후의 결과상태를 나타낼 수 있다.

(71) 가. Hanako-wa hyakuman-en-o tame-te iru.
　　　Hanako-TOP a million-yen-ACC save-SF be-PRES-DECL
　　나. 하나코는 100만엔을 모으고 있다. (진행상)
　　다. 하나코는 100만엔을 모았다(?모으고₂ 있다) (결과상)
　　　花子は百万円を貯めている。(진행상/결과상)
(72) 가. Ken-wa yama-o ori-te iru.
　　　Ken-TOP mountain-ACC come down-SF be-PRES-DECL
　　나. 켄은 산을 내려오고 있다. (진행상)
　　다. 켄은 산을 내려 와 있다. (결과상)
　　　建は山を降りている。(진행상/결과상)
(73) 가. Ken-wa kakezan-o oboe-te iru.
　　　Ken-TOP multiplication-ACC remenber-SF be-PRES-DECL
　　나. 켄은 구구단을 외우고 있다. (진행상)
　　다. 켄은 구구단을 외우고₂ 있다. (결과상)
　　　建は掛け算を覺えている。(진행상/결과상)

　　[+결과성]을 가진 'tameru(모으다)', 'oriru(내려오다)'와 'oboeru(외우다)'
는 위의 예문 (71가)~(73가)가 보여 주듯이 상표지 '-te iru'와 결합하여 두 가지의 의미 해석을 낳는다. 첫째, (71나)~(73나)는 동사가 지시하는 상황이 진행되고 있음을 의미하고 둘째, (71다)~(73다)는 동사가 지시하는 상황의 종결 뒤 결과상태를 의미한다. (71나)는 '돈을 모으는 중'을, (71다)는 목표액을 다 모은 뒤의 결과상태를 의미한다. (72나)는 '산을 내려오고 있는 중'을, (72다)는 '산을 내려 와 있음'을 의미한다. (73가, 나)도 같은 설명이 가능한데 문맥적 도움이 없을 때 동사와 결합한 'te iru'의 '기본값(default)'은 '결과상'이다.

4.5.2. 제7 부류 완성상황

1) 제7-1 부류 [-결과성]의 완성상황

제7-1 부류는 [-상태, -순간, +종결, -결과]의 상적 특성을 지니며 'tateru(짓다)'가 이 부류에 속한다. 이 부류의 동사는 상황의 종결만을 의미할 뿐 상황이 종결된 후의 결과상태를 드러내지는 않는다. [-결과성]을 가진 완성상황의 내적 시간구성은 다음 <그림 32>와 같다.

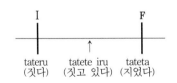

〈그림 32〉 'tateru(짓다)'의 내적 시간구성

제7-1 부류의 상적 특성을 살펴보자.

(74) 가. Ken-wa ie-o tate-te iru.
　　　　Ken-TOP house-ACC build-SF be-PRES-DECL

켄은 집을 짓고 있다.

ケンは家を建てている。

　나. *Ken-wa　kinou　ie-o　tate-ta.

Ken-TOP yesterday house-ACC build-PAST-DECL

*켄은 어제　집을 지었다.

*ケンは昨日家を建てた。

　다. *Ken-wa　itinen-kan　ie-o　tate-ta.

Ken-TOP 1 year-for house-ACC build-PAST-DECL

켄은 1년 동안 집을 지었다.

*ケンは一年間家を建てた。

　라. Ken-wa　itinen-de　ie-o　tate-ta

Ken-TOP 1 year-in house-ACC build-PAST-DECL

켄은 일년 만에 집을 지었다.

ケンは一年で家を建てた。

(74가)는 동사 'tateru(짓다)'가 상표지 '-te iru'와 접속하여 집을 짓는 상황이 진행되고 있음을 나타내고, (74나)는 순간적 상황의 성립 시점인 'ni'가 시간의 폭을 가진 'tateru'와 결합하였으므로 비문이 된다. (74다)에서 'ie-o tateta(집을 지었다)'는 '집을 다 지었다'로 해석되므로 동작 진행의 일시적 기간을 나타내는 'kan'과 'tateta'는 공기할 수가 없다. (74라)는 집을 완성하기까지 걸린 시간이 일년임을 뜻한다.

2) 제7-2 부류 [+결과상]의 완성상황

[-상태, -순간, +종결, +결과]의 상적 특성을 갖는 완성상황에는 'kiru (입다)', 'nugu(벗다)', 'haku(신다)', 'simeru(매다)', 'someru(염색하다)', 'noboru (해가 뜨다)', 'sizumu(해가 지다)', 'kureru(저물다)', 'moeru(타다)', 'yakeru(구워지다)', 'waku(끓다)' 등의 동사가 있다.

이 부류의 동사들은 '-te iru'와 결합하여 '진행'과 '결과상태'의 두

가지 의미를 나타낼 수 있는데 예문 (75), (76)은 이 부류의 상적 특성
을 잘 나타내고 있다.

(75) Ken-wa nekutai-o sime-te iru.
   Ken-TOP necktie-ACC put on/wear-SF be-PRES-DECL
   켄은 넥타이를 매고 있다. (진행상)
   켄은 넥타이를 매고$_2$ 있다. (결과상)
   ケンはネクタイを締めている。(진행상/결과상)

위의 예문 (75)는 중의성을 갖게 되는데 첫째는 '켄이 넥타이를 매
고 있는 중'으로 해석될 수 있고, 둘째는 결과상태 즉 '켄이 넥타이를
매고$_2$ 있다'로 해석될 수 있다. 이와 같은 중의성은 부사어구의 도움
으로 해소될 수 있다. 다음 예문 (76가)는 동작이 일어나는 장소를 나
타내는 'kagaminomae-de(거울 앞에서)'가 삽입되어 동사가 지시하는 상
황이 진행 중임을 나타내고, (76나)는 수식어 'kyou(오늘)', 'akai(빨간)'이
삽입되어 동사가 지시하는 상황이 종료된 후의 결과상태를 나타낸다.

(76) 가. Ken-wa kagami-no mae-de nekutai-o sime-te iru.
      Ken-TOP mirror-GEN front-in necktie-ACC put on-SF be-PRES-DECL
      켄은 거울 앞에서 넥타이를 매고 있다. (진행상)
      ケンは鏡の前でネクタイを締めている。(진행상)
   나. Ken-wa kyou akai nekutai-o sime-te iru.
      Ken-TOP today red necktie-ACC wear-SF be-PRES-DECL
      켄은 오늘 빨간 넥타이를 매고$_2$ 있다. (결과상)
      ケンは今日赤いネクタイを締めている。(결과상)

지금까지 일본어 동사의 동작류를 분류하고 각 동작류의 상적 특성
에 대해 살펴보았다. 이 연구는 Vendler(1967)의 동사 분류 에서 제시

된 4가지 분류기준에 따라 일본어 동사의 동작류를 일차적으로 11가
지로 분류하고 이차적으로 [+종결성]을 가진 제5 부류는 [-결과성]의
제5-1 부류와 [+결과성]의36) 제5-2 부류로 하위 분류되고, 제7 부류는
[-결과성]의 제7-1 부류와 [+결과성]의 제7-2 부류로 다시 하위분류되
어 모두 13가지의 동작류를 얻었다. 그 결과를 일목요연하게 보이면
다음 <표 20>과 같다.

---

36) 일본어에는 [결과성]을 나타내는 표현에 '-te iru'외에 'te aru'도 있다. 카토·후
쿠치(加藤泰彦·福地務, 1989)에 의하면 '-te aru'는 '의도적 동작에 의해 초래된
결과상태의 잔존'을 나타내는데 주체의 결과상태를 나타내는 'te iru'와 대상의
결과상태를 나타내는 'te aru'사이에는 함의적 차이가 있다.
  (I) 가. mon-ga akete aru.
       door-NOM open-SF be-PRES-DECL
       문이 열려져 있다.
       門が開けてある。
     나. mon-ga aite iru.
       door-NOM open-SF be-PRES-DECL
       문이 열려져 있다.
       門が開いている。
     다. mon-ga akerarete iru.
       door-NOM open-PASS-SF be-PRES-DECL
       문이 열려져 있다.
       門が開けられている。
  예문 (I가)에서 알 수 있듯이 'te aru'는 격조사가 'o'에서 'ga'로 교체되는데 (I
  다)와 같이 'akeru'의 피동형 'akerarete iru'로 대신할 수도 있다. 'mon-ga akete
  aru'는 반드시 누군가 '동작주'가 있어서 '의도적'으로 문을 연 결과 문이 열려
  져 있다는 것을 암시하고, 'mon-ga aite iru'는 동작주와 의도성이 암시되어 있
  지 않다. 그리고 'mon-ga akerarete iru'는 동작주는 암시되어 있어도 의도성은
  암시되어 있지 않다. 'te aru'는 대부분 타동사와 결합하지만 'zyuubun nete
  aru(충분히 자두었다)'에서와 같이 자동사와 결합하는 경우도 있으며 이때의
  '-te aru'는 '결과상태+준비'의 함의를 갖는다. (I다)의 'PASS'는 passive의 줄인
  말이다.

〈표 20〉 일본어 동사의 동작류 분류

동작류 / 분류기준	1	2	3	4	5	6	7	8	9	10	11	12	13	14	15	16
	활동·성취	순간 활동	예비단계 성취		완성활동	활동	완성				성취	(수여동사) 성취	(감각) 상태	(감정·지각·사고)성태		영속적 성태
진행상 ni	O	O	O	O	O	O	O	O	X	X	X	X	X	X	X	X
진행상 kan	O	O	O	O	X	X	X	X	O	O	O	O	X	X	X	X
진행상 de	O	O	X	X	O	O	X	X	O	O	X	X	O	O	X	X
결과상	o/X	X	O	X	O	X	O	X	O	X	O	X	O	X	O	X
예	noru (타다)	tataku (두드리다) keru (차다) utu (치다) una zuku (끄덕이다)	katu (이기다) makeru (지다)		horu (파다) oboeru (외우다) tameru (모으다) oriru (내려오다) yomu (읽다) kaku (쓰다) taberu (먹다) moyasu (태우다) wakasu (끓이다)	naku (울다) huru (비오다) huku (바람불다) aruku (걷다) hasiru (달리다) asobu (놀다) hataraku (일하다) heru (줄다) hueru (늘다) yaseru (마르다)	tateru (짓다) someru (염색하다) kiru (입다) simeru (메다) noboru (뜨다) kiga eru (갈아입다) mugu (벗다)				tubumu (감다) kakureru (숨다) suwaru (앉다) tatu (서다) tomaru (멈추다) toutya kusuru (도착하다) mitukeru (찾다)	kasu (빌려주다) kariru (빌리다) okuru (보내다) morau (받다)	onakaga suku (배고프다) suku (배가 고프다) sibireru (저리다) tukareru (피곤하다)	aisuru (사랑하다) yorokobu (기뻐하다) kanasimu (슬퍼하다) sinziru (믿다) omou (생각하다) mieru (보이다) iru (있다) sumu (살다)		sugu reru (뛰어나다) tomu (풍부하다) niru (닮다) sobieru (솟다)

지금까지 '-te iru'의 기본적 의미인 '진행상'과 '결과상'을 중심으로 일본어의 어휘상을 관찰하였다. 다음은 일본어 동사의 '-te iru'형이 보이는 '완결상'37)의 의미 기능에 관해 알아보도록 한다. '완결상'은 동작을 분할하지 않고 통일체로 파악하는 것인데 'te iru'의 완결상 기능에는 '경험상'과 '완료상'38)이 있다. 경험상이란 다음 예문 (78)~(80)이 보여 주듯이 동사의 '-te iru'형이 과거에 완결된 상황을 지시하는 경우로서 '경험'을 나타내는 '-te iru'는 'ta'로 바뀌어도 같은 의미를 나타낸다. 그리고 '경험'의 '-te iru'는 예문 (78)과 같이 과거를 나타내는 시간부사어와 공기할 수도 있다.

(78) Simazaki-wa 1872 nen-ni umarete iru.
     Simazaki-TOP 1872 year-in be born-SF be-PRES-DECL
     시마자키는 1872년에 태어났다.
     島崎は1872年に生まれている。

(79) ano hito-wa takusan-no syousetu-o kai-te iru.
     that person-TOP many-GEN novel-ACC write-SF be-PRES-DECL
     저 사람은 많은 소설을 썼다.
     あの人はたくさんの小説を書いている。

---

37) 와카오(若生 2007)는 과거 시간부사어와 공기하여 '완결상'을 나타내는 일본어 상표지 '-te iru'와 마찬가지로 한국어의 '말하다', '전하다', '설명하다', '제시하다', '밝히다' 등의 전달 동사에서도 (I)과 같이 상표지 '-고 있다'가 과거 시간부사어와 공기하여 '완결상'의 의미를 나타낸다고 보았다.
   (I) 가. 1973년 1월 18일 브란트 수상은 사회 정책에 대하여 다음과 같이 말하고 있다.
       나. 1985년에 그는 프로테스탄티즘과 현대의 정치 이념 사이에 있는 공통점을 발견하고 이렇게 쓰고 있다.
   또한 安平鎬·田惠敬(2006)도 '-고 있다'가 완결상으로 쓰인 예를 다음 예문 (II)에서 보이고 있다.
   (II) 마르코폴로는 '호화롭고 변영된 큰 도시'라 하여 북경을 칸발릭'이라고 기록하고 있다.
38) 여기에서 '완료상'이란 [-결과성]의 'yomu(읽다)', 'kaku(쓰다)' 등의, 동사들이 '-te iru'와 결합하여 보이는 상을 뜻한다.

(80) kore madeni ikutu-mo mi-te iru.

until now several see-SF be-PRES-DECL

지금까지 여럿을 보았어.

これまでにいくつも見ている。

쿠도마유미(工藤眞由美, 1995)는 '-te iru'의 '경험'을 다음 예문 (81), (82)에서와 같이 과거에 실현한 운동이 현재의 상태에 무언가 관련을 갖고 있는 것이라 하였다.

(81) sikasi kimi-wa ototosi-mo syusseki-ga waruku-te oti-te iruzo.

but you-TOP last year-also attendance-NOM be bad-SF fail-SF

be-PRES-DECL-MOD

그러나 자네는 재작년에도 출석이 나빠서 떨어졌었지.

しかし君は一昨年も出席が惡くて落ちているぞ。

(82) kongetu watasi-no saihu-wa karappoda.

this month I-GEN purse-TOP be-empty-PRES-DECL

이번 달 내 지갑은 텅텅 비었어.

今月私の財布は空っぽだ。

sengetu watasi-wa kamera-o katte iru.

last month I-TOP camera-ACC buy-SF be-PRES-DECL

지난달 카메라를 샀거든.

先月私はカメラを買っている。

우리가 어떤 사태를 현재와 단절된 과거의 사태로 말할 때는 '-ta' 형을 사용한다. 그러나 과거의 사태가 현재와 무언가 연관이 있을 때는 경험상 '-te iru'를 사용한다. 예를 들어 사원이 상사에게 'asita itiniti yasumi-o moraenai desyouka(내일 하루 휴가를 받을 수 없을까요)'하고 말하자, 상사는 그 사원의 출근표를 보고 이렇게 말한다. 'kimi-wa kongetu-ni haitte itutukan-mo yasunde iru zyanaika(자네는 이번 달에 들어서 5일간이나 쉬었지 않은가).' 이 사원이 현재 휴가를 낼 수 있는 자격이 있는지의 여부를 과거의 일과 관련지어서 생각하기 때문에 '-te iru'형을 사용한다. 또한 예문 (82)는 지난 달 카메라를 샀기 때문에 현재 지갑에 돈이 없다는 것을 나타내기 위해서 'kau(사다)'의 '-te iru'형 'katte iru'로 나타내었다. '경험'은 과거에 일어난 동작 또는 작용 즉 '과거의 사실'을 현재와의 관련 속에서 표현하는 '일본어 상 표현의 특징'이다. 다음 예문 (83)은 '-te iru'가 완료상을 드러내는 경우이다.

> (83) Yumi-wa   mou/sudeni sono hon-o yon-de iru.
> Yumi-TOP already the book-ACC read-SF be-PRES-DECL
> 유미는 그 책을 벌써 읽었다. (완료)
> ユミはもう/すでにその本を讀んでいる。(완료)

위의 예문 (78)~(83)의 한국어 번역문이 보여주듯이 '완결상'으로 기능한 '-te iru'는 모두 우리말 '-었-'으로 나타나며 '-ta'로 교체가 가능하다.

일본어 동사의 '-te iru'형이 드러내는 '완결상'의 기능에 대해 간략히 알아보았다. 다음 절에서는 3장과 4장에서 분석한 한국어와 일본어 동사의 상적 차이점과 공통점을 정리해 본다.

4.6. 한국어와 일본어 동사의 동작류 비교

본 절의 목적은 3장과 4장에서 시도한 동작류 분류에 의해 밝혀진 한국어와 일본어 동사 어휘상의 공통점과 차이점을 기술하여 두 언어 간의 상을 나타내는 방식의 보편성과 동시에 차이점을 밝히는 일이다.

4.6.1. 차이점을 보이는 동작류

이 절에서는 한국어와 일본어 동사의 동작류 중에서 상적 특성에서 차이를 보이는 동작류를 소개하고자 한다.

4.6.1.1. 제1 부류 활동·성취상황

한국어 동사 '찾다'는 '찾고 있는 과정'과 '발견하는 순간'을 '찾다'라는 한 단어로 모두 나타낸다. 그러나 일본어에서는 '찾고 있는 과정'과 '찾는 순간'을 각각 다른 동사로 나타내는데 '찾고 있는 과정'은 'sagasu(찾다)'로, '찾는 순간'은 'mitukaru/mitukeru(발견되다/발견하다)'로 나타낸다. 전자는 활동상황의 상적 특성을 보이고 후자는 성취상황의 상적 특성을 보인다.

4.6.1.2. 제3 부류 예비 단계가 있는 성취상황

한국어와 일본어의 성취상황에 속하는 동사 중에는 '이기다/katu', '지다/makeru'와 같이 예비 단계에서 상표지 '-고 있다/-te iru'와 결합하여 목표를 향해 접근하고 있는 상황을 진행상으로 나타내는 상적 특성을 지닌 동사 부류가 있다.

그런데 한국어와 일본어는 이 부류에 속하는 동사의 종류에 차이가 있다. 한국어의 '도착하다', '착륙하다' 등은 '도착하고 있다', '착륙하고 있다'의 형태로 예비 단계에서 목표를 향해 접근하는 과정을 '진행상'으로 나타낼 수 있다. 그러나 '도착하다', '출발하다'의 일본어 대응어 'toutyakusuru', 'syuppatusuru'는 예비 단계를 가지지 못한다.

일본어 동사 'toutyakusuru(도착하다)'의 상적 특성을 예문으로 나타
내면 (84)와 같다.

> (84) kisya-ga eki-ni toutyakusi-te iru.
> train-NOM station-at arrive-SF be-PRES-DECL
> 기차가 역에 도착했다(도착해 있다).
> 汽車が驛に到着している。(결과상)

일본어 동사 'toutyakusuru'는 위의 예문 (84)와 같이 '-te iru'와 결
합하여 기차가 도착한 후의 결과상태만을 나타낸다.

4.6.1.3. 완성상황의 '가다', '오다'와 성취상황의 'iku', 'kuru'

한국어와 일본어 동사 중에서 가장 큰 상적 차이를 보이는 것은 이
동 동사 '가다, 오다'와 'iku', 'kuru'의 경우이다. 한국어 동사 '가다',
'오다'는 완성동사로 기능하여 (85가, 나)와 같이 '진행상'과 '결과상'
모두를 나타낼 수 있다. 그러나 일본어 동사 'iku(가다)', 'kuru(오다)'는
[+결과성]의 성취동사로 기능하여 (85다)와 같이 '-te iru'와 결합한
'it-te iru', 'ki-te iru'는 '와 있다', '가 있다'로 해석되어 '결과상'의 의미
만을 드러낸다.

> (85) 가. 동생이 오고 있다. (진행상)
> 나. 동생이 와 있다. (결과상)
> 다. Otouto-ga ki-te iru/it-te iru. (결과상)
> younger brother-NOM come-SF be-PRES-DECL/go-SF be-PRES-DECL
> 동생이 와 있다/가 있다.
> 弟が來ている/行っている。

4.6.1.4. 제13 부류 일본어의 감각동사

제13 부류 상태상황은 일본어에만 있는 부류인데 그 이유는 한국어에서는 감각을 나타내는 단어들이 주로 형용사의 범주에 속하는데 일본어에서는 동사의 범주에 속하기 때문이다. 예를 들면 감각을 나타내는 동사 '(onakaga) suku'는 한국어의 형용사 '배고프다'에 대응되고, 'itamu'는 형용사 '아프다', 'tukareru'는 형용사 '피곤하다', 'sibireru'는 형용사 '저리다'에 대응된다.

일본어의 감각동사에는 과거형 '-ta'와 비과거형 '-ru'로 현재의 각각 상태를 나타낼 수 있는 'onakagasuku(배고프다)', 'tukareru(피곤하다)'의 유형과 '-ru'형만으로 현재의 감각 상태를 나타내는 'itamu(아프다)', 'kurakurasuru(어지럽다)'의 두 가지 유형이 있다.

일본어의 감각동사는 과거형 'onakagasuita'로도 현재의 감각 상태를 표출할 수 있는데 'onakagasuita'를 직역한 한국어의 '배고팠다'는 과거의 감각 상태를 나타낼 뿐 현재의 상태를 나타낼 수 없다. 이와 같이 감각을 나타내는 표현에서 한국어와 일본어는 차이를 보인다.

4.6.2. 공통점을 보이는 동작류

이 절에서는 한국어와 일본어 동사의 동작류 중에서 같은 시간적 특성을 보이는 동작류를 소개하고자 한다.

4.6.2.1. 제1 부류 활동·성취상황

한국어 동사 '타다'와 일본어 동사 'noru'는 '보충어'에 따라서 '활동상황'과 '성취상황'을 넘나든다. 예문 (86)에서 알 수 있듯이 '자전거를 타고 있다/zitensya-ni not-te iru'는 '진행상'을 나타내고, '버스를 타고 있다/basu-ni not-te iru'는 '결과상'을 나타낸다.

(86) 가. 그는 자전거를 타고 있다. (진행상)
　　　kare-wa zitensya-ni not-te iru.
　　　he-TOP bike-on　ride-SF be-PREs-DECL
　　　彼は自轉車に乘っている。(진행상)
　　나. 그는 버스를 타고₂ 있다. (결과상)
　　　kare-wa basu-ni not-te iru.
　　　he-TOP bus-on　ride-SF be-PRES-DECL
　　　彼はバスに乘っている。(결과상)

위의 예문 (86가)는 주체가 대상이 되는 자전거를 운전하고 있는 상황으로서 '그네를 타고 있다'와 같은 '활동(activity)'으로 인식되며, '진행상'을 나타낸다. 그러나 (86나) '버스를 타고 있다/basu-ni not-te iru'는 주체가 버스를 탄 후에 가만히 앉아있는 상황으로서 '결과상태' 로 해석된다. 이와 같이 한국어 '타다'나 일본어 'noru'는 같은 상적 특 성을 보인다.

4.6.2.2. 제2 부류 순간적 활동상황

이 부류에 속하는 한국어와 일본어 동사는 다음과 같이 거의 일치 한다. '차다/keru', '기침하다/seki-o suru', '치다/utu', '두드리다/tataku', '(고개)끄덕이다/unazuku', '썰다/kiru', '(눈)깜짝이다/matataku' 등의 동 사가 이 부류에 속한다. 이 부류의 동사들은 종래에는 따로 분류되지 않고 대개 '활동상황'에 분류되던 것들이다.

이 부류는 [+순간성]이면서 [-종결성]의 상적 특성을 가지므로 아래의 예문 (87)과 같이 '(문)두드리다/tataku'는 '-고 있다/-te iru'와 접속하여 순간적 사태가 반복적으로 일어나는 상황을 나타낸다. 이 연구에서는 '-고 있다'와 결합하여 순간적 활동이 반복적으로 일어나는 상황을 '진행상'으로 간주하는데 일본어에서도 이 부류의 동사가 '-te iru'와 결합하여 나타내는 상을 '반복상'으로 보지 않고 '진행상'의 일종으로 파악한다.

(87) 가. 누군가가 문을 두드리고 있다.

　　　 dareka-ga doa-o tatai-te iru.

　　　 someone-NOM door-ACC knock-SF be-PRES-DECL

　　　 誰かがドアを叩いている。

　　 나. 누군가가 3시에 문을 두드렸다.

　　　 dareka-ga sanzi-ni doa-o tatai-ta.

　　　 someone-NOM 3 o'clock-at door-ACC knock-PAST-DECL

　　　 誰かが三時にドアを叩いた。

4.6.2.3. 제5 부류 완성·활동상황

제5 부류 완성·활동상황은 '완성상황'의 상적 특성과 '활동상황'의 상적 특성을 모두 갖는 부류이다. NP 논항의 관사나 수가 무표인 한국어와 일본어에서는 상당수의 동사가 보충어의 '수'나 '관사' 표시 없이 예문(88)~(91)에서와 같이 완성상황과 활동상황을 겸한다.

완성상황과 활동상황은 모두 시간의 길이를 가진 동사이지만 활동상황은 그 내적 시간구성에 필연적인 종결점이 없으며, 완성상황은 반드시 도달해야 할 종결점을 가지고 있다는 점에서 시간부사어와의 공기에서 통사적 차이를 보인다. 한국어와 일본어의 완성·활동동사

들은 '동안/kan'과도 공기할 수 있고, '만에/de'와도 공기할 수 있는데,
이때 '동안/kan'과 '만에/de'는 그 함의하는 바가 다르다. 예문 (88),
(90)은 동사가 지시하는 상황이 완성되었는지에 대해서는 중립적이어
서 책을 다 읽었는지, 계란을 다 삶았는지의 여부는 알 수 없다. 그러
나 (89), (91)은 동사가 지시하는 상황이 완성되었음을 의미하여 '책을
다 읽었다', '계란이 다 삶아졌다'는 뜻을 드러낸다.

> (88) 가. 나는 한 시간 동안 책을 읽었다.
>   나. watasi-wa itizi-kan hon-o yon-da.
>   I-TOP 1 hour-for book-ACC read-PAST-DECL
>   私は一時間本を讀んだ。
> (89) 가. 나는 한 시간 만에 책을 읽었다.
>   나. watasi-wa itizikan-de hon-o yon-da.
>   I-TOP 1 hour-in book-ACC read-PAST-DECL
>   私は一時間で本を讀んだ。
> (90) 가. 타로는 계란을 3분 동안 삶았다.
>   나. Tarou-wa tamago-o sanpun-kan yude-ta.
>   Tarou-TOP egg-ACC 3 minutes-for boil-PAST-DECL
>   太郎は卵を三分間茹でた。
> (91) 가. 타로는 계란을 3분 만에 삶았다.
>   나. Tarou-wa tamago-o sanpun-de yude-ta.
>   Tarou-TOP egg-ACC 3 minutes-in boil-PAST-DECL
>   太郎は卵を三分でゆでた。

이 부류에는 '읽다/yomu', '먹다/taberu', '쓰다/kaku', '마시다/nomu',
'태우다/souzisuru', '외우다/oboeru', '(우물)파다/(ido)horu', '모으다/tameru',
등의 동사가 속하는데 이 부류의 동사들은 [결과성]의 유무에 따라 다
시 두 그룹으로 하위분류 된다. 한국어와 일본어 동사는 [결과성]의
유무에 따른 하위분류에서 거의 일치를 보이나 예외적인 동사도 있다.

한국어 동사 '(돈)모으다'는 [-결과성]에 분류되나 일본어 동사 'tameru'
는 [+결과성]에 분류된다. 예문 (92가)의 '모았다'는 '완료'로 해석되며
일본어 대응문 (92나) 'tamete iru'는 '결과상태'로 해석된다.

(92) 가. 켄은 100만엔을 모았다(??모으고$_2$ 있다).
　　나. Ken-wa　hyakumanen-o　tame-te iru.
　　　　Ken-TOP one million yen-ACC　save--SF be-PRES-DECL
　　　　ケンは百万円を貯めている。

4.6.2.4. 제7 부류 재귀성 동사

한국어와 일본어의 재귀성 동사는 주체의 동작이 대상에 영향을 미
치는데 그치지 않고 다시 주체에게로 귀속되어 궁극적으로는 주체의
상태변화를 초래한다. '입다/kiru', '신다/haku', '매다/simeru' 등의 착용
동사는 '-고 있다/-te iru'와 결합하여 '진행상'으로 해석될 수도 있고,
'결과상'으로 해석될 수도 있다. 다음 예문 (93)~(94)에서 이를 확인할
수 있다. (94)에서 일본어 동사 'kite iru'는 (93가) '하나코가 키모노를
입고 있는 중'으로 해석될 수도 있고, (93나) '하나코가 키모노를 입고$_2$
있다'로 해석될 수도 있다.

(93) 가. 하나코는 키모노를 입고 있다.
　　나. 하나코는 키모노를 입고$_2$ 있다.
(94) Hanako-wa　　kimono-o　ki-te iru.
　　 Hanako-TOP kimono-ACC　wear-SF be-PRES-DECL
　　 花子は着物を着ている。

[4.6.2.5.] 제14 부류 감정·사고·지각활동의 심리동사

영어의 심리동사 'love', 'hate' 등이 진행형을 취하지 못하는 것과 달리 한국어와 일본어의 심리동사는 진행상표지 '-고 있다/-te iru'와 결합하여 내적 움직임을 나타낸다. 이와 같은 특성 때문에 정문수 (1984)는 심리동사를 동작동사로 규정하였고 스즈키(鈴木, 1957)는 일본어 심리동사를 동작·상태성 동사라 불렀다. 한편 쿠도마유미(工藤眞由美, 1995)는 내적 정태동사라 불렀다.

이 연구에서는 '사랑하고 있다/aisite iru', '믿고 있다/sinzite iru', '들리고 있다/kikoete iru' 등이 보이는 상적 특성을 '상태상'으로 규정하고 있는데 그 이유는 예문 (95)에서 알 수 있듯이 이들 심리동사들의 '-고 있다/-te iru'형이 [동태성]을 확인해 주는 'What are you doing now?'의 대답으로 적합하지 않기 때문이다.

(95) Q : What are you doing now?
　　 A : ??나는 유미를 사랑하고 있다.
　　　　 ??watasi-wa Yumi-o aisi-te iru.
　　　　 I-TOP Yumi-ACC love-SF be-PRES-DECL.
　　　　 ??私はユミを愛している。

지금까지 한국어와 일본어 두 개별 언어 표현에 나타난 상의 모습을 살펴보았다. 현실 세계에서 전개되는 실상을 어떻게 인식하느냐에 따라 상을 표현하는 방식은 인간의 언어에서 보편성을 보일 수도 있고 또 언어에 따라 차이를 나타낼 수 도 있었다.

한국어와 일본어에서 '끓다/waku', '끓이다/wakasu', '타다/moeru', '태우다/moyasu', '구워지다/yakeru', '굽다/yaku', '녹다/tokeru', '녹이다/toku' 등과 같이 자동사·타동사의 짝을 이루는 경우 '자동사'는 '완성

상황'의 내적 시간구성을 지니고, '타동사'는 '완성상황'과 '활동상황'의
내적 시간구성을 모두 가지고 있음을 확인하였다. 다음 예문 (96),
(97)에서 알 수 있듯이 완성상황인 자동사는 '동안'과는 공기하지 못하
고 '만에'와 공기하여 상태 변화가 완성될 때까지의 시간을 나타낸다.

(96) 가. Hanako-wa   oyu-o   gohun- kan   wakasita.
      Hanako-TOP   water-ACC 5   minutes-for   boil-PAST-DECL
      하나코는 물을 5분간 끓였다.
      花子はお湯を五分間沸かした。

   나. Hanako-wa   oyu-o   gohun-de   wakasi-ta.
      Hanako-TOP water-ACC 5 minutes-in   boil-PAST-DECL
      하나코는 물을 5분 만에 끓였다.
      花子はお湯を五分で沸かした。

(97) 가. *yakan-no   oyu-ga   gohun-kan   waita.
      kettle-GEN water-NOM 5 minutes-for boil-PAST-DECL
      ?주전자의 물이 5분 동안 끓었다
      *やかんのお湯が五分間沸いた。

   나. yakan-no   oyu-ga   gohun-de   waita.
      kettle-GEN oyu-ga gohun-de boil-PAST-DECL
      주전자의 물이 5분 만에 끓었다
      やかんのお湯が五分で沸いた。

이러한 차이가 발생하는 원인은 타동사 구문은 주어가 [+HUMAN]
의 의미 자질을 갖는 의지적 상황을 나타내므로 '동안'과 공기할 수
있으나 자동사 구문은 주어가 [-HUMAN]의 의미 자질을 갖는 무의
지적 상황이기 때문에 '동안'과의 공기가 어색하다.39) 다음 <표 21>과

---

39) 의미 자질[+HUMAN]이 '녹이다', '녹다'와 '태우다', '타다'의 내적 시간구성의 차
    이에는 관여적이지만 이 자질이 모든 경우에 변별적으로 기능하는 것은 아니
    다. 예를 들어 '비가 오다', '바람이 불다'등은 무의지적 자연 현상이지만 '동안'
    과 공기할 수 있다.

<표 22>는 한국어와 일본어 두 개별 언어에서 같은 상적 속성을 보이는 동사들과 다른 상적 속성을 보이는 동사들을 각각 표로 정리한 것이다.

〈표 21〉 동일한 상적 속성을 가진 한국어와 일본어 동사

활동·성취동사	타다/noru
순간적 활동동사	차다/keru, 치다/utu, 두드리다/tataku, 끄덕이다/unazuku, 썰다/kiru, (눈)깜짝이다/matataku, 기침하다/sekiosuru
예비 단계를 가진 성취동사	이기다/katu, 지다/makeru
완성·활동 동사	읽다/yomu, 먹다/taberu, (편지)쓰다/kaku, 마시다/nomu, 태우다/moyasu, 삶다/yuderu, 끓이다/wakasu, 굽다/yaku, 청소하다/souzisuru, 외우다/oboeru, (우물)파다/horu, (돈)모으다/tameru, 내려오다/oriru, 늘다/hueru, 줄다/heru, 얼리다/kooraseru, 녹이다/tokasu
활동동사	울다/naku, 웃다/warau, 자다/neru, 놀다/asobu, (비)오다/(ame)huru, (바람)불다/(kaze)huku, 걷다/aruku, 달리다/hasiru, 날다/tobu, 기다/hau, 끌다/hiku, 밀다/osu, 사용하다/tukau, 수영하다/oyogu, 경영하다/keieisuru, 노래하다/utau, 춤추다/odoru, 보다/miru, 듣다/kiku, (냄새)맡다/kagu
완성동사	입다/kiru, 벗다/nugu, 신다/haku, 매다/simeru, 염색하다/someru, (해)뜨다/(hi)noboru, (해)지다/sizumu, (해)저물다/(hi)kureru, (불)타다/moeru, 끓다/waku, 구워지다/yakeru, (얼음)녹다/tokeru, (물)얼다/kooru, (꽃)피다/(hana)saku
성취동사	(눈)감다/(me)tuburu, (눈)뜨다/(me)akeru, (손)잡다/(te)toru, (손)잡다/(te)nigiru, 알다/siru, 이해하다/wakaru, 만나다/au, 헤어지다/wakareru, 죽다/sinu, 태어나다/umareru, 다치다/kegasuru, 멈추다/tomaru(自), 멈추다/tomeru(他), 잃다/nakusu 잊다/wasureru, 발견하다/mitukeru, 발견되다/mitukaru, 들어가다/hairu, 나가다/deru, 숨다/kakureru, 숨기다/kakusu, 깨지다/wareru, 깨다/waru, 도착하다/tuku, 끝나다/owaru, 닿다/todoku, 결정되다/kimaru, 떨어지다/otiru, 풀다/hazusu,

	결혼하다/kekkonsuru, 졸업하다/sotugyousuru, 서다/tatu, 앉다/suwaru, 일어나다/okiru, 치우다/simau, 닫다/simaru, (불)끄다/kesu, (불)켜다/tukeru, (시험)붙다/ukaru
성취동사 (수여동사)	주다/ageru, 보내다/okuru, 받다/morau, 빌려주다/kasu, 빌리다/kariru
상태동사 (감정, 사고, 지각의 심리동사)	사랑하다/aisuru, 기뻐하다/yorokobu, 슬퍼하다/kanasimu, 부러워하다/urayamu, 믿다/sinziru, 생각하다/omou, 의심하다/utagau, 보이다/mieru, 들리다/kikoeru, 살다/sumu, 있다/iru
영속적 상태동사	닮다/niru, 틀리다/tigau

〈표 22〉 상이한 상적 속성을 가진 한국어와 일본어 동사

한국어	일본어
찾다(활동 · 성취동사)	sagasu(활동동사), mitukeru(성취동사)
도착하다, 착륙하다, 멈추다, 끝나다 (예비 단계가 있는 성취동사)	toutyakusuru, tyakurikusuru, tomaru, owaru(예비 단계가 없는 성취동사)
(집)짓다(완성 · 활동동사),	(ie)tateru(완성동사)
가다, 오다(완성동사)	iku, kuru(성취동사)

4.7. 요약

Vendler(1967)의 기본적인 분류법을 유지하면서 이를 확대 보완한 Mori, Löbner and Micha(1992)의 일본어 동작류 분류를 검토하고, Ryu and Löbner(1996)의 한국어 동작류 분류를 참고하여 총 16가지 가능한 동작류의 경우수를 설정하고 동사 어휘 의미에 내재하는 시간적 특성에 따른 제약을 동작류 분류의 기준으로 삼았다. 곧 한국어와 일본어의 상표지 '-고 있다/-te iru'가 동사와 결합하여 진행상을 보일 수 있

는지의 여부 동사와 시간부사어 '에/ni', '동안/kan', '만에/de'와의 공기 관계를 분석하여 한국어와 일본어 동사의 동작류를 일차적으로 각각 10가지 부류와 11가지 부류로 구분하였다.

나아가서 [+종결성]을 가진 동작류를 [결과성]의 유무에 따라 이차적으로 한층 더 하위분류하여 한국어는 총 11가지 부류, 일본어는 총 13가지 부류로 구분하고 각각의 동작류에 해당되는 어휘 항목들의 상적 특성을 분석하여 일목요연하게 표로 정리하였다. 이 표에서 선행 연구에서 불합리하게 분류된 동사들을 다시 조정하고 선행 연구들에서 간과되었던 많은 중요한 동사항목들을 보완하였다.

일본어의 동작류 부류가 한국어의 동작류 부류보다 하나 더 있는 것은 한국어의 감각 형용사가 일본어에서는 감각동사의 범주에 들어가 이 감각동사가 하나의 부류를 형성하기 때문이다.

이 책에서는 그간 하나의 독립된 동작류로 분류되지 않았던 동사들을 따로 분류하여 그들의 상적 특성을 구분하였다. 이 연구의 동작류 분류가 선행연구와 다른 점이 있는데, 그것은 첫째, 활동상황과 성취상황의 상적 특성을 모두 가지고 있는 활동·성취상황 부류, 둘째, 순간적 상황이면서도 예비 단계에서 목표를 향해 접근하고 있는 과정을 보이는 성취상황 부류, 셋째, 완성상황과 활동상황의 상적 특성을 모두 가지고 있는 완성·활동상황 부류, 넷째, '동안/kan'과 결합하여 반복상을 보이는 '보내다/okuru', '받다/morau' 등의 성취상황 부류, 다섯째, 감정·사고·지각활동을 나타내는 심리동사 부류의 총 5가지 부류를 독립된 동작류로 설정한 점이다.

한편 한국어와 일본어에서 가장 현격한 상적 차이를 보이는 동사들은 이동동사 '가다', '오다'와 'iku(가다)', 'kuru(오다)'이다. 한국어 동사 '가다', '오다'는 '진행'과 '결과상태'를 모두 나타낼 수 있는 '완성동사'

이지만 일본어 동사 'iku', 'kuru'는 '결과상태'만을 나타내는 '성취동사'
에 속한다.

그런데 한국어와 일본어 동사의 동작류 분류표 <표 13>과 <표 20>
에서 진행상을 갖는 부류 중 제 4부류와 제 8부류가 비어 있고 비진
행상을 갖는 부류 중 제 9부류, 제 10부류, 제 15부류가 비어 있는 것
은 논리적인 필연이다. 진행상을 취할 수 있다는 것은 시간의 폭을 가
진 상황유형을 의미하는데 시간의 폭을 가진 동작 동사가 제4 부류가
보여주는 바와 같이 '동안/kan'과도 공기하지 못하고, '만에/de'와도 공
기하지 못하는 경우는 현상적으로 존재할 수 없다. 그리고 제 8부류
의 '진행상'을 취하는 동작 동사가 모든 시간부사어 '동안/kan', '만에
/de', '에/ni' 모두와 공기할 수 없는 경우도 존재할 수 없다.

한편 어떤 상황이 '진행상'을 취하지 못한다는 것은 시간의 폭이 없
는 '성취상황'이거나 '상태상황'을 의미하는데 세 가지 시간부사어 '동
안/kan', '만에/de', '에/ni' 모두와 공기가 가능한 상황이란 존재할 수
없다. 만일 '성취상황'이라면 동작 지속의 시간을 나타내는 '동안'과의
공기가 불가능할 것이고 '상태동사'라면 순간적 상황의 성립 시점을
의미하는 '에'와의 공기가 불가능할 것이다. 그런데 어떤 상황이 '성취
상황'이거나 '상태상황'이면서 세 가지 시간부사어 '동안/kan', '만에
/de', '에/ni' 모두와 공기할 수 있다는 것은 논리적인 모순이다. 따라서
제 9부류가 비어 있는 것도 논리적 필연이다.

또한 제10 부류는 '동안/kan', '에/ni'와 공기가 가능한 경우인데 만
일 '성취상황'이라면 동작 지속의 시간을 나타내는 '동안'과의 공기가
불가능할 것이고 '상태상황'이라면 순간적 상황의 성립 시점을 의미하
는 '에'와의 공기가 불가능할 것이다. 따라서 제10 부류가 비어있는 것
또한 논리적 필연이다. 제15 부류 또한 여기에 해당되는 동사는 '성취

동사'이거나 '상태동사'일 것이다. '상태동사'는 '동안/kan'과의 공기가 가능하고 '성취동사'는 '에/ni', '만에/de'와의 공기가 가능하다. 그런데 제15 부류는 '동안/kan', '에/ni'와는 공기하지 못하면서 '만에/de'하고만 공기하는 경우이므로 이러한 경우 역시 현상적으로 존재하지 않는다.

이상의 다섯 부류는 한국어와 일본어 동작류가 모두 비어 있는 경우이다. 그런데 한국어는 제13 부류가 비어있고 일본어는 그렇지 않은데 이 차이는 한국어의 감각형용사가 일본어에서는 감각동사의 범주에 들어가기 때문이다. 이것으로써 이 연구의 동작류 분류표 <표 13>과 <표 20>에서 공백으로 되어있는 부류는 우연이 아니고 논리적인 필연임을 설명하였다.

지금까지 3장과 4장에서 한국어와 일본어 동사의 동작류 분류에 대해 면밀히 살펴보았다. 5장에서는 한국어와 일본어 동사의 동작류 분류에 의해서 밝혀진 한국어와 일본어 동사의 상적 특성이 시간과 연관된 다른 문법현상들을 설명할 수 있음을 보일 것이다.

제5장

'-었-', '-었었'의 의미 기능과
일본어 상부사 'mou/sudeni'의 의미 기능

　이 장에서는 3장과 4장에서 시도한 한국어 동사와 일본어 동사의 동작류 분류에 의해 규명된 동사의 시간적 특성이 언어의 다른 현상을 설명하는 단초가 될 수 있다는 것을 동작류 별로 시상형태소 '-었-'과 '-었었-'의 의미 기능 분석과 일본어 상부사 'mou/sudeni(이미, 벌써)'의 의미 기능 분석을 예로 하여 보이려 한다.

　한국어의 '-었-'과 '-었었-'은 시제나 상과 관련하여 그 의미 기능에 관하여 많은 논의가 있어 왔으나 아직도 그 의미 기능이 구체적으로 밝혀지지 않았다. 이에 이 연구는 '-었-'과 '-었었-'의 의미가 이들과 결합하는 동사의 상적 속성에 따라 결정된다는 것을 밝히고자 한다.

　한편 일본어에는 과거를 나타내는 형태소가 '-ta' 하나뿐이므로 한국어의 '-었-'과 '-었었-'의 의미 기능 분석과 같은 논의는 일어나지 않는다. 그러므로 동사의 상적 특성을 적용하여 다른 문법현상을 설명하려할 때 한국어와 일본어에서 병렬적인 논의는 이루어 질 수 없다고 하겠다. 그러므로 일본어에서는 '이미', '벌써'의 뜻을 가진 상부사 'mou/sudeni'가[1] 동사와 결합하여 보이는 의미 기능을 밝혀 보고자 한다. 상부사 'mou/sudeni'의 의미 기능을 택한 이유는 상부사 'mou/sudeni'는 주로 [+종결성] 동사의 '-te iru'형 하고만 공기하여 '완료상'의 의미를 나타내는 것으로 알려져 있기 때문이다. 그러나 'mou/sudeni'는 이 연구에서 밝히는 바와 같이 [-종결성] 동사의 '-te iru'형과도 공기할 수 있다. 'mou/ sudeni'가 동사의 '-te iru'형과 결합하여 보이는 의미 기능 또한 동작류의 상적 특성에 따라 결정된다는 것을 규명할 것이다.

5.1. 한국어 동사의 동작류와 '-었-'과 '-었었-'의 의미

한국어에는 일본어와 달리 과거를 나타내는 형태소에 '-었-'과 '-었었-'의 두 가지가 존재한다. 본 절의 목적은 '-었-'과 '-었었-'의 의미 기능이 이들과 결합하는 동사의 상적 속성과 '관점상'[2]에 따라 결정된다는 것을 규명하는 것이다. 같은 동사에 결합한 '-었-'과 '-었었-'이 예를 들어 '먹었다', '먹었었다'가 문맥에 따라 같은 의미로 해석되기도 하고 다른 의미로 해석되기도 하는데 왜 이와 같은 현상이 일어나는지 설명하고자 한다. '-었-'과 '-었었-'의 의미 기능은 기본적 의미 기능과 문맥에 의해 주어지는 부수적 의미 기능으로 나누어 생각할 수 있다. 이 책에서는 '과거'와 '완료' 그리고 '결과상태'를 '-었-', '-었었-'이 동사와 결합하여 드러내는 기본적 의미로 보고, '동작 지속'의 의미는 문맥에 의해 주어지는 부수적 의미로 간주하고 논의를 진행하고자 한다.

---

1) 'mou'는 주로 구어체에서, 'sudeni'는 주로 문어체에서 쓰인다.
2) 여기서 '관점상'이란 상황을 분할하지 않고 한 덩어리로 나타내는 '완결상'과 상황을 시작, 중간, 종결로 분할하여 나타내는 '비완결상'을 의미한다.

5.1.1. '-었-'과 '-었었-'의 의미 기능에 관한 선행 연구 검토

본격적인 논의를 진행하기에 앞서 먼저 그간의 '-었-'과 '-었었-'에 관한 선행 연구 성과를 검토하고자 한다. '-었-'과 '-었었-'의 의미 기능에 대한 견해는 크게 세 가지로 나눌 수 있다. 첫째, '-었-'과 '-었었-'이 시제 범주만을 나타낸다는 견해, 둘째, '-었-'과 '-었었-'이 상 범주만을 나타낸다는 견해, 셋째, '-었-'과 '-었었-'이 시제와 상 범주를 모두 나타낸다는 견해이다.

첫째 견해를 보이는 김차균(1980)은 '-었-'이 시제를 나타낼 뿐 상을 나타내는 것은 아니라고 보고, 상은 문맥이나 상황에 의하여 결정되는 것이지 '-었-'이 상의 의미를 가리키는 것이 아니라고 보았다. '-었었-'은 두 개의 형태소로 이루어졌고 의미는 '과거의 과거'로 보았다.

또한 이남순(1981가)도 '-었-'은 시제만을 지시하고 '완료상', '결과상' 등의 상은 시제 형태소에 의해 획득되는 의미이며, '-었었-'은 과거 사실과 대조되는 현재의 사실을 전제한다고 보았다. 더 나아가 이남순(1984)에서는 '-었었-'의 기능은 '-었었-'으로 표시된 과거사건 이후에 어떤 사건(그것이 현재이건 과거이건 미래이건 관계없이)이 존재한다는 것을 나타내는 기능이거나 어떤 사건(그 사건의 시제가 무엇이든) 이전에 '-었었-'으로 표시된 과거사건이 존재한다는 것을 청자에게 알리는 기능이라고 하였다. 이익섭·채완(1999 : 277-279)은 '-었-'과 결합한 동사가 갖는 '완료' 혹은 '상태지속'의 의미는 '-었-'보다는 동사를 포함한 문맥에 달려 있으며 따라서 '-었-'의 일차적인 기능은 역시 '과거시제의 표시'라고 하였다. 그리고 '-었었-'은 '-었-'에 의해 표현되는 과거의 상황보다 한발 앞선 때의 상황을 나타내는 '대과거시제'로 이해된다고 하였다.

둘째로 우리말에 상 범주만을 인정하고 시제는 인정하지 않는 견해로서 남기심(1978/1995)은 '-었-'은 '완료상'만을 나타낼 뿐 과거시제를 나타내는 것이 아니며 '-었었-'도 '단속상'으로만 보았다.

셋째 우리말에 상과 시제를 인정하는 견해로서 일찍이 최현배(1937, 1999)는 '었'은 '과거'와 '현재완료'의 두 가지 시제로 쓰인다고 보았다. 최현배는 '완료'를 '시제'의 한가지로 보았는데 이는 '상'이라는 개념이 아직 도입되지 않았기 때문으로 판단된다.

김석득(1974)은 '-었-'은 '완료'의 뜻이 주가 되나 '지속상'도 가지는 것으로 보았다. '그때 나는 밥을 먹었다'에서 '먹었다'는 '먹고 있었다'로 대치될 수 있으므로 '-었-'은 '진행'의 의미를 지닌다는 것이다. 그러나 이때의 진행상적 해석은 문맥적 상황으로부터 온 것으로서 '-었-' 고유의 의미 기능으로 볼 수 없다. 이 연구는 '지속상'으로 해석되는 이러한 '-었-'의 기능은 문맥에 의한 부수적 기능으로 간주한다.

서정수(1976, 1996)는 '-었' 과 '-었었-'의 의미 기능은 종래 이것들에 붙여진 '과거' 또는 '완료' 따위의 한 범주로는 묶기 어려운 의미 양상을 보인다고 했다. 그는 과거라는 개념 자체가 본질적으로 완료상을[3] 내포하고 있어서 환경에 따라서 완료상으로 해석될 수도 있으며, 그럴 때에는 시제적인 지시 기능은 약화 또는 중화 된다고 하였다.

5.1.1.1. '-었-'의 의미 기능 검토

최규수(1985 : 150)는 다음의 예문에서 '-었-'이 나타내는 의미는 '완

---

3) 한국어의 형태소 '-었-'이 '과거'와 '완료상'을 드러내는 것은 일본어 동사 'ta'가 본래 '과거시제 형태소'인데, 환경에 따라 '완료상'을 드러내는 상 형태소로 쓰이는 것과 같은 현상이다. 예문 (I) 'migai-ta'의 '-ta'는 '완료상'을 난타낸다.
 (I) ha-o   migai-ta   atode   nenasai.
    tooth-ACC   brush-PAST   after   sleep-IMPE'
    이를 닦은 뒤 자거라.

료'가 아니고 '과거'라는 사실을 지적하며 '-었-'의 의미를 '과거'라고
단정하였다.

(1) 가. 사내는 잠이 들어 있었다.
나. 나는 자리만 지키고 앉아 있었다.
다. 미정이 대학을 졸업하고 난 다음이었다.
라. 뱀잡이-그것은 군대에서의 나의 별명이었다.
마. 그는 용감하였다.
바. 길이 매우 좁았다.

그런데 (1가, 나)는 존재사 '있다'에 '-었-'이 결합한 형태이고 (1다,
라)는 명사 술어를 형성하는 지정사 '이다'에 '-었-'이 결합한 형태이
며, 다음 (1마, 바)는 형용사에 '-었-'이 접속한 경우이다. 동태성이 없
는 '있다', '이다', '형용사'와 결합한 '-었-'이 완료의 의미 기능을 수행
하지 못하고 '과거'라는 시제 의미만을 드러내는 것은 당연한 일이다.
다양한 동사와 결합한 '-었-'의 의미 기능을 살피지 못한 채 '있다',
'이다', '형용사'와 결합한 '-었-'의 의미 기능만을 보고서 '-었-'의 의
미 기능을 '과거'라고 단정한 것은 문제가 있다.

송창선(2001가)은 '-었-'이 중세국어의 '-어 잇-'에서 문법화하여 현
대국어에서는 '과거'를 표현하는 시제요소로 쓰이는 것이 일반적이나
현대국어의 '-었-'가운데에는 중세의 '-어 잇-'의 특성을 아직도 갖고
있는 것이 있다고 보았는데 이 책도 송창선과 같은 견해이다. 다음 예
문 (2가), (3가), (4가)는 모두 동사가 지시하는 상황이 완료된 후의 현
재의 상태를 나타내는 것으로서 '-었-'이 완료로 기능하는 경우이다.

(2) 가. 윤희가 예쁜 옷을 입었다. (=입고₂ 있다 즉 현재의 상태)
나. 윤희가 어제 예쁜 옷을 입었다. (과거의 결과상태 또는 과거의

사건성립)
다. 윤희가 어제 예쁜 옷을 입었었다. (=입고₂ 있었다 즉 과거의 결과
상태 또는 과거의 사건 성립)

위의 예문 (2가)에 과거 시간부사어 '어제'를 첨가한 (2나)는 과거의
상태를 묘사하거나 단순히 과거의 사건 성립을 서술하는 문장으로 변
하게 된다. 따라서 과거를 나타내는 시간부사어가 출현하지 않는 한
(2가)는 현재의 상태를 나타내는 것으로 인식된다. 그리고 (2나)는 (2
다)로 바꾸어 쓸 수 있다.

(3) 가. 옷이 다 말랐다. (현재의 결과상태)
　　나. 옷이 어제 다 말랐다. (과거의 사건 성립)
　　다. 옷이 어제 다 말랐었다. (=말라 있었다 즉 과거의 결과상태)
(4) 가. 이 사람은 살았다. (살아 있다 즉 현재의 상태)
　　나. 이 사람은 어제 살았다. ('살아 났다'의 의미로서 과거의 사건성립)
　　다. 이 사람은 어제 살았었다. (=살아 있었다 즉 과거의 결과상태)

그러나 '어제'가 첨가된 위의 예문 (3나)와 (4나)는 동사가 지시하는
상황이 완료된 후의 결과상태가 과거에 있었음을 나타내는 의미로는
비문이나 동사가 지시하는 상황이 어제 성립되었다는 '사건 성립'의
의미를 보일 때 즉 '장마로 잘 마르지 않던 옷이 어제서야 다 말랐다'
또는 '부상이 심해 생사의 기로에 있던 사람이 어제 살아났다'의 뜻으
로 해석될 때는 정문이 된다. 이때의 '-었-'은 '완료'로 기능하고 있음
을 알 수 있다. (3나)와 (4나)가 '과거'의 사건 성립을 지시하는 것은
'-었-'의 의미에서 온 것이 아니고 '어제'라는 시간부사어의 의미에서
온 것임을 알 수 있다. 왜냐하면 시간부사어 '어제'가 제거된 (3가)와
(4가)는 현재의 상태를 나타내기 때문이다.

위의 예문 (1)~(4)로 부터 '-었-'은 '과거'와 '완료'의 두 가지 의미로 기능한다[4]는 것을 알 수 있다. 그래서 '-었-'은 완료의 기능을 나타낼 수 없는 [-종결성]의 술어 즉 '형용사', '이다', '있다' 또는 '상태동사', '활동 동사'와 결합하면 '과거'의 의미로만 기능하고 [+종결성]의 동사와 결합하면 기본적으로 '완료'로 기능한다.

그렇다면 (3가) '옷이 말랐다'와 (4가) '이 사람은 살았다'의 과거의 결과상태는 어떻게 나타낼 것인가? (3다), (4다)가 보여주듯이 '-었었-'으로 나타내야 한다. '마르다', '살다'(생존하다)와 같은 동사에서는 '-었었-'이 매우 중요한 의미 기능을 수행한다. (3다)는 '어제 옷이 말라 있었다'의 의미를 뜻하고 (4다)는 '이 사람은 어제 살아 있었다'를 의미한다. 결론적으로 시제가 무표일 때 즉 문장안에 시간부사어가 표시되지 않았을 때 [+결과성]을 가진 동사와 결합한 '-었-'은 '현재의 결과상태'를 나타내고 '-었었-'은 '과거의 결과상태'를 나타낸다.

5.1.1.2. '-었었-'의 의미 기능 검토

다음은 '-었었-'의 의미 기능을 살펴본다. 먼저 종래의 연구에서 정의된 '-었었-'의 의미 기능을 정리하면 다음과 같다. 최현배(1937, 1999)는 '-었었-'을 '과거 완료'로 파악하였고, 김차균(1980)은 '대과거' 혹은

---

4) Bybee, Perkins, Pagliuca(1994 : 51-94)에 의하면 모든 언어의 문법은 다음과 같은 순서로 진화한다고 한다.
'be/have' → '결과상(resultative)' → '완료상(anterior, perfect)' → '완결상(perfective)'/ '단순 과거(simple past)'
한편 한국어의 시상 형태소 '-었-'은 중세 전기에 '완료 지속'을 나타내던 '-어시/어잇/어이시'가 15세기에 이르러 '엣'으로 변하였다가 오늘날의 '-었-'이 되었다고 한다. 그리고 현대국어에서 '-었-'이 결합하는 동사의 상적 특성에 따라 '완료상' 또는 '단순과거'로 기능하는 것은 Bybee, Perkins, Pagliuca(1994)의 문법 진화론을 뒷받침한다.

'과거의 과거'로5) 보았고 이지양(1982)은 '순수한 과거'로 다루었으며 성기철(1974)은 '과거 경험'으로 남기심(1978)은 '단속상'으로 다루었다.

한편 이남순(1981, 1998)은 '-었엇-'을 과거 사건 이후에 어떤 사건이 존재한다는 것을 나타내는 '기대' 또는 '예견'으로 파악했고, 이익섭·채완(1999 : 278)은 다른 과거 상황이 있음을 나타내 주는 것으로, 그리고 한동완(1999가)은 상황시의 선시성의 반복으로 보았다. 서정수(1996 : 282)는 (5)를 예로 들며 '-었었-'이 다음과 같은 여러 가지 의미를 나타낸다고 보았고 '-었었-'은 '-었-'과는 달리 과거 시간부사어의 도움 없이도 분명히 과거의 상황만을 드러낸다고 하였다.

> (5) 가. 과거 상태 : 그 여자는 예뻤었다.
> 나. 과거 사건 : 그 애는 여기에 들렀었다.
> 다. 불확정 과거/경험 : 우리는 유럽에 갔었지요.
> 라. 과거 완결 : 그때 차는 떠났었다.
> 그 젊은이가 체포되었을 때 그는 훔진 돈을 다 썼었다.

그리고 다음 (6)과 같은 예문을 들면서 '-었었-'의 상적 의미는 현재와 단절된 과거의 경험이라고 하며, 남기심(1978)의 '단속상'이나 성기철(1974)의 '과거 경험'이나 다 같은 맥락이라고 보았다.

> (6) 가. 우리는 유럽에 갔었지요.
> 나. 우리는 유럽에 간일이 있었지요.

---

5) Comrie(1985 : 65)는 대과거(pluperfect)를 다음 인용문과 같이 과거의 과거(past in the past)라 설명하고 있다.

"The meaning of the pluperfect is that there is a reference point in the past, and that the situation in question is located prior to that reference point, i.e. the pluperfect can be thought of as past in the past."(대과거란 어떤 상황이 과거의 기준 시점보다 앞에 위치하는 경우로서 과거의 과거로 이해될 수 있다)

서정수(1996)의 지적대로 '-었었-'은 확실히 과거의 상황만을 나타내고 단절의 의미를 드러내기도 한다. '-었었-'이 '과거의 회상, 경험' 등을 더 잘 나타내는 것은 사실이다. 그러나 '-었-'만으로도 충분히 과거의 회상이나 경험을 나타낼 수 있다. (7가), (7나)는 모두 '-었-'으로 과거의 '회상'과 '경험'을 나타내는데 과거의 '회상'이나 '경험'은 '-었-' 또는 '-었었-'의 의미 기능이라고 하기 보다는 문맥적인 의미 기능이라 할 수 있다. (7)이 보이는 바와 같이 과거의 '회상'이나 '경험'은 화자의 심적 태도에 따른 어조나, 어말 어미 '-지', 부사어 '참' 등에서 오는 것이라고 보여진다.

(7) 가. 그 때는 참 좋았지.
    나. 우리는 그때 모두 한식을 먹었지.

이 연구의 견해와 마찬가지로 이지양(1982 : 51-53)도 '대조', '강조'는 '-었었-'의 기본 의미가 될 수 없으며 또한 '-었었-'이 단속상을 보이는 것은 '-었었-'이 현재의 상황을 보여주지 못하기 때문에 현재와 단절된 것으로 생각되는 것이고, '예견'이나 '기대'를 나타낸다고 한 것도 '-었었-'이 현재에 대해 지시하는 것이 없으므로 나타나는 부수적 의미로 설명될 수 있다고 하였다.

한편 남기심이 '-었었-'의 의미를 '단속상'으로 본 것에 대해 성기철은 (8)을 예로 들면서 단속의 의미가 없을 때에도 '-었었-'은 쓰일 수 있다고 반박하였다.

(8) 나야 항상 착하지, 초등학교 때도 착했었고 지금도 착하다.

이에 대해 남기심은 단속의 의미란 말하는 사람의 심리적 간격을 의미하는 것으로서 초등학교 때 착했던 것과 지금 착한 것을 두 개의 일로 갈라 보았을 때 이런 심리적 간격이 '-었었-'을 쓰게 하는 것이라 하였다. 이러한 해석은 '-었었-'의 의미 기능을 상이 아닌 서법의 범주에서 해석하는 셈이 된다.

> (9) 가. 그때는 그 사람 살았었는데.
>   나. 그때는 그 사람 참 착했는데.

위의 예문 (9가)와 (9나)는 '단속'의 의미를 드러내는데, 여기서 '단속'의 의미를 부여하는 것은 보조사 '는'과 연결어미 '-는데'로서, '단속'의 의미를 부여하는 것이 반드시 '-었었-'의 고유 의미 기능이라고 할 수는 없다. 왜냐하면 (9나)는 '-었-'만으로도 '단속'의 의미를 보이는데 이것은 다른 문장 성분들의 도움으로 즉 부사어 '참'과 비교의 의미를 갖는 보조사 '-는'과 대립되는 의미를 전제하는 종결어미 '-는데' 등에 의한 것으로서 '-었었-'의 기본적인 의미와는 관계가 없다.

다시 말하자면 남기심의 '단속상'은 화자의 심적 태도와 관련된 서법의 일종이며 '-었었-'의 기본적 의미는 '과거'[6] 또는 '과거 완료', '과거의 결과상태'를 의미하는 것으로 보는 것이 타당하다.

송창선(2001나 : 113)은 다음의 예문 (10)에서 '-었$_1$-'은 '완료'로 기능하고 '-었$_2$-'는 '과거'로 기능한다고 보았다. (10가)의 '-어 있-'이 '-었$_1$-'이 되어 완료를 나타내고, '-어 있었다'의 '-었-'을 '-었$_2$-'로 보고 '과거'의 기능을 하는 것으로 파악하여 '-었었-'의 의미를 '완료된 상태가

---

6) 이재성(2001 : 117)도 다음의 예문을 제시하며 '-었었-'은 '어제'와 같이 과거를 나타내는 시간 부사와 어울리나 발화시를 포함하는 '지금'과는 공기하지 못한다고 했다.
   (I) 가. 영희는 어제 바지를 입었었다.
      나. *영희는 지금 청바지를 입었었다.

지속되던 것이 과거의 일이라는 것을 드러낸다'고 하였다.

> (10) 가. 어제 정원에 노란 꽃이 활짝 피어 있었다.
> 나. 어제 정원에 노란 꽃이 활짝 피었었다.

그러나 '-었었-'의 의미를 '완료된 상태가 지속되던 것이 과거의 일이라는 것을 드러낸다'라고만 한 것에는 문제가 있다. 그는 [+종결성]의 동사만을 가지고 '-었었-'의 의미 기능을 파악했기 때문에 [-종결성]의 '울었었다'가 '완료'의 의미를 드러내지 않는다는 사실을 간과하였다.

따라서 이 연구에서는 '-었었-'을 '-었$_1$-' 과 '-었$_2$-'로 구별하여 '-었$_1$-'은 '완료' 또는 '과거'로 기능하고 '-었$_2$-'는 언제나 '과거'로 기능하는 것으로 파악한다. 송창선(2001나)에서 '-었$_2$-'의 기능을 '과거'로 본 것은 이 연구와 일치하나 '-었$_1$-' 의 의미 기능을 '완료'로만 본 것은 이 연구의 견해와 다르다. '-었$_1$-'은 '-었-'에 대응되는 것으로서 '-었$_1$-' 의 의미 기능은 '-었-'과 마찬가지로 '과거' 또는 '완료'로 파악하는 것이 타당하다.

남기심(1995 ; 10)에서도 지적한 바와 같이 다음 예문 (11)의 상태동사 '살다(거주하다)'는 '-었'이나 '-었었-' 과 결합하여 의미 차이를 나타내지 않는다. 이것은 상태동사인 '살다'는 종결점이 없으므로 '-었-', '-었었-'과 결합하여도 '완료'의 의미 기능을 가진 '-었$_1$-'이 활성화 되지 못하여 '-었-'과 '-었었-'의 의미 분화가 생기지 않기 때문이다.

> (11) 가. 나는 그때 부산에 살았다.
> 나. 나는 그때 부산에 살았었다.

상태 동사 '살다'와 마찬가지로 활동 동사 '울다'도 (12)에서 알 수 있듯이 내적 시간구성에 종결점이 없는 '활동상황'이므로 '-었었-'과 접속하여 '-었₁-'의 '완료' 기능이 활성화 되지 못하여 '-었-'과 의미차이를 보이지 않는다.

> (12) 가. 엄마가 나갈 때 아기가 울었니?
> 나. 엄마가 나갈 때 아기가 울었었니?

한편 성취 동사 '떠나다'는 '-었-', '-었었-'과 결합하였을 때 의미의 차이가 분명히 드러난다. (13가)는 기차가 떠난 시점이 '그때'가 되어 '-었-'은 과거로 기능한다. 그러나 (13나)는 기차가 떠난 시점이 '그때' 이전이 되어 '-었었-'은 '과거 완료'로 기능한다.

> (13) 가. 그때 기차는 떠났다.
> 나. 그때 기차는 떠났었다.[7]

위에서 살펴본 '-었-'과 '-었었-'의 의미 기능을 정리하면 '-었-'은 결합하는 술어의 상적 특성에 따라 '과거' 또는 '현재 완료'나 '현재의 결과상태'를 나타낸다. 다시 말하면 [+종결성]의 동사와 결합한 '-었-'은 <그림 33>이 나타내는 바와 같이 현재를 포함할 수 있으나 '-었었-'은 [+종결성]의 동사와 결합하여도 현재를 포함하지 못하며 언제나 과거를 지시한다.

---

7) 이익섭·채완(1999 : 279)은 다음 예문이 정상적인 국어 문장이 아니라고 하였으나 이 연구에서 다음 문장들은 정상적인 국어 문장으로 인식된다.
(I) 가. 내가 역에 도착하였을 때 기차는 이미 떠났었다.
나. 김무길 선수가 금메달을 땄다. 그런데 이 선수는 지난 대회서는 동메달을 땄었다.

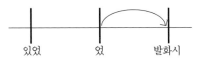

있었   었   발화시

〈그림 33〉 '-었-'과 '-었었-'의 의미 기능

서정수(1996 : 286)도 '그 남자가 자기 아내를 찾았었다'는 과거의 기준 시점이 전제 되지 않을 때에도 '-었었-'은 과거의 동작이 완결되었음을 나타낸다고 하였다.

이상으로부터 우리는 '-었-'의 의미는 결합하는 술어의 종류에 따라서 달라지는 것이므로 '-었-'의 의미를 한 마디로 '완료'라거나 또는 '과거'라고 단정할 수가 없음을 알게 되었다. '-었-'은 '있다', '이다', '형용사' 그리고 [-종결성]의 '상태동사', '활동동사'와 결합하면 언제나 '과거'의 의미로 기능한다. 그러나 [+종결성]을 가진 '성취상황'이나 '완성상황'의 동사와 결합하면 과거 시간부사어가 명시되지 않는 한 '-었-'은 '완료'의 의미로 기능하거나 현재의 '결과상태'를 나타낸다. 한편 '-었었-'의 상적 의미 또한 결합하는 술어에 따라서 결정되는데 '-었었-'은 술어의 종류와 관계없이 언제나 '과거'라는 시제의미를 나타낸다.

지금껏 '-었었-'의 의미 기능에 대해 여러 논의가 있어 왔지만 거의 대부분이 전체를 보지 못한 부분적인 설명에 지나지 않았다. 이에 이 책에서는 '-었었-'의 여러 의미 기능이 결국은 동사의 시간적 특성 즉 상적 특성과 관련이 있음을 밝히고, 상적 특성 가운데 [+종결성]이 '-었-'과 '-었었-'의 의미 분화에 결정적으로 관여한다는 것을 규명하고자 한다. 이를 위해 3장에서 분류한 동작류의 유형별로 '-었-'과 '-었었-'이 동사와 결합하여 보이는 의미론적 기능을 구체적으로 살펴보기로 하겠다.

5.1.2. 동작류별 '-었-'과 '-었었-'의 의미 기능

이 절에서는 동작류별로 '-었-'과 '-었었-'의 의미 기능을 살핀다. 그래서 '-었-'과 '-었었-'의 의미 분화에 관여하는 상자질이 [+종결성]임을 입증하려 한다. 그런데 [+종결성]의 동사라도 '-었-', '-었었-'과 결합하여 의미 분화를 일으키지 않는 경우가 있다. '-었-', '-었었-'의 의미 분화의 유무는 상황 전체를 분할하지 않고 하나로 파악하는 '완결상(perfective)'과 상황을 '시작', '중간', '종결', '결과'의 국면으로 분할하여 어느 한 국면만을 지시하는 '비완결상(imperfective)'이라는 '관점상'과 관계가 있다. '-었-'과 '-었었-'이 의미 분화를 일으키지 않는 경우는 상황 전체를 한 덩어리로 파악하는 '완결상'일 때이다. 그리고 상황의 어느 한 국면만을 지시하는 '비완결상' 가운데서 '중간 국면' 즉 '내적단계'에 초점이 있을 때도 의미 분화가 일어나지 않는다. 다음은 '-었-'과 '-었었-'의 의미 기능을 동작류 별로 자세히 살펴보고자 한다.

5.1.2.1. 제1 부류 활동·성취상황

제1 부류 활동·성취상황은 '활동상황'으로 행동할 때 [-상태, -순간, -종결]의 상적 특성을 가지며, '성취상황'으로 행동할 때는 [-상태, +순간, +종결]의 상적 특성을 갖는다. 동사 '찾다', '(차량) 타다'가 이 부류에 속한다. 동사 '찾다'는 동사가 지시하는 상황을 분할하지 않고 전체를 한 덩어리로 나타내는 '완결상'에서는 활동상황일 때나 성취상황일 때나 모두 '-었-', '-었었-'과 결합하여 드러내는 의미가 같다. 다음의 예문 (14)에서 이와 같은 사실을 확인할 수 있다. (14가)와 (14나)는 '찾다'가 활동상황으로 행동한 경우로서 상황 전체를 나타내는

'완결상'으로 기능하므로 '-었-'과 '-었었-'은 의미 차이를 가져오지 않는다. 한편 '찾다'가 성취상황으로 행동한 (14다), (14라)에서도 '-었-'과 '-었었-'은 의미 차이를 가져오지 않는데, 그것은 (14다), (14라)가 상황을 분할하지 않고 전체를 하나로 나타내는 완결상의 의미를 갖기 때문이다.

> (14) 가. 우리는 그 당시 실종된 아이를 한 달 동안 찾았다.
>   나. 우리는 그 당시 실종된 아이를 한 달 동안 찾았었다.
>   다. 우리는 그 당시 실종된 아이를 한 달 만에 찾았다.
>   라. 우리는 그 당시 실종된 아이를 한 달 만에 찾았었다.
> (15) 가. 우리는 그때 실종된 아이를 찾았다.
>   나. 우리는 그때 실종된 아이를 찾았었다.

한편 비완결상인 경우 성취상황으로 기능할 때, (15가)와 (15나)는 '그때'가 '기준시'로 기능하여 '-었-'과 '-었었-'이 의미 분화를 야기한다. 그래서 '찾았다'와 '찾았었다'가 의미하는 바가 달라지는데 (15가)는 아이를 찾는 순간이 '그때'임을 의미하고, (15나)는 아이를 찾는 상황이 '그때'라는 기준시 이전에 이미 성립되었음을 의미한다. 즉 '이미 그때는 아이를 찾은 후였다'로 해석된다. 성취상황으로 기능한 '찾다'는 '-었었-'의 '-었$_1$-'이 동사가 지시하는 상황을 완료 시키고 '-었$_2$-'는 과거임을 지시하므로 '우리는 그때 실종된 아이를 찾았었다'라는 사건이 기준시 이전에 이미 종결되었음을 의미한다. 한편 '활동상황'으로 행동할 때, (15가, 나)는 모두 '우리는 그때 아이를 찾고 있었다'로 해석되어 의미 차이를 가져오지 않는다.

결론적으로 동사 '찾다'는 '-었-'과 '-었었-'이 활동상황 즉 '찾는 과정'으로 해석될 때는 의미 차이를 가져오지 않으나 기준 시점이 있는 문맥에서 성취상황 즉 '발견하는 순간'으로 해석될 때는 '-었-'과 '-었었-'이 의미의 분화를 가져온다.

5.1.2.2. 제2 부류 순간적 활동상황

제2 부류 순간적 활동상황은 [-상태, +순간, -종결]의 상적 특성을 지닌다. '(발로) 차다', '두드리다', '치다', '끄덕이다', '반짝하다' 등의 동사는 '-었-' 또는 '-었었-'과 결합하여 의미 분화를 가져오지 않는다. (16가)와 (16나)는 같은 의미로 해석되는데 이 경우 '찼다'와 '찼었다'가 의미 차이를 보이지 않는 것은 이 부류의 동사가 [-종결성]이므로 '완료'의 기능을 하는 '-었$_1$-'이 활성화 되지 않아 '-었-'과 '-었었-'이 과거로만 기능하기 때문이다.

> (16) 가. 그때 누군가가 발로 문을 찼다.
> 나. 그때 누군가가 발로 문을 찼었다.

5.1.2.3. 제3 부류 예비 단계가 있는 성취상황

제3 부류 예비 단계가 있는 성취상황은 [-상태, +순간, +종결, +결과]의 상적 특성을 갖는다. '지다', '이기다', '떠나다', '출발하다', '이륙하다', '착륙하다', '도착하다' 등의 동사가 이 부류에 속한다.

> (17) 가. 그때 기차가 떠났다.
> 나. 그때 기차가 떠났었다.
> 다. 그때 기차가 도착했다.
> 라. 그때 기차가 도착했었다.

순간적 상황인 제3 부류는 완결상으로 해석되지 않을 때 위의 예문 (17가)와 (17나)가 의미하는 바는 분명히 구별된다. (17가)는 기차가 떠난 시점이 '그때'임을 의미하고, (17나)는 그때를 기준시로 보았을 때 기차가 이미 떠난 상황을 나타낸다. (17나)의 '-었었-'은 소위 '과거완료'로 기능하는 경우이다. (17나)가 '완료'의 의미를 갖는 것은 이 부류의 동사가 [+종결성]이기 때문에 '-었$_1$-'의 완료 의미가 기능했기 때문이다. 동사 '도착하다'의 경우도 마찬가지여서 (17다)는 기차가 도착하는 시점이 '그때'라는 뜻이고 (17라)는 기차가 도착한 시점이 그때 이전이 되어 기준시인 그때는 '이미 기차가 도착해 있었다'는 뜻으로 해석된다. 그러나 완결상으로 해석될 때는 (17가, 나)와 (17다, 라)는 각각 같은 의미로 해석된다.

다음 예문 (18나)에서 어떤 동작이나 상태가 막 끝나고 바로 다른 동작이나 상태가 이어짐을 나타내는 연결어미 '-자'와 '-었었-'이 공기하여 비문이 되는 것은 연결어미 '-자' 뒤에는 바로 다른 상황이 이어져야 하는데 '-었었-'은 기준시 이전의 상황을 지시하기 때문이다.

(18) 가. 우리가 도착하자 회의가 시작되었다.
　　 나. *우리가 도착하자 회의가 시작되었었다.

이 부류의 동사가 완결상으로 해석될 때 '-었-'과 '-었었-'이 의미의 차이를 보이지 않는 것을 예문 (19)에서 다시 한번 확인할 수 있다.

(19) 가. 델타항공은 어제도 인천공항에 5시간 늦게 도착했다.
　　 나. 델타항공은 어제도 인천공항에 5시간 늦게 도착했었다.

5.1.2.4. 제5 부류 완성 · 활동상황

제5 부류 완성 · 활동상황은 [결과성]의 유무에 따라서 제5-1 부류와 제5-2부류로 나뉜다. 완성상황과 활동상황의 상적 특성을 가지는 제5 부류는 완성상황으로 행동할 때 '-었었-'과 결합하여 두 가지 의미 해석을 낳는다. [-결과성]의 제5-1 부류와 [+결과성]의 제5-2 부류는 그 드러내는 의미에 있어서 차이를 보인다. [-결과성]의 제5-1 부류는 '-었었-'과 결합하여 '동사가 지시하는 상황의 종결' 즉 '완료'의 의미 해석을 드러내고 [+결과성]의 제5-2 부류는 '-었었-'과 결합하여 동사가 지시하는 상황의 완료 후 '결과상태'의 의미 해석을 갖는다.

1) [-결과성]의 제5-1 부류

제5-1 부류는 완성상황으로 행동할 때 [-상태, -순간, +종결, -결과]의 시간적 특성을 갖고, 활동상황일 때 [-상태, -순간, -종결]의 시간적 특성을 갖는다. '먹다', '읽다', '쓰다', '그리다', '모으다' 등의 동사가 이에 해당된다.

> (20) Q : 내가 어제 전화 했을 때 뭐 했어/하고 있었어?
> 　　A : 가. 그때 밥을 먹었어.
> 　　　　나. 그때 밥을 먹었었어.
> 　　　　다. 그때 밥을 먹고 있었어.

예문 (20)에서 '내가 어제 전화했을 때 뭐 했어?' 라는 질문에 (20가) 또는 (20나)로 대답할 수 있으며 (20가), (20나)는 모두 (20다) '나는 그때 밥을 먹고 있었어'로 대체될 수 있다. 이것은 동사 '먹다'의 내적 시간구성에서 '내적 단계'를 지시할 때는 '-었었-'과 결합하여도

완료의 기능을 담당하는 '-었₁-'의 기능이 활성화 되지 못하여 '-었-'
과 마찬가지의 기능을 하므로 (20가)와 (20나)는 의미의 차이를 보이
지 않게 된다.8)

또한 '활동상황'의 예문 (21가, 나) 그리고 '완성상황'의 예문(21다,
라)는 '완결상'으로 해석될 때 '-었-'과 '-었었-'이 의미의 차이를 가져
오지 않는다.

> (21) 가. 나는 어제 술을 1시간 동안 마셨다.
> 나. 나는 어제 술을 1시간 동안 마셨었다.
> 다. 나는 어제 저녁을 10분 만에 다 먹었다.
> 라. 나는 어제 저녁을 10분 만에 다 먹었었다.

그런데 '-었었-'이 의미의 차이를 보이는 것은 다음 예문 (22)와 같
이 '기준시/참조시'가 있는 상황인데 '친구들이 밥을 먹으러 가자고 했
을 때 나는 이미 밥을 먹은 후였다' 라는 의미를 나타내는 것은 (22
나)이고 (22가)는 어색한 문장이 된다. 다시 설명하자면 종결점이 있
는 완성상황으로 기능한 다음 예문 (23)에서는 '-었-'과 '-었었-'의 의
미 차이를 분명히 느낄 수 있다. (23가)의 '-었-'은 점심을 먹은 시점
이 '그 때'인 것이고 (23나)는 그 때는 이미 밥을 먹은 뒤라는 의미를
드러낸다. 그러나 (23가, 나)가 (20, Q)의 대답일 때는 (20, A)와 마찬
가지로 의미 차이가 일어나지 않는다.

---

8) 여기서 의미의 차이를 보이지 않는다는 것은 '상'이나 '시제'의 의미가 같다는
   것을 뜻한다. '-었었-'에 회상이나 경험 또는 단절의 의미를 부여하는 것은 주
   로 화자의 심적 태도나 다른 문장성분에 의해 문맥적으로 부여되는 것이므로
   이 연구에서는 이러한 의미의 차이는 상이나 시제의 의미가 같을 때 의미의 차
   이로 보지 않는다.

(22) 가. ??친구들이 밥을 먹으러 가자고 했을 때 나는 밥을 먹었다.

　　나. 친구들이 밥을 먹으로 가자고 했을 때 나는 밥을 먹었었다.

(23) 가. 나는 그때 점심을 먹었다.

　　→ I was eating lunch then.

　　나. 나는 그때 점심을 먹었었다.

　　→ I had eaten lunch then

　송창선(2001나 : 116)은 이남순(1981나)에서 '철수가 사과를 먹었다'와 '철수가 사과를 먹었었다'에서 의미의 차이가 없다고 하였지만 자신은 의미의 차이가 느껴진다고 하였다. 그러나 송창선(2001)은 이남순(1981)에서는 의미 차이가 없다고 하는데 왜 자신은 의미 차이가 느껴지는지 설명하지는 못하였다. 이와 같이 의미 차이가 느껴지기도 하고 느껴지지 않기도 하는 것은 동사 '먹다'의 내적 시간구성과 관계가 있다.

　문장이 내적 단계를 지시하는 경우와 상황 전체를 한 덩어리로 파악하는 '완결상적' 해석에서는 이남순(1981나)의 말처럼 '먹었다'와 '먹었었다'가 의미 차이를 보이지 않는다. 그러나 종결 국면에 초점을 두는 '비완결상적' 해석에서는 송창선(2001)의 주장대로 의미 차이가 발생한다. 따라서 '먹었다'와 '먹었었다'가 같은 의미로 느껴지기도 하고 다르게 느껴지기도 하는 것이다. 다음은 동사 '읽다'가 '-었-', '-었었-'과 결합하여 나타내는 의미를 살펴보자.

(24) 가. 나는 그때 그 책을 읽었다.

　　나. 나는 그때 그 책을 읽었었다.

　　다. 나는 그때 그 책을 읽고 있었다.

　'내가 전화 걸었을 때 뭐 했어요?' 라는 질문의 답으로 (24가)와 (24나)는 의미차이를 보이지 않으며 (24다) '나는 그때 그 책을 읽고 있었다'로 대치될 수 있다. 그러나 (24가) '나는 그때 그 책을 읽었다'는 '그 책을 읽고 있었다'의 의미해석 뿐이나, (24나) '나는 그때 그 책을 읽었었다'는 두 가지로 해석될 수 있다. 첫째는 '나는 그때 그 책을 읽고 있었다'라는 해석이고 둘째는 '나는 그때 그 책을 이미 읽은 후이다'라는 해석이다. (24나)가 '-었었-'과 결합하여 '진행상적' 해석과 '완료상적' 해석을 갖게 되는 것은 (24)의 '읽다'가 완성상황으로 행동할 때 그 내적 시간구성에서 핵부 즉 내적 단계를 지시할 수도 있고 종결점에 초점을 둘 수도 있기 때문이다.

결론적으로 내적 단계9)에 초점이 있거나 '완결상'으로 기능할 때는 '활동상황'이든 '완성상황'이든 '-었-'과 '-었었-'은 의미차이를 가져오지 않는다. 이지양(1982 : 55)도 '-었-'과 '-었었-'이 넘나들며 의미차이를 가져오지 않는 예문으로 다음 (25)를 들고 있다. 여기에서 '-었-'과 '-었었-'이 넘나들 수 있는 것은 상황 전체를 하나로 파악하는 완결상의 관점으로 해석할 때이다.

(25) 가. 철수가 어제 책을 읽었다.
    나. 철수가 어제 책을 읽었었다.

다음은 동사 '모으다'를 살펴보자.

(26) 가. 유미는 1년 동안 돈을 모았다.
    나. 유미는 1년 동안 돈을 모았었다.
    다. 유미는 작년에 1년 동안 돈을 모았다.

---

9) 내적 단계란 어떤 상황이 시작하여 끝나기 전까지의 중간 단계를 의미한다. 내적 단계를 '핵부'라고도 한다. 동사의 내적 시간구성에서 시점이 시작점과 종결점의 중간 단계 즉 핵부에 있을 때는 활동상황으로 파악하든지 완성상황으로 파악하든지 '진행'의 뜻을 드러낸다..

　　라. 유미는 작년에 1년 동안 돈을 모았었다.
　(27) 가. 유미는 1년 만에 돈을 모았다.
　　　나. 유미는 1년 만에 돈을 모았었다.
　　　다. 유미는 5년 전 1년 만에 돈을 모았다.
　　　라. 유미는 5년 전 1년 만에 돈을 모았었다.
　(28) 가. 유미는 돈을 모았다. (현재의 상태를 함의)
　　　나. 유미는 돈을 모았다. 그래서 이제 새 차를 살 수 있다.
　　　다. 유미는 돈을 모았었다. (과거의 상태를 함의)
　　　라. 유미는 돈을 모았었다. 그래서 작년에 새 차를 샀다.

　문장 내에 과거 시간부사어가 명시되지 않은 위의 예문 (26가)의 '-었-'과 (26나)의 '-었었-'은 의미의 차이를 보인다. (26가)는 영어의 현재완료 'Yumi has saved money for one year(지금까지 1년 동안 유미가 돈을 모았다)'의 의미로 해석될 수 있다. 즉 현재를 포함할 수 있다. 그렇지만 (26나)는 과거의 어느 시기에 1년 동안 돈을 모았다는 의미 해석을 갖는다. 그러나 과거 시간부사어 '작년에'가 명시된 (26다, 라)에서는 '-었-'과 '-었었-'이 의미 차이를 가져오지 않고 모두 과거의 상황을 뜻한다.

　한편 완성상황으로 행동한 (27가)와 (27나)에서도 의미의 차이가 야기된다. (27가)는 영어의 현재완료 'Yumi has saved money in a year'의 의미 해석을 갖는 것으로서 현재가 포함될 수 있고, (27나)는 '과거 어느 시기에 1년 만에 유미는 목표한 돈을 모았다'라는 의미 해석을 갖는다. 그러나 시간부사어 '5년 전'이 명시된 (27다, 라)에서는 '-었-'과 '-었었-'이 의미의 차이를 야기하지 않고 같은 의미로 해석된다.

　한편 (28가, 다)는 '모으다'가 완성상황으로 행동할 때 '사건 성립'의 해석 외에 '목표한 돈을 다 모은 상태이다'라는 '사건 성립 후의 결과 상태'의 함의를 가질 수 있다. (28가)는 '유미가 현재 모은 돈이 있다'

는 함의를 가질 수 있으므로 (28나) '이제 차를 살 수 있다'와 같은 문장이 이어질 수 있다. (28다)는 과거 시간부사어의 도움 없이도 과거의 결과상태를 함의할 수 있으므로 '그래서 작년에 새차를 샀다'와 같은 문장이 이어질 수 있다.

2) [+결과성]의 제5-2 부류

제5-2 부류는 완성상황으로 행동할 때 [-상태, -순간, +종결, +결과]의 상적 특성을 지니고, 활동상황으로 행동할 때 [-상태, -순간, -종결]의 상적특성을 지닌다. '외우다', '내려오다', '늘다', '줄다' 등의 동사가 이 부류에 속하는데, 제5-2 부류에서도 동사가 지시하는 상황이 내적 단계를 지시할 때에는 '-었-' 또는 '-었었-'이 의미 차이를 보이지 않는다. 내적 단계에서는 '-었$_1$-의 '완료'기능이 활성화되지 못하여 '-었었-'이 '과거'로만 기능하기 때문이다. '윤희는 내가 전화 했을 때 무엇을 했어요?' 라는 질문에 대한 답으로서 다음 예문 (29가)와 (29나)는 같은 의미로 해석된다.

> (29) 가. 윤희는 그때 구구단을 외웠다.
>   나. 윤희는 그때 구구단을 외웠었다.
>   다. 윤희는 구구단을 외웠다/외우고$_2$ 있다. (현재의 결과상태)
>   라. 윤희는 구구단을 외웠었다/외우고$_2$ 있었다. (과거의 결과상태)

그러나 '그때'를 '기준시'로 보면 (29나)는 '그때 이전에 구구단을 이미 외우고 있었다'라는 의미 해석을 갖게 되어 (29가)와 (29나)는 의미 분화가 일어난다. (29다)와 (29라)를 비교해보면 '-었-'과 '-었었-'의 의미 차이가 분명 해진다. 시간부사어가 명시되어 있지 않은 (29다)는 윤희가 현재 구구단을 다 외우고 있는 상태에서 발화될 수 있고 (29

라)는 '윤희는 과거의 어느 시점에 구구단을 다 외우고 있었다'라는 '과거 결과상태'의 의미 해석을 갖는다.

> (30) 가. 윤희는 어제 2시간 동안 구구단을 외웠다/외웠었다.
> 나. 윤희는 어제 1시간 만에 구구단을 외웠다/외웠었다.

위의 예문 (30가, 나)에서 '-었-'과 '-었었-'은 의미 분화를 가져오지 않는다. 왜냐하면 (30가, 나)는 모두 상황 전체를 하나로 파악하는 '완결상'의 의미로 해석되기 때문이다.

이 연구에서 '-었었-'의 기본 의미는 '과거'로서 어떠한 술어와 결합하여서도 현재를 포함하는 일이 없이 언제나 현재와 격리된 과거만을 나타내는 것으로 파악된다. 결합하는 술어의 종류에 따라 '과거', '과거 완료' 또는 '과거의 결과상태'를 드러내는 '-었었-'의 의미 기능은 '-었-'이 결합하는 술어의 [종결성] 유무에 따라 '과거'를 나타내거나 '현재 완료' 또는 '현재의 결과상태'를 나타내는 것과 비교된다. 다시 말하자면 '-었-'은 현재를 포함하는 일도 있으나 '-었었-'은 절대로 현재를 포함하는 일이 없다는 것이다. 그렇다고 해서 현재의 상황은 언제나 '-었었-'이 지시하는 상황과 다를 것이라는 뜻은 아니다. 현재의 상황은 '-었었-'이 지시하는 상황과 다를 수도 있고 같을 수도 있다.

동사 '외우다'와 결합한 '-었었-'이 과거의 결과상태로 해석될 수 있는 것은 동사 '외우다'가 [+종결성, +결과성]의 상적 특성을 가지므로 '-었었-'과 결합하였을 때 '-었$_1$-'의 완료 의미가 기능하고 '-었$_2$-'의 과거 의미가 기능하기 때문이다.

5.1.2.5. 제6 부류 활동상황

제6 부류 활동상황은 [-상태] [-순간] [-종결]의 시간적 특성을 가지며 '자다', '울다', '(비가)오다', '(바람)불다', '걷다', '달리다' 등의 동사가 이에 속한다.

> (31) 가. 아기가 울었다.
>   나. 아기가 울었었다.

[-종결성]의 활동상황은 (31가, 나)에서 '-었-'과 '-었었-'이 의미차이를 보이지 않는다. 왜냐하면 동사 '울다'의 상적 특성 때문인데 '울다'는 그 내적 시간구성에 반드시 도달해야할 종결점을 가지고 있지 않으므로 '-었-'이나 '-었$_1$-'의 완료 기능이 활성화되지 못하여 '-었었-'이 '-었-'과 마찬가지로 단순 과거의 의미만을 부여하기 때문에 '울었다'나 '울었었다'나 모두 단순 과거의 의미를 나타낸다. 활동상황에서의 '-었-'은 현재의 상태를 나타내는 일이 결코 없으며 언제나 과거의 상황을 나타낸다. 이것은 과거 시간부사어가 명시되지 않은 [+종결성]의 완성상황 '(옷) 입다'와 결합한 '-었-'과 '-었었-'이 '현재의 결과상태' '과거의 결과상태'로 의미 차이를 보이는 것과 대조된다. 다음은 동사 '불다'를 살펴보자.

> (32) 가. 그때 바람이 불었다.
>   나. 그때 바람이 불었었다.
> (33) 가. 어제는 바람이 한 시간 동안 불었다.
>   나. 어제는 바람이 한 시간 동안 불었었다.

(32가, 나)에서 [-종결성]의 '불다'와 결합한 '-었-'과 '-었었-'은 모

두 단순 과거로 기능하므로 의미의 차이가 없고, (33가, 나)는 완결상
으로 해석되어 '-었-'과 '-었었-'은 의미 차이를 보이지 않는다.

결론적으로 '-었었-'은 종결점을 가지지 않는 활동상황의 동사와 결
합하면 '과거'만을 지시한다. 왜냐하면 [-종결성]의 동사와 결합한 '-
었었-'은 완료의 기능을 담당하는 '-었₁-'의 의미 기능이 활성화 되지
못해 '-었었-'이 과거로만 기능을 하기 때문이다. 따라서 [-종결성]을
가진 활동상황의 동사와 접속한 '-었-'과 '-었었-'은 아무런 의미 차이
를 가져오지 않는다.

`5.1.2.6.` 제7 부류 완성상황

제7 부류 완성상황은 [-상태, -순간, +종결, +결과]의 상적 특성을
지닌다. '가다', '오다', '(해)뜨다', '(꽃)피다', '(옷)입다' 등의 동사가 이
에 속한다. 완성상황은 내적 시간구성에 반드시 도달해야 할 종결점
을 가지고 있고, 동사가 지시하는 상황이 성립된 후의 결과상태를 나
타낼 수 있다. 동사 '피다'에 대해 살펴본다.

> (34) 가. 꽃이 피었다.
> 나. 꽃이 피어 있다.
> 다. 꽃이 피었었다.
> 라. 꽃이 피어 있었다.

과거를 명시하는 부사어가 없을 때 위의 예문 (34가) '꽃이 피었다'
는 현재 꽃이 피어 있는 상태인 (34나)를 의미하고 '-었었-'과 결합한
(34다) '꽃이 피었었다'는 과거에 꽃이 피어 있었던 상태 (34라)를 의
미한다.

(35) 가. 어제 꽃이 피었다.
　　 나. 어제 꽃이 피었었다.
　　 다. 어제 꽃이 피어 있었다.

그러나 과거를 명시하는 '어제'가 첨가된 위의 예문 (35가) '어제 꽃이 피었다'는 '어제 꽃이 피는 사건이 성립되었다'라는 해석을 갖는다. (35나) '어제 꽃이 피었었다'는 사건의 성립 후 '결과상태'를 의미하는 것으로서 (35다)로 환치될 수 있다.

위의 예문 (34)~(35)를 종합하면 [+결과성]의 완성상황은 문장 내에 과거 시간부사어가 없을 때 '-었-'하고 접속하면 동사가 지시하는 상황이 완료된 후의 '결과상태'가 현재 드러나 있음을 나타내고 '-었었-'과 접속하면 동사가 지시하는 상황이 완료된 후의 '결과상태'가 과거에 드러나 있었음을 나타낸다. 그러나 '-었-'이 과거를 명시하는 부사어와 함께 출현하면 '과거의 사건 성립'을 의미할 수도 있다.

위의 내용을 정리하면 [+종결, +결과]의 완성상황과 결합한 '-었-'과 '-었었-'은 현저한 의미의 차이를 드러낸다. '-었-'의 '완료' 기능이 [+종결, +결과]의 동사에 작용하여 동사가 지시하는 사건의 성립 후 '현재의 결과상태'를 의미하고 '-었었-'은 '-었$_1$-'의 '완료' 기능이 작용하고 '-었$_2$-'의 '과거' 기능이 작용하여 '과거의 결과상태'를 나타낸다.

다음은 재귀성을 갖는 동사 부류를 살펴보도록 하자. 재귀성 동사들은 '-었-', '-었었'과 결합하여 '진행상'으로도 해석될 수 있고 '결과상'으로도 해석될 수 있어 중의성을 갖는다..

(36) 가. 그때 윤희는 한복을 입었다.
　　 나. 그때 윤희는 한복을 입었었다.
　　 다. 그때 윤희는 한복을 입고 있었다. (진행상)
　　 라. 그때 윤희는 한복을 입고$_2$ 있었다. (결과상)

'윤희는 그때 무엇을 했어요?'라는 질문에 대한 대답으로 과거 시점 '그때'에 동사가 지시하는 상황이 진행 중이었음을 나타낼 때 (36가)와 (36나)는 의미의 차이를 보이지 않고, (36다) '그때 윤희는 한복을 입고 있는 중 이었다'의 '진행상'의 의미 해석을 갖는다. 그러나 '완성상 황'의 [+종결성]이 기능하면 (36가)와 (36나)는 모두 동사가 지시하는 상황이 종결된 후의 '결과상태'를 의미하게 되어 (36라) '그때 윤희는 한복을 입고$_2$ 있었다'의 의미 해석을 갖는다.

(37) 가. 윤희는 조카의 결혼식 때 한복을 입었다.
　　 나. 윤희는 조카의 결혼식 때 한복을 입었었다.
　　 다. 윤희는 조카의 결혼식 때 한복을 입고$_2$ 있었다.
(38) 가. 윤희는 한복을 입었다.
　　 나. 윤희는 한복을 입었었다.

위의 예문 (37가, 나)는 '조카의 결혼식 때'라는 부사구의 수식을 받아 (36다) '과거의 결과상태'를 의미한다. 그러나 '완결상'으로 해석될 때 (37가)와 (37나)는 '과거의 사건 성립'이라는 의미로 해석되어 같은 의미를 드러낸다. 그리고 (38가)는 특별한 문맥 설정이 없으면 '현재 의 상태'를 나타내는 것으로 해석되어 '한복을 입었다'는 동사가 지시 하는 상황이 완료된 후 '현재의 결과상태'를 나타낸다. 이때 (38가) '입 었다'는 '입고$_2$ 있다'로 교체될 수 있고, (38나)는 '과거의 결과상태'를 나타내며 '입고$_2$ 있었다'로 교체될 수 있다.

다시 말해 부사어의 도움이 없을 때 동사 '입다'와 결합한 '-었-'은 '현재의 결과상태'를 나타내고 '-었었-'은 '과거의 결과상태'를 나타낸 다. [+종결성, +결과성]의 완성상황에서 주목할 점은 '-었었-'은 과거 시간부사어의 도움 없이도 언제나 '과거'를 나타낼 수 있지만 '-었-'은 과거 시간부사어의 도움이 없으면 '현재'를 나타낸다는 것이다.

　다음은 이동 동사 '가다', '오다'에 대해 살펴보자.

>　(39) 가. 그는 미국에 갔다.
>　　　　나. 그는 미국에 갔었다.
>　　　　다. 작년에 그는 미국에 갔다.
>　　　　라. 작년에 그는 미국에 갔었다.
>　(40) 가. 윤희는 한국에 왔다.
>　　　　나. 윤희는 한국에 왔었다.
>　　　　다. 작년에 윤희는 한국에 왔다.
>　　　　라. 작년에 윤희는 한국에 왔었다.

　직시적(dectic)인 동사 '가다', '오다'는 '-었-', '-었었-'과 접속하여 드러내는 의미가 다른 '완성동사'와는 다른 양상을 보인다. 위의 예문 (39가)는 '현재 그는 미국에 가 있다'를 의미하고 (39나)는 '그가 미국에 간 일이 있음'을 의미하고 '현재 이 자리에 있을 수도 있음'을 함의한다. 그런데 시간부사어 '작년에'를 첨가한 (39다)는 '그가 미국에 간 것이 작년이고 그 결과상태가 현재까지 지속될 수 있음'을 의미하고 (39라)는 '작년에 그는 미국에 간 일이 있고 그 결과상태는 지속되지 않을 수 도 있음'을 의미한다. 즉 '그가 이 자리에 있을 수도 있음'을 의미한다.

　동사 '오다'는 '-었-', '-었었-'과 접속하여 '가다'와 비슷한 양상을 보인다. 위의 예문 (40가) '윤희는 한국에 왔다'는 '윤희는 한국에 와 있다'를 의미한다. (40나) '윤희는 한국에 왔었다'는 '윤희가 한국에 온 일이 있음'을 의미하고 '현재는 한국에 없음'을 함의한다. '작년에'의 수식을 받은 (40다) '작년에 윤희는 한국에 왔다'는 '윤희가 작년에 한국에 왔고 그 결과상태가 지속됨'을 의미한다. (40라) '작년에 윤희는 한국에 왔었다'는 '작년에 윤희가 한국에 온 일이 있었고 현재는 한국에 없음'을 의미한다. 정리하면 '가다', '오다'와 결합한 '-었-', '-었었-'은 재귀성 동사와는 달리 상황이 진행 중임을 나타내는 일은 없고 언제나 '결과상태'를 지시한다.

5.1.2.7. 제11 부류 성취상황

제11 부류 성취상황은 [-상태, +순간, +종결, +결과]의 상적 특성을 가지며 '(눈)감다', '(눈)뜨다', '잡다', '만나다', '헤어지다', '죽다', '발견하다', '서다', '멈추다' 등의 동사가 이 부류에 속한다.

[+종결성]을 지닌 성취상황의 동사들은 시간부사어의 수식 없이 '-었-'과 접속하여 두 가지의 의미 해석을 낳는다. 하나는 동사가 지시하는 상황이 '발화시에 순간적으로 성립되는 사건'을 의미하고 다른 하나는 동사가 지시하는 상황이 성립된 후의 '결과상태가 현재 드러나 있음'을 의미한다.

그리고 성취상황의 동사들은 부사어의 수식 없이 '-었었-'과 접속하면 순간적 상황이 성립된 후의 '결과상태가 과거에 드러나 있었음'을 의미한다. '-었-', '-었었-'이 성취상황과 결합하여 드러내는 의미 기능을 예문 (41)을 통해 확인해 본다.

(41) 가. 윤희는 눈을 떴다.
　　 나. 윤희는 눈을 떴었다.
　　 다. 그때 윤희는 눈을 떴다.
　　 라. 그때 윤희는 눈을 떴었다.

위의 예문 (41가) '눈을 떴다'는 '눈을 뜨는 순간'을 묘사할 수도 있고 '눈을 뜨고 있는 상태'를 나타낼 수도 있다. (41나)는 '과거에 눈을 뜨고 있었던 상황'을 묘사하는 것이고 (41다)는 '그때 눈을 뜨는 사건이 성립 되었음'을 나타내고 (41라)는 동사가 지시하는 상황이 그때 이전에 종료되어 '그때는 이미 그 결과상태가 지속하고 있었음'을 묘사한다. 따라서 (41라)는 '그때 윤희는 눈을 뜨고$_2$ 있었다'로 대치될 수 있다.

(42) 가. 윤희가 앞에 앉았다.
   나. 윤희가 앞에 앉았었다.
   다. 윤희가 어제 앞에 앉았다.
   라. 윤희가 어제 앞에 앉았었다.
   마. 윤희가 어제 앞에 앉아 있었다.

위의 예문 (42가) '윤희가 앞에 앉았다'는 '발화시 앉는 동작이 성립되는 사건'을 의미할 수도 있고, '동작 완료 후 현재의 결과상태' 즉 윤희가 앞에 앉아 있는 상태를 의미할 수도 있다. (42나)는 '윤희가 앞에 앉아 있었다'로 대치될 수 있다. (42다)는 윤희가 앞에 앉는 상황이 어제 성립되었음을 의미하기도 하고 (42라)와 같이 상황의 성립 후 과거의 결과상태를 뜻하기도 한다. 따라서 결과상태를 의미할 때 (42다)는 (42마)로 대치될 수 있다. (42라)는 '-었었-'의 '-었$_1$-'과 '-었$_2$-'가 모두 기능하여 '앞에 앉는 상황이 성립된 후의 결과상태가 과거에 드러나 있었음'을 의미하여 (42마) '윤희가 어제 앞에 앉아 있었다'로 대치될 수 있다.

다음은 '생존하다'라는 의미를 나타내는 '살다'와 결합한 '-었-'과 '-었었-'의 의미 기능을 살펴보자.

(43) 가. 그 당시는 의약품이 부족하여 부상자 5명 중 겨우 1명만이 살았다.
　　 나. 그 당시는 의약품이 부족하여 부상자 5명 중 겨우 1명만이 살았
　　　　 었다.
(44) 가. 그 사람은 살았다.
　　 나. 그 사람은 살아 있다.
　　 다. 그 사람은 살았었다.
　　 라. 그 사람은 살아 있었다.

　위의 예문 (43가)의 '살았다'와 (43나)의 '살았었다'는 '살아났다'의 의미로 '동사가 지시하는 순간적 상황이 성립되었음'을 의미한다. (43 가, 나)에서 '살았다', '살았었다'가 같은 의미로 해석되는 것은 동사가 지시하는 순간적 상황을 한 덩어리로 파악하는 '완결상'의 의미 해석을 가질 때이다. 그러나 시간부사어가 명시되어 있지 않은 경우, '결과 상태'를 의미할 때 (44가, 다)와 같이 '살았다'와 '살았었다'는 '현재의 상태', '과거의 상태'로 의미 분화가 일어난다. (44가) '살았다'가 (44나) '살아 있다'는 의미로 쓰일 때 '살았다'는 현재의 상태만을 나타내므로, 과거의 상태는 (44다) '살았었다'로 나타내야 한다. (44다)는 (44라)로 대치될 수 있다.

　그런데 서정수(1976)는 '-었-'이 상태동사와 결합하여 현재의 상태를 나타내는 예로 '그 고기가 지금 막 살았다'란 예문을 제시하고 있는데 이 경우의 '살다'는 '성취 동사'로서 '살았다'는 '사건의 성립' 즉 '완료'를 의미한다.

　다음은 동사 '죽다'와 결합한 '-었-'과 '-었었-'의 의미 기능을 살펴보기로 하자.

(45) 가. 6.25 전쟁 때 많은 젊은이들이 죽었다.
　　 나. 6.25 전쟁 때 많은 젊은이들이 죽었었다.

위의 예문 (45가) '죽었다'와 (45나) '죽었었다'는 같은 의미 해석을 가지는데 두 표현 모두 과거 상황을 나타낸다. 이와 같이 '완결상'으로 해석될 때는 '-었-'과 '-었었-'의 의미 기능에 차이가 없다.

5.1.2.8. 제12 부류 성취상황(수여동사)

제12 부류 성취상황은 [-상태, +순간, +종결, +결과]의 상적 특성을 가지는 '빌리다', '빌려주다'와 [-상태, +순간, +종결, -결과]의 상적 특성을 가지는 '보내다', '주다', '받다' 로 나뉜다. 이 부류의 동사들은 소위 수여동사라고 불리는 것들인데 '-었-', '-었었-'과 결합하여 드러내는 의미 기능은 다음과 같다.

(46) 가. 유미는 도서관에서 책을 빌렸다.
나. 유미는 도서관에서 책을 빌렸었다.
다. 유미는 어제 도서관에서 책을 빌렸다.
라. 유미는 어제 도서관에서 책을 빌렸었다.

[+종결, -결과]의 동사는 시간부사어가 명시되지 않았을 때 '-었-'과 결합하여 영어의 현재완료와 같은 의미 해석이 가능하다. 영어의 현재완료는 현재 이전에 성립된 상황이 현재에 까지 그 영향이 미치고 있음을 뜻하는데 위의 예문 (46가) '유미는 도서관에서 책을 빌렸다'는 영어의 현재완료 'Yumi has borrowed a book from the library'에 대응되는 표현으로서 유미가 현재 책을 빌린 상태임을 의미한다.

한편 '-었었-'은 시간부사어가 명시되지 않은 문장에서도 과거를 지시하는데 (46나)는 '유미가 과거에 책을 빌렸다'는 것을 의미하는 표현으로서 현재도 책이 유미에게 있는지의 여부는 알 수 없다. 시간부사어가 명시된 (46다), (46라)는 모두 '유미가 어제 도서관에서 책을 빌렸음'을 의미하는데 이 경우 '-었-'과 '-었었-'은 의미 차이를 보이지 않는다. 다른 동작류와 마찬가지로 동사가 지시하는 상황을 한 덩어리로 파악하는 '완결상'의 의미일 때는 '-었-'과 '-었었-'이 의미의 분화를 가져오지 않는다.

5.1.2.9. 제14 부류 상태상황

제14 부류 상태상황은 [+상태, -순간, -종결]의 상적 특성을 가지며 '사랑하다', '기뻐하다', '생각하다', '보이다' '살다(거주하다)' 등의 동사가 이에 속한다.

감정을 나타내는 심리동사는 '-었-', '-었었-'과 결합하였을 때 '과거'의 의미만을 드러내는데 이것은 '-었-'과 '-었었-'의 '완료' 의미가 기능하지 못하고 과거의 의미로만 기능하기 때문이다. 따라서 [-종결성]의 감정 동사는 '-었-'으로는 현재의 상태를 나타낼 수 없다.10) 그러므로 현재의 상태를 나타내려면 '-고 있다'를 사용한다.

> (47) 가. 윤희는 민수를 사랑했다.
> 나. 윤희는 민수를 사랑했었다.
> 다. 그 당시 윤희는 민수를 사랑했다.
> 라. 그 당시 윤희는 민수를 사랑했었다.

위의 예문 (47가)와 (47나)는 의미 차이가 없으며 모두 과거 어느 시기에 '윤희가 민수를 사랑하였음'을 나타내고, (47다), (47라)도 의미

---

10) [+종결성]의 동사 '입다', '앉다', '(꽃)피다' 등이 '-었-'과 접속하여 '입었다', '앉았다', '피었다' 등으로 현재의 결과상태를 나타내는 것과 대비된다.

차이가 없이 '그당시 윤희가 민수를 사랑했음'을 의미한다.

　인간의 사고활동을 나타내는 '생각하다', '믿다' 등의 사고 동사도. 다음 예문 (48가, 나), (48다, 라)에서와 같이 '-었-', '-었었-'과 결합하여 의미 분화가 일어나지 않는다. 왜냐하면 '생각하다', '믿다'는 [-종결성]의 상태 동사이므로 '-었-'과 '-었었-'의 '완료' 의미가 기능하지 못하여 '-었-'과 '-었었-'이 모두 과거의 상황만을 지시하기 때문이다.

　　(48) 가. 윤희는 그가 정직하다고 생각했다.
　　　　나. 윤희는 그가 정직하다고 생각했었다.
　　　　다. 윤희는 그 사람을 믿었다.
　　　　라. 윤희는 그 사람을 믿었었다.

　다음은 인간의 지각활동을 나타내는 '보이다', '들리다'가 '-었-', '-었었-'과 결합하여 보이는 의미 기능을 살펴보자. 지각동사는 다른 상태 동사와 마찬가지로 '-었-', '-었었-'과 결합하였을 때 의미 차이를 보이지 않는다. 상태 동사가 '-었-', '-었었-'과 결합하여 과거만을 지시하는 것은 사물의 상태나 속성을 나타내는 형용사 '예쁘다'가 '윤희는 예뻤다', '윤희는 예뻤었다'에서와 같이 '-었-', '-었었-'과 결합하여 '과거'만을 의미하는 것과 같은 이유이다.

　다음 예문 (49가, 나)는 모두 과거에 성립된 상태'로서 같은 의미로 해석되어 '-었-', '-었었-'이 의미 차이를 일으키지 않는다. (49다, 라)도 '-었-', '-었었-'이 의미 차이를 야기하지 않아 같은 의미로 해석되며 모두 과거에 성립된 상태를 의미한다.

　　(49) 가. 음악소리가 한 시간 동안 들렸다
　　　　나. 음악소리가 한 시간 동안 들렸었다.
　　　　다. 그때 음악소리가 들렸다.

라. 그때 음악소리가 들렸었다.

이남순(1981가 : 54)도 '보이다', '들리다' 등의 동사는 '상태 동사'이므로 '보였다', '들렸다'에서의 '-었-'은 과거시제를 나타낼 뿐이라고 하였다.

(50) 가. 유미는 부산에 살았다.
    나. 유미는 부산에 살았었다.

위의 예문에서 '거주하다'라는 의미의 상태동사 '살다'도 역시 '-었-', '-었었-'과 결합하여 의미 차이를 보이지 않는다. '살다'는 [-종결성]의 상태 동사이므로 '-었$_1$-'의 완료 의미가 기능하지 못하여 '-었었-'은 '과거'로만 기능한다. 따라서 (50가, 나)는 모두 '과거에 부산에서 살았다'는 의미로 해석된다. 끝으로 제16 부류 영속적 상태상황은 '-었-', '-었었-'과 결합하면 부자연스러으므로 논의에서 제외한다.

5.1.3. 요약

앞의 5.1.2에서 동작류 별로 '-었-'과 '-었었-'의 의미 기능을 규명했다. '-었-'과 '-었었-'의 의미 기능은 '-었-'과 '-었었-'이 결합하는 동사의 상적 특성에 따라 결정되는데 동사의 상적 특성 중에서 [+종결성]이 '-었-'과 '-었었-'의 의미 결정에 가장 중요한 변수로 작용한다.

'-었-'은 '과거'와 '완료'의 두 가지 의미 기능을 가지고 있는데 결합하는 동사가 [-종결성]이면 '과거'로 기능하고, [+종결성]이면 '완료'로 기능한다. 그리고 '-었었-'은 '-었$_1$-' 과 '-었$_2$-'의 의미 기능이 다른데, '-었$_1$-' 은 '과거' 또는 '완료'로 기능하고 '-었$_2$-'는 언제나 '과거'로 기능한다. 따라서 '-었었-'은 [+종결성]의 동사와 결합하면 '-었$_1$-' 은 '완료'로 기능하고 '-었$_2$-'는 과거로 기능한다.

[-종결성]의 활동상황은 '-었-', '-었었-'과 결합하여 '아기가 울었다/울었었다'가 보여주는 바와 같이 모두 '과거'의 상황만을 지시한다. 상태상황도 [-종결성]이므로 '-었-', '-었었-'과 결합하여 '사랑했다/사랑했었다'에서와 같이 언제나 과거의 상태를 지시한다.

그러나 [+종결성]의 완성상황과 성취상황은 '-었-', '-었었-'과 결합하여 드러내는 의미 기능이 '활동상황'이나 '상태상황'과 다르다. '완성상황'과 '성취상황'은 [결과성]의 유무에 따라서 '-었-', '-었었-'과 결합하여 드러내는 상이 '결과상'과 '완료상'으로 나뉜다. [+종결성, +결과성]의 완성상황과 성취상황은 시제가 명시되어 있지 않을 때 '-었-'은 '꽃이 피었다', '앞에 앉았다' 에서와 같이 '현재의 결과상태'를 나타내고, '-었었-'은 '꽃이 피었었다', '앞에 앉았었다' 에서와 같이 '과거의 결과상태'를 나타낸다.

한편 [+종결성, -결과성]의 '읽다', '먹다' 등의 완성상황과 '보내다', '받다' 등의 성취상황은 '-었-', '-었었-'과 결합하여 '밥 먹었다', '편지를 받았다' 등의 표현으로 영어의 현재완료와 같이 현재 이전에 종결된 상황의 효력이 현재에 미치고 있음을 함의한다. 그리고 '기준시'가 명시되어 있을 때 완성상황과 성취상황은 '-었었-'과 결합하여 동사가 지시하는 상황이 기준시 이전에 성립하였음을 나타낸다. 즉 영어의 과거 완료와 같은 기능을 한다.

그런데 주목할 점은 완성상황과 성취상황도 '완결상'의[11] 의미 해석

---

11) 이재성(2001 : 121)은 다음의 예문 (I)에서 '-었었-'은 '전체상'을 나타낸다고 하였다. '전체상'은 과거 사태가 있었던 제한된 시공간 안에서의 모습만을 나타내므로 사태의 종결로 인한 상황 변화가 배제되어 현재와의 관계가 단절되어 '전체상'이 나타나는 과거 사태에서는 항상 단속의 의미가 덧나온다라고 하였다.

을 가질 때에는 즉 동사가 지시하는 상황을 분할하지 않고 상황 전체
를 하나로 파악할 때에는 '어제 1년 만에 책을 읽었다/읽었었다', '그
당시 전쟁터에서 많은 사람이 죽었다/죽었었다'에서 보는 바와 같이
'-었-'과 '-었었-'은 의미 분화를 일으키지 않고, '과거'만을 의미한다.
그러나 상황을 분할하여 '시작', '종결'의 어느 한 국면을 나타낼 때는
'-었-'과 '-었었-'이 의미 분화를 일으킨다.

완성상황이 '-었-', '-었었-'과 결합하여 의미 분화를 보이지 않는
경우는 아래의 <그림 34>의 내적 단계에 시점을 두었을 때이다. 예를
들어 '내가 전화했을 때 뭐 했어?'라고 물었을 때 '밥을 먹었지' 또는
'밥을 먹었었지'라고 대답할 수 있는데 이때 '밥을 먹었지'와 '밥을 먹
었었지'는 '밥을 먹고 있었지'로 해석된다. 이와 같이 '-었-'과 '-었었-'
이. <그림 34>와 같이 상황의 '중간 국면'을 가리킬 때 즉 '진행'의 의
미를 나타낼 때는 의미 분화를 가져오지 않는다.

〈그림 34〉 내적 단계를 지시하는 '먹었다', '먹었었다'

이상 '-었-'과 '-었었-'의 의미 기능을 면밀히 살펴보았다. 이 연구
에서 분류한 한국어의 동작류는 총 11가지 부류이다. 그러나 이 11가
지 부류는 시간부사어와의 공기 제약에 의해 나눈 것으로서 '-었-'과

그의 '전체상'은 이 연구에서의 완결상과 같은 개념이다. 그러나 '완결상'은 '-었
었-'으로만 나타나는 것이 아니고 이 연구에서 밝히고 있는 바와 같이 '-었-'에
서도 나올 수가 있다.
  (I) 가. 나는 어제도 여기에 왔었다.
      나. 우리는 밤새 노래를 불렀었다.

'-었었-'의 의미 기능을 결정짓는 상자질 [종결성]의 유무, [결과성]의 유무와 관련하여 생각해보면 '상태상황', '활동상황', '완성상황', '성취상황', '순간적 활동상황'의 5가지 부류로 요약된다. 과거 시간부사어가 문장 안에 명시되어 있지 않을 때 이들 상황과 결합하여 보이는 '-었-'과 '-었었-'의 의미 기능을 요약하면 다음 <표 23>과 같다.

〈표 23〉 동작류별 '-었-'과 '-었었-'의 의미 기능

동작류	-었-	-었었-
상태상황	과거	과거
활동상황	과거	과거
완성상황[-결과성]	현재 완료	과거 또는 과거 완료
완성상황[+결과성]	현재의 결과상태	과거의 결과상태
성취상황	발화시 현재의 사건 성립, 현재의 결과상태	과거의 사건 성립, 과거의 결과상태
순간적 활동상황	과거	과거

지금까지 각각의 동작류와 그것과 결합한 '-었-'과 '-었었-'의 의미 기능이 달라질 수 있다는 것을 예시함으로써 동작류와 문법현상과의 의미론적인 관계가 밀접하다는 것을 보여 주었다. 다음 절에서는 일본어의 동작류 별로 동사의 '-te iru'형과 결합한 상부사 'mou/sudeni (이미, 벌써)'의 의미 기능을 분석해 보고자 한다.

5.2. 일본어 동사의 동작류 분류와 'mou/sudeni'의 의미

앞 절에서는 동작류 별 '-었-'과 '-었었-'의 의미 기능을 분석하여

동사의 상적 특성이 다른 언어 현상을 설명할 수 있는 단초를 제공한다는 것을 예시하였다.

일본어에는 과거 시제 형태소가 '-ta' 하나뿐이므로 '-ta'의 의미 기능에 관해 한국어의 '-었-', '-었었-'과 같은 논의는 일어나지 않는다. 그래서 동작류의 상적 특성이 시간과 관련된 다른 언어 현상을 설명할 수 있음을 입증하기 위해 일본어에서는 상부사 'mou/sudeni'가 동사의 '-te iru'형과 결합하여 드러내는 의미 기능을 분석하고자 한다.

5.2.1. 동작류별 'mou/sudeni'의 의미 기능

일본어 상부사 'mou/sudeni'는 한국어 상부사 '벌써, 이미'의 뜻으로 'mou'는 주로 구어체에서 쓰이고, 'sudeni'는 주로 문어체에서 쓰인다. 'mou/sudeni'가 동사의 과거형 '-ta'와 공기하면, (51)과 같이 동사가 지시하는 상황이 이미 완결되었음을 의미한다.

(51) 가. watasi-wa yuuhan-wo mou/sudeni tabeta.
　　　　I-TOP　dinner-ACC　already　eat-PAST-DECL
　　　　나는 저녁을 벌써 먹었다.
　　　　私は夕飯をもう/すでに食べた。
　　나. kisya-wa mou/sudeni tuita.
　　　　train-TOP already　arrive-PAST-DECL
　　　　기차는 벌써 도착했다.
　　　　汽車はもう/すでに着いた。

그러나 'mou/sudeni'가 동사의 '-te iru'형과 공기하여 나타내는 의미 기능은 'ta'형과 달리 동사에 따라 달라진다. 'mou/sudeni'가 동사의 '-te iru'형과 공기하여 드러내는 의미 기능은 동사의 시간적 자질 즉 동사의 상황 유형에 따라 달라진다. 다시 말하자면 동사의 내적 시간 구성에 종결점을 가지는지의 여부, [결과성]을 가지는지의 여부, 동사가 지시하는 상황이 시간의 폭을 가지는지의 여부에 따라서 'mou/sudeni'의 의미 기능은 달라진다.

그런데 요시카와(1996 : 165)는 'mou/sudeni'가 [+종결성]을 가진 '완성상황'과 '성취상황'의 '-te iru'형 동사하고만 결합할 수 있다고 한다. 그러나 이 절에서 밝히는 바와 같이 'mou/sudeni'는 [-종결성]을 가진 '활동상황'과 '상태상황'의 동사들과도 결합할 수 있다. (52가)~(52다)는 'mou/sudeni'가 '활동동사'와 결합하여 동사가 지시하는 상황이 이미 시작되어 진행 중임을 나타낸다.

> (52) 가. kare-wa   mou/sudeni hatake-de hatarai-te iru.
>   he-TOP   already   field-in work-SF be-PRES-DECL
>   그는 벌써 밭에서 일하고 있다.
>   彼はもう/すでに畑で働いている。
>   나. mou/sudeni hagesii ame-ga hut-te iru.
>   already heavy rain-NOM fall-SF be-PRES-DECL
>   벌써 세찬 비가 내리고 있다.
>   もう/すでに激しい雨が降っている。
>   다. kare-wa mou/sudeni heya-de nete iru.
>   he-TOP already room-in sleep-SF be-PRES-DECL
>   그는 벌써 방에서 자고 있다.
>   彼はもう/すでに部屋で寝ている。

그리고 [+종결점]을 가진 '완성동사'의 '-te iru'형은 'mou/sudeni'와 공기하여 [결과성]의 유무에 따라서 그 의미하는 바가 달라진다. [-결과성]의 동사는 '진행' 또는 '완료'를 나타내고, [+결과성]의 동사들은 '진행' 또는 '결과상태'를 의미하므로 중의성을 갖게 된다. 그러나 예문

(53)에서 알 수 있는 바와 같이 한국어에서는 완료의 의미는 '-었'으로 표현되고 '진행'의 의미는 '-고 있다'로 표현되어 중의성을 갖지 않는다.

> (53) 가. Yumi-wa mou/sudeni sono hon-o yon-de iru.
> Yumi-TOP already the book-ACC read-SF be-PRES-DECL
> 유미는 그 책을 벌써 읽었다. (완료상)
> 유미는 그 책을 벌써 읽고 있다. (진행상)
> ユミはもう/すでにその本を讀んでいる。(완료상/진행상)
> 나. Yumi-wa mou/sudeni tegami-o kai-te iru.
> Yumi-TOP already letter-ACC write-SF be-PRES-DECL
> 유미는 벌써 편지를 썼다. (완료상)
> 유미는 벌써 편지를 쓰고 있다. (진행상)
> ユミはもう/すでに手紙を書いている。(완료상/진행상)

한편 시간의 폭을 갖지 못하는 성취상황의 동사들은 'mou/sudeni'와 결합하면 순간적 상황이 완료된 후의 결과상태를 나타낸다.

> (54) 가. kaigi-wa mou/sudeni owat-te iru.
> meeting-TOP already finish-SF be-PRES-DECL
> 회의는 벌써 끝났다(?끝나 있다). (결과상)
> 會議はもう/すでに終わっている。(결과상)
> 나. Yumi-wa mou/sudeni oki-te iru.
> Yumi-TOP already wake up-SF be-PRES-DECL
> 유미는 벌써 일어나 있다. (결과상)
> ユミはもう/すでに起きている。(결과상)

상태동사의 경우 감각이나 감정을 나타내는 동사의 '-te iru'형은 'mou/suden'와 결합하여 (55가)와 같이 이미 동사가 지시하는 상태에 있음을 의미한다. 그러나 영속적 상태를 나타내는 경우는 (55나)와 같이 'mou/sudeni'와 공기할 수 없다.

(55) 가. watasi-wa   mou/sudeni   onaka-ga   sui-te iru.
　　　　 I-TOP   already   be hungry-SF   be-PRES-DECL
　　　　 나는 벌써 배가 고프다.
　　　　 私はもう/すでにお腹が空いている。
　　 나. *Yumi-wa   mou/sudeni   sugure-te iru.
　　　　 Yumi-TOP   already   be excellent-SF   be-PRES-DECL
　　　　 *유미는 벌써 뛰어나다.
　　　　 *ユミはもう/すでに優れている。

이상 '활동', '완성', '성취', '상태' 상황 별로 동사의 '-te iru'형이 'mou/sudeni'와 결합하여 보이는 의미 기능에 대해 개략적으로 알아보았다. 지금부터는 동작류 별로 'mou/sudeni'가 동사의 '-te iru'형과 공기하여 드러내는 상의 의미 관계를 동사의 시간적 특성에 따라 자세히 살펴보고자 한다.

5.2.1.1. 제1 부류 활동·성취상황

이 부류의 동사는 '활동상황'으로 행동할 때 [-상태, -순간, -종결]의 상적 특성을 가지며, '성취상황'으로 행동할 때 [-상태, +순간, +종결]의 상적 특성을 갖는다.

(56) 가. kare-wa   mou/sudeni   zitensya-ni   not-te   iru.
　　　　 he-TOP already bike-on ride-SF be-PRES-DECL
　　　　 그는 벌써 자전거를 타고 있다.(진행상)
　　　　 彼はもう/すでに自轉車に乘っている。(진행상)

나. Yumi-wa mou/sudeni basu-ni not-te iru.
Yumi-TOP already bus-on ride-SF be_PRES
유미는 벌써 버스를 타고₂ 있다.(결과상)
ユミはもう/すでにバスに乗っている。(結果相)

동사 'noro(타다)'는 대상이 되는 '탈 것'의 종류에 따라 활동상황으로
행동하기도 하고 성취상황으로 행동하기도 한다. 따라서 (56가)는 활
동상황으로 행동하는 경우로서 'mou/sudeni'와 공기하여 '진행'을 나타
내고, (56나)는 성취상황으로서 '결과상태'를 드러낸다.

5.2.1.2. 제2 부류 순간적 활동상황

이 부류는 [-상태, +순간, -종결]의 상적 특성을 가지며 'keru(발로
차다)', 'tataku(두드리다)', 'utu(치다)' 등의 동사가 이 부류에 해당된다. 순
간적 활동상황을 나타내는 이 부류의 동사들은 '-te iru'형을 취하여
'mou/sudeni'와 공기하면 동사가 지시하는 순간적 상황이 이미 반복적
으로 진행되고 있음을 나타낸다.

(57) Ken-wa mou/sudeni doa-o tatai-te iru.
Ken-TOP already door-ACC knock-SF be-PRES-DECL
켄은 벌써 문을 두드리고 있다.(진행)
ケンはもう/すでにドアを叩いている。(進行)

5.2.1.3. 제3 부류 예비 단계를 가진 성취상황

이 부류의 동사들은 [-상태, +순간, +종결, +결과]의 상적 특징을 가

지며 'katu(이기다)', 'makeru(지다)' 등의 동사가 이에 속한다. 동사 'katu (이기다)', 'makeru(지다)'는 '-te iru'형을 취하여 동사가 지시하는 상황의 성립 전 예비 단계를 드러내기도 하고 동사가 지시하는 상황의 성립 후 결과상태를 드러내기도 한다. 따라서 'katu, makeru'는 'mou/ sudeni'와 결합하여 '진행'과 '결과상태'의 두 가지 의미 기능을 가질 것이 예측된다. 예문을 통해 이를 확인해 본다.

> (58) 가. uti-no timu-ga mou/sudeni kat-te iru.
> our team-NOM already win-SF be-PRES-DECL
> 우리 팀이 이미 이기고 있다.(진행상)
> うちのチームがもう/すでに勝っている。(진행상)
> 나. uti-no timu-ga mou/sudeni sansiai-de kat-te iru.
> Our team-NOM already three games-LOC win-SF be-PRES-DECL
> 우리 팀이 이미 세 경기에서 이겼다. (결과상)
> うちのチームがもう/すでに三試合で勝っている。(결과상)

(58가)는 경기가 시작한지 얼마 지나지 않아서 자신이 응원하는 팀이 이기고 있을 때 그 상황을 나타내는 표현이고 (58나)는 월드컵과 같은 리그전에서 자신의 팀이 이미 세 경기를 이겼음을 나타내는 경우이다.

5.2.1.4. 제5 부류 완성·활동상황

이 부류의 동사는 완성상황으로 행동할 때 [-상태, -순간, +종결]의 상적 특성을 갖고 활동상황으로 행동할 때 [-상태, -순간, -종결]의 상적 특성을 지닌다. 'yomu(읽다)', 'kaku(쓰다)', 'taberu(먹다)', 'oboeru(기억하다)', 'oriru(내려오다)' 등의 동사가 이에 속한다. 이 부류의 동사들은

'완성상황'으로 행동할 때 [결과성]의 유무에 따라서 'mou/sudeni'와 결합하여 드러내는 의미가 달라진다. [-결과성]의 부류와 [+결과성]의 부류를 차례로 살펴보도록 한다.

1) 제5-1 부류 [-결과성]의 완성·활동상황

[-결과성]에는 'yomu(읽다)', 'kaku(쓰다)', 'taberu(먹다)', 'moyasu(태우다)' 등의 동사가 있다. 내적 시간구성에 종결점은 있으나 [결과성]이 없으며 시간의 폭을 가진 이 부류의 동사들은 '-te iru'형을 취하여 'mou/sudeni'와 공기하면 두 가지 의미 기능을 갖는다. (59)의 한국어 번역에서 알 수 있듯이, 첫째는 동사가 지시하는 상황의 '완료'를 의미하거나, 둘째는 동사가 지시하는 상황이 이미 시작되어 진행 중임을 의미한다.

> (59) Yumi-wa sono hon-o mou/sudeni yon-de iru.
> Yumi-TOP the book-ACC already read-SF be-PRES-DECL
> 유미는 그 책을 이미 읽었다. (완료상)
> 유미는 그 책을 이미 (아침부터) 읽고 있다. (진행상)
> ユミはその本をもう/すでに讀んでいる。(완료상)
> ユミはその本をもう/すでに(朝から)讀んでいる。(진행상)

2) 제5-2 부류 [+결과성]의 완성·활동상황

[+결과성]을 가진 이 부류의 동사들의 '-te iru'형은 'mou/sudeni'와 결합하여 두 가지 의미 기능을 갖는다. 첫째는 동사가 지시하는 상황이 완료된 후의 '결과상태'를 나타내거나 둘째는 동사가 지시하는 상황이 이미 시작되어 '진행' 되고 있음을 나타내기도 한다.

(60) Yumi-wa mou/sudeni yama-o ori-te iru.
 Yumi-TOP already mountain-ACC come down-SF be-PRES-DECL
 유미는 벌써 산을 내려왔다.(내려와 있다) (결과상)
 유미는 벌써 산을 내려오고 있다.(진행상)
 ユミはもう/すでに山を下りている。(결과상/진행상)

5.2.1.5. 제6 부류 활동상황

이 부류는 [−상태, −순간, −종결]의 상적 특성을 가지며 'warau(웃
다)', '(ame)huru(비오다)', 'asobu(놀다)', 'aruku(걷다)', 'hataraku(일하다)' 등
의 동사가 이에 속한다. '활동 동사'들은 내적 시간구성에 종결점이 없
으므로 'mou/sudeni'와 공기하여 '완료'나 '결과상태'의 의미는 드러내
지 못하고 동사가 지시하는 상황이 이미 시작되어 '진행' 중임을 나타
낸다.

(61) 가. kare-wa mou/sudeni hatarai-te iru.
 he-TOP already work-SF be-PRES-DECL
 그는 벌써 일하고 있다. (진행)
 彼はもう/すでに働いている。(진행)
 나. mou/sudeni yuki-ga hut-te iru.
 already snow-NOM fall-SF be-PRES-DECL
 벌써 눈이 내리고 있다. (진행상)
 もう/すでに雪が降っている。(진행상)

5.2.1.6. 제7 부류 완성상황

이 부류는 [−상태, −순간, +종결]의 상적 특성을 지닌다. 'tateru(짓
다)', 'kiru(입다)', 'someru(염색하다)' 등의 동사가 이 부류에 해당된다. 제

5 부류와 마찬가지로 결과성의 유무에 따라 'mou/sudeni'와 공기하여 드러내는 의미 기능이 달라진다.

1) 제7-1 부류 [-결과성]의 완성상황

[-결과성]의 완성 동사의 '-te iru'형은 'mou/sudeni'와 공기하여 두 가지 의미를 드러낸다. 첫째는 동사가 지시하는 상황이 완료되었음을 나타내고 둘째는 동사가 지시하는 상황이 이미 시작되어 '진행' 중임을 드러낸다.

> (62) Ken-wa mou/sudeni ie-o tate-te iru.
> Ken-TOP already house-ACC build-SF be-PRES-DECL
> 가. 켄은 벌써 집을 지었다.(완료상)
> 나. 켄은 벌써 집을 짓고 있다.(진행상)
> ケンはもう/すでに家を建てている。(완료상/진행상)

2) 제7-2 부류 [+결과성]의 완성상황

이 부류에는 'kiru(입다)', 'nugu(벗다)', 'simeru(매다)', 'someru(염색하다)' 등의 동사가 있다. [+결과성]의 완성동사의 '-te iru'형은 'mou/sudeni'와 결합하여 두 가지 의미를 드러낸다. 첫째는 동사가 지시하는 상황이 이미 완료된 뒤 그 '결과상태'를 의미하고 둘째는 동사가 지시하는 상황이 이미 시작되어 '진행' 중임을 의미한다.

> (63) Yumi-wa mou/sudeni kimono-o ki-te iru.
> Yumi-TOP already kimono-ACC wear/put on-SF be-PRES-DECL
> 가. 유미는 벌써 키모노를 입고₂ 있다.(결과상)
> 나. 유미는 벌써 키모노를 입고 있다.(진행상)

ユミはもう/すでに着物を着ている。(결과상/진행상)

제11 부류 성취상황

이 부류의 동사는 [-상태, +순간, +종결, +결과]의 상적 특성을 가지며, 'toziru(감다)', 'kakureru(숨다)', 'suwaru(앉다)', 'tomaru(멈추다)', 'toutyakusuru (도착하다)' 등의 동사가 이 부류에 속한다. 이 부류의 동사들은 시간의 폭을 갖지 않으므로 '-te iru'형을 취하여 'mou/sudeni'와 결합하면 동사가 지시하는 상황이 완료된 뒤의 '결과상태'를 나타낸다. 제11 부류는 결과상태 지속을 나타낼 수 있는 것과 없는 것으로 하위분류되나 'mou/sudeni'의 의미 기능에는 차이가 없다.

> (64) 가. kare-wa mou/sudeni sin-de iru.
> he-TOP already be dead-SF be-PRES-DECL
> 그는 이미 죽었다.
> 彼はもう/すでに死んでいる。(결과상)
> 나. Ken-wa mou/sudeni oki-te iru.
> Ken-TOP already get(up)-SF be-PRES-DECL
> 켄은 벌써 일어났다.(일어나 있다)
> ケンはもう/すでに起きている。(결과상)
> 다. mise-wa mou/sudeni simat-te iru.
> store-TOP already close-SF be-PRES-DECL
> 가게는 벌써 문이 닫혀 있다.
> 店はもう/すでに閉っている。(결과상)

제12 부류 성취상황(수여동사)

이 부류의 동사는 [-상태, +순간, +종결, +결과]의 상적 특성을 가지며 'kasu(빌려주다)', 'kariru(빌리다)', 'okuru(보내다)', 'morau(받다)' 등의 동사가 이 부류에 속한다. 수여동사에 해당하는 이 부류의 동사들은 [+결과성]이므로 '-te iru'형을 취하여 'mou/sudeni'와 결합하면 (65)와 같이 동사가 지시하는 순간적 상황이 성립된 후의 '결과상태'에 있음을 드러낸다.

(65) watasi-wa   mou/sudeni   sono   hon-o   kari-te iru.
 　　I-TOP　 already　 the book-ACC   be borrowed-PRES-DECL
 　　나는 벌써 그 책을 빌렸다. (결과상)
 　　私はもう/すでにその本を借りている。(결과상)

5.2.1.9. 제13 부류 상태상황(감각동사)

이 부류는 [+상태, -순간, -종결]의 상적 특성을 지니며 감각동사 'tukareru(피곤하다)', '(onakaga)suku(배고프다)', '(nodoga)kawaku(목마르다)' 등의 동사가 이 부류에 속한다. [+상태성]의 감각동사는 '-te iru'형을 취하여 'mou/sudeni'와 결합하면 (66)에서 알 수 있듯이 이미 동사가 지시하는 상태에 있음을 의미한다.

(66) 가. watasi-wa   mou/sudeni   asi-ga   sibire-te   iru.
 　　　I-TOP　 already　 foot-NOM   be numb-SF be-PRES-DECL
 　　　나는 벌써 발이 저리다.
 　　　私はもう/すでに足が痺れている。(상태상)
 　나. watasi-wa   mou/sudeni   nodo-ga   kawai-te iru.
 　　　I-TOP　 already　 throat-NOM   be thirsty-SF be-PRES-CECL
 　　　나는 벌써 목이 마르다.
 　　　私はもう/すでに喉が乾いている。(상태상)

5.2.1.10. 제14 부류 상태 상황(감정·지각·사고동사)

이 부류에는 사고동사 'omou(생각하다)', 'sinziru(믿다)', 감정동사 'yorokobu (기뻐하다)', 'aisuru(사랑하다)'와 지각동사 'mieru(보이다)', 'kikoeru(들리다)' 등의 동사가 이 부류에 속한다. 감정상태를 나타내는 이 부류의 동사들은 '-te iru'형을 취하여 'mou/sudeni'와 공기하면 동사가 지시하는 감정 상태에 이미 있음을 드러낸다.

> (67) Yumi-wa mou/sudeni kare-o aisite iru.
> Yumi-TOP already him-ACC love-PRES-DECL
> 유미는 이미 그를 사랑하고 있다.
> ユミはもう/すでに彼を愛している。

5.2.1.11. 제16 부류 영속적 상태 상황

'sugureru(우수하다)', 'arihureru(흔하다)', 'tomu(풍부하다)', 'niau(어울리다)' 등의 영속적 상태를 나타내는 동사들은 동작·작용을 전제로 하지 않으므로 'mou/sudeni'와 공기하지 않는다.

> (68) *Yum,i-wa mou/sudeni sugure-te iru.
> Yumi-TOP already be-excellent-SF be-PRES-DECL
> *유미는 벌써 우수하다.
> *ユミはもう/すでに優れている。

5.2.2. 요약

동작류 별로 동사의 '-te iru'형이 'mou/sudeni'와 공기하여 보이는 의미기능에 대해 면밀히 살펴보았다. 'mou/sudeni'의 의미 기능은 공기하는 동사의 상황유형 즉 '활동', '완성', '성취', '상태', '순간적 활동'의 상적 속성에 따라 달리 나타난다는 사실을 예시하였다. 한국어의 '-었-', '-었었-'의 의미 기능이 '활동', '완성', '성취', '상태', '순간적 활동'의 상적 특성에 따라 결정되는 것과 같은 문법현상이다. 'mou/sudeni'가 이 5부류의 동작류와 결합하여 보이는 의미기능을 정리하면 다음 <표 24>와 같다.

〈표 24〉 동작류별 'mou/sudeni' + '-te iru'의 의미 기능

동작류 상적 의미	활동	[-결과성] 완성	[+결과성] 완성	[+결과성] 성취	순간적 활동	상태
완료· 결과상태	X	완료	결과상태	결과상태	X	X
진행	진행	진행	진행	X	진행	X

<표 24>에서 보는 바와 같이 동사의 '-te iru'형이 'mou/sudeni'와 공기하여 드러내는 상을 '진행'이나 '완료' 또는 '결과상태'로 결정짓는 변수는 [종결성]이다. 그리고 다시 '완료'와 '결과상태'를 구분하는 변수는 [결과성]이다. 시간의 폭을 가진 '완성상황'의 '-te iru'형이 'mou/sudeni'와 결합하여 '진행' 또는 '결과상태/완료'의 의미를 나타낼 수 있는 것은 '완성상황'의 내적 시간구성이 '내적 단계'와 '결과 단계'를 모두 가지기 때문이다. 'mou/sudeni'가 '내적 단계'를 지시하면 '진행'으로 해석되고 '결과 단계'를 지시하면 [결과성]의 유무에 따라서 '결과상태' 또는 '완료'로 해석된다. 이상으로 동사의 상적 속성이 다른 문법현상과 의미론적으로 관계가 있음을 면밀히 분석해보았다.

제6장
········
결 론

    이 연구는 한국어와 일본어에서 관찰되는 상의 공통점과 차이점을 비교·대조 연구하였다. 쉴 새 없이 변화하는 우주 만물의 실상은 언어를 통하여 제한된 모습으로 나타나게 되는데 이것을 '상(aspect)'이라고 한다. 상의 관찰은 시간의 흐름과 관련해서만 가능하다. 따라서 이 연구에서는 시간의 흐름을 반영하지 않는 형용사는 논의의 대상에서 제외하였다.

    그리고 상의 논의에 관한 많은 선행 연구들에서 소극적으로 다루어져 온 심리 동사를 이 연구에서는 논의의 대상에 포함시켜 자세히 검토하였다. 인간의 자연 언어에 나타나는 상의 종류와 그 표현 방법은 대개의 경우 보편성을 가지고 있으나, 언어에 따라서는 상을 나타내는 방법이 부분적으로 다를 수도 있음을 선행 연구 업적들에서 발견할 수 있었고, 이 연구에서도 그러한 것을 확인할 수 있었다.

    그러므로 상의 연구는 개별 언어의 상 표현과 그 의미를 밝히는 것이 필수적이지만, 그것에 못지않게 개별 언어들 간의 공통성을 비교하는 동시에 차이를 대조적으로 밝히는 작업도 중요하다. 따라서 이

책에서는 유형론적으로 그 통사 및 형태론적 구조가 매우 유사한 한
국어와 일본어의 상을 각각 연구한 다음에 공통성과 차이점을 비교·
대조하였다.

Vendler(1967)는 인간의 상 인식에 대한 보편성을 종합하여 영어 동
사를 4부류로 분류하였다. 이 연구는 Vendler(1967)의 동사 분류를 이
론적인 바탕으로 하면서 그 후에 최근에 이르기까지 다른 학자들에
의해 연구된 하위분류들을 비판적인 눈으로 검토하면서 선별적으로
받아들였고, 한국어와 일본어 동사의 어휘상을 고찰하면서 그들이 놓
쳤던 부류들을 찾아 수정·보완하였다.

2장에서는 이 연구의 상의 논의에서 매우 중요한 문법상들 곧, '완
결상', '비완결상', '완료상', '결과상'들의 개념을 정립하고 Vendler
(1967)에서 분류된 '활동', '완성', '성취', '상태'의 4가지 '어휘상'의 상적
특성을 기술하고 나아가서는 Vendler(1967) 이후에 이루어진 다른 학
자들의 상에 관한 이론적인 연구와 그것들을 활용한 한국어 및 일본
어의 동작류 분류에 대한 약사를 개관하였다.

3장과 4장에서는 Vendler(1967)의 기본적인 분류법을 유지하면서 이
를 계승 발전시킨 Mori, Löbner and Micha(1992)의 일본어 동작류 분
류를 검토하고, Ryu and Löbner(1996)의 한국어 동작류 분류를 참고하
여 선별적인 취사와 보완을 거쳐서 한국어와 일본어 동사의 동작류를
일차적으로 각각 10가지 부류와 11가지 부류로 세분하였다. 나아가서
[+종결성]을 가진 동작류를 [결과성]의 유무에 따라 이차적으로 한층
더 하위분류하여 한국어는 총 11가지 부류, 일본어는 총 13가지 부류
로 구분하고 그 구분에 소속되는 구체적인 어휘 항목들의 상적 특성
을 하나하나 엄격하게 관찰하여 일목요연하게 표로 제시하였다. 이
표에서 선행 연구에서 불합리하게 분류된 동사들을 다시 조정하고 선

행 연구 업적들에서 간과되었던 많은 중요한 동사항목들을 보충하였다.

일차 분류에서 일본어의 동작류 부류가 한국어의 동작류 부류보다 하나 더 많은 것은 한국어의 감각 형용사가 일본어에서는 감각동사의 범주에 들어가 이 감각동사가 일본어 동작류에서 하나의 부류를 형성하기 때문이다.

Vendler(1967)가 동사의 시간적 특성을 분석하기 위해 사용한 시간부사어 'at', 'for', 'in' 의 한국어와 일본어 대응어는 각각 '에/ni', '동안/kan', '만에/de', 이다. 어떤 동사가 시간부사어 '동안/kan'과 공기하여 동작 지속을 나타내면 그 동사는 '활동동사'이고, '만에/de'와 공기하여 동사가 지시하는 상황이 시작되어 종결될 때까지의 시간을 나타내면 그 동사는 '완성동사'이다.

그리고 어떤 동사가 '에/ni'와 공기하여 동사가 지시하는 상황이 순간적으로 성립된 시점을 나타내면 그 동사는 '성취동사'이다. 이와 같이 동사와 시간부사어 '에/ni', '동안/kan', '만에/de'와의 공기 제약과 한국어와 일본어의 상 표지 '-고 있다/-te iru'가 동사와 결합하여 진행상을 보일 수 있는지의 여부로써 동사에 내재하는 상적 특성을 가려내는 그의 방법론은 객관적이면서 또한 매우 효과적이다.

결론적으로 유사하거나 동일한 의미를 가진 동사들 중에서 한국어와 일본어에서 상적으로 공통성을 보이는 부류들을 제시하면 다음의 다섯 부류를 들 수 있다.

첫째, '(차량)타다/noru'는 활동상황과 성취상황의 상적 특성을 모두 가지고 있는 부류이다.

둘째, '이기다/katu'는 순간적 상황이면서도 상표지 '-고 있다/-te iru'와 결합하여 예비 단계에서 목표를 향해 접근하고 있는 과정을 보이는 성취상황 부류이다.

셋째, '읽다/yomu'는 완성상황과 활동상황의 상적 특성을 모두 가지고 있어서 시간부사어 '동안/kan'과 '만에/de'와 공기가 가능한 완성·활동상황 부류이다.

넷째, '보내다/okuru', '받다/morau' 등은 다른 성취동사들이 '동안/kan'과 결합하여 '결과상태 지속'을 보이는 것과 대조적으로 '동안/kan'과 결합하여 반복상을 보이는 성취상황 부류이다.

다섯째, '보이다/mieru', '들리다/kikoeru' 등의 '지각 동사', '사랑하다/aisuru', '기뻐하다/yorokobu' 등의 '감정 동사', '생각하다/omou', '믿다/sinziru' 등의 '사고 동사'로 구성된 [+상태성]의 심리동사 부류이다.

다음은 한국어와 일본어에서 상적 차이를 보이는 동작류들이다.

첫째, 한국어 동사 '찾다'는 '찾고 있는 과정'과 '발견하는 순간'을 '찾다'라는 한 단어로 모두 나타낸다. 그러나 일본어에서는 '찾고 있는 과정'과 '찾는 순간'을 각각 다른 동사로 나타내는데 '찾고 있는 과정'은 'sagasu(찾다)'로, '찾는 순간'은 'mitukaru/mitukeru(발견되다/발견하다)'로 나타낸다. 전자는 '활동동사'이고, 후자는 '성취동사'이다.

둘째, 한국어 동사 '도착하다'는 상표지 '-고 있다'와 결합하여 목표에 도달하기 전 예비 단계에서 목표를 향해 접근하고 있는 상황을 진행형으로 나타낼 수 있다. 그러나 '도착하다'의 일본어 대응어 'toutyakusuru'는 '-te iru'와 결합하면 언제나 결과상태만을 나타낸다.

셋째, 한국어와 일본어 동사에서 가장 현격한 상적 차이를 보이는 것은 이동 동사 '가다', '오다'와 'iku(가다)', 'kuru(오다)'의 경우이다. 한국어의 '가다', '오다'는 완성동사로 기능하여 '진행상'과 '결과상' 모두를 나타낼 수 있다. 그러나 일본어 동사 'iku(가다)', 'kuru(오다)'는 성취동사로만 기능하여 '-te iru'와 결합한 'it-te iru', 'ki-te iru'는 '와 있다', '가 있다'로 해석되어 '결과상'의 의미만을 나타낸다.

넷째, 한국어에서는 감각을 나타내는 단어들이 형용사의 범주에 속하는데 일본어에서는 동사의 범주에 속한다. 따라서 일본어의 동작류는 한국어보다 하나 더 많은 부류를 갖게 된다.

5장에서는 이 연구에서 제안한 동작류 분류에 따라 분석된 한국어와 일본어 동사의 상적 특성이 시간과 관련된 다른 문법 현상의 의미론적 기능을 설명할 수 있다는 점을 예시를 통해 논증하였다. 한국어에서는 상이나 시제와 관련하여 오랜 관심의 대상이 되어온 '-었-'과 '-었었-'의 의미 기능을 규명하였고 일본어에서는 상부사 'mou/sudeni (이미, 벌써)'가 동사의 '-te iru'형과 공기하여 드러내는 의미기능을 규명하였다.

5장 1절에서 '-었-'과 '-었었-'의 의미 기능은 이들 각각과 결합하는 동사의 상적 특성에 따라 결정되는데 동사의 상적 특성 중에서 [+종결성]이 '-었-'과 '-었었-'의 의미 결정에 가장 중요한 변수로 작용한다는 것을 확인하였다.

'-었-'은 '과거'와 '완료'의 두 가지 의미 기능을 가지고 있는데 결합하는 동사가 [-종결성]이면 '과거'로 기능하고, [+종결성]이면 '완료'로 기능한다. 그리고 '-었었-'(곧 '-었$_1$었$_2$-')의 '-었$_1$-'과 '-었$_2$-'는 그 의미 기능이 다른데, '-었$_1$-'은 '과거' 또는 '완료'로 기능하고 '-었$_2$-'는 언제나 '과거'로 기능한다. 그러므로 '-었었-'이 [+종결성]의 동사와 결합하면 '-었$_1$-'은 '완료'로, '-었$_2$-'는 '과거'로 기능하고, [-종결성]의 동사와 결합하면 '-었$_1$-'과 '-었$_2$-' 모두 '과거'로 기능한다.

예를 들면 [-종결성]의 '활동상황'은 '-었-', '-었었-'과 결합하여 '아기가 울었다/울었었다'가 보여주는 바와 같이 모두 '과거'의 상황만을 지시하고, [-종결성]의 '상태상황'도 '-었-', '-었었-'과 결합하여 '사랑했다/사랑했었다'에서와 같이 언제나 '과거의 상태'를 지시한다. 그러나 [+종결성]의 '완성상황'과 '성취상황'은 [+결과성]의 유무에 따라서 '-었-', '-었었-'이 결합하여 드러내는 상이 '결과상'과 '완료상'으로 구분된다. [+종결성, +결과성]의 완성상황과 '성취상황'은 시제가 명시되어 있지 않을 때 '꽃이 피었다', '앞에 앉았다' 에서 '-었-'은 '현재의 결과상태'를 나타내고, '꽃이 피었었다', '앞에 앉았었다' 에서 '-었었-'은 '과거의 결과상태'를 나타낸다.

한편 [+종결성, -결과성]의 '읽다', '먹다' 등의 완성상황과 '보내다', '받다' 등의 성취상황은 '-었-', '-었었-'과 결합하여 '밥 먹었다', '편지를 받았다' 등의 표현으로 영어의 현재완료와 같이 현재 이전에 종결된 상황의 효력이 현재에 미치고 있음을 함의한다. 그리고 '기준시'가 명시되어 있을 때 '완성상황'과 '성취상황'은 '-었었-'과 결합하여 동사가 지시하는 상황이 기준시 이전에 성립하였음을 나타낼 수 있다. 즉 영어의 과거 완료와 같은 기능을 한다.

그러나 주목할 점은 완성상황과 성취상황도 '완결상(perfective)'의 의미 해석을 가질 때 즉 동사가 지시하는 상황을 분할하지 않고 상황 전체를 하나로 파악할 때에는 '어제 1년 만에 책을 읽었다/읽었었다', '그 당시 전쟁터에서 많은 사람이 죽었다/죽었었다'에서 보는 바와 같이 '-었-'과 '-었었-'은 의미 분화를 일으키지 않고, 과거만을 지시한다. 한편 상황을 분할하여 '시작', '중간', '종결'의 어느 한 국면을 나타낼 때는 어느 국면을 지시하느냐에 따라서 '-었-'과 '-었었-'이 의미 분화를 일으킬 수도 있고 일으키지 않을 수도 있다. '중간' 국면을 지시할 때는 완성상황이라도 '-었-'과 '-었었-'이 의미 분화를 보이지 않는다. 그러나 '종결' 국면에 초점이 있을 때에는 완성상황의 경우 '-었-'과 '-었었-'이 의미 분화를 가져온다.

5장 2절에서는 일본어 상부사 'mou/sudeni(이미, 벌써)'가 동사의 '-te iru'형과 공기하여 보이는 의미기능은 'mou/sudeni'와 공기하는 동사의 상적 속성에 의해 달리 나타난다는 사실을 예시하였다. 요시카와(1996 : 165)에서 활동동사는 'mou/sudeni'와 공기할 수 없다고 하였는데 'mou/sudeni'는 활동동사와 공기하여 '이미 동사가 지시하는 상황이 진행되고 있음'을 나타낼 수 있다.

'mou/sudeni'는 [-종결성]을 가진 활동동사 또는 순간적 활동동사의 '-te iru'형과 공기하여 '진행상'의 의미를 나타낼 수 있고, [+종결성, +순간성]의 성취상황과 공기하여 '결과상'을 나타낸다. [+결과성]의 완성동사와 공기하여 '진행상' 또는 '결과상'의 의미를 나타낼 수 있고, [-결과성]의 완성동사와 공기하여 '진행상' 또는 '완료상'의 의미를 나타낼 수 있다.

위와 같이 동사의 상적 속성을 체계적으로 확정하는 일은 그 자체로 매우 의의 있는 작업이라 하겠다. 그리고 체계적으로 분류된 동작류에 내재하는 상적 특성이 상과 관련된 다른 문법현상의 의미기능 분석에 기여할 수 있다는 점을 구체적으로 예시하여 동작류와 문법현상과의 의미론적인 관계가 밀접하다는 것을 보여 준 점 또한 의의 있는 작업이라 생각된다.

참고문헌

고경환 역(1985), 『英語動詞 意味論』, 한신문화사.

고영근(2004), 『한국어의 시제 서법 동작상』, 태학사.

고영근(2006), 「동작상에 대한 이해」, 『한국어학』, 제30호, 한국어학회, pp.1~30.

김건숙(1999), 『러시아어 동사상』, 한국문화사.

김방한(2006), 『언어의 기원』, 한국문화사.

김석득(1974), 「한국어의 시간과 시상」, 『한불연구』 1, 연세대 한불연구소.

김석득(1981), 「우리말의 시상」, 『애산학보』 1, pp.97~145.

김성화(1992), 『현대국어의 상 연구(증보판)』, 한신문화사.

김세중(1994), 『국어 심리술어의 어휘의미구조』, 서울대학교 언어학과 박사학위논문.

김영희(1980), 「정태적 상황과 겹주어 구문」, 『한글』 169, pp.117~147.

김정남(2005), 『국어 형용사의 연구』, 역락.

김종도(1993), 「우리말의 상 연구」, 『한글』 219, pp.13~34.

김종도(1996), 「상 의미의 이중성 연구」, 『담화와 인지』 3, pp.101~129.

김차균(1980), 「국어시제의 기본적 의미」, 『장암지헌영선생 고희기념논총』, 형설출판사.

김차균(1990), 『우리말 시제와 상의 연구』, 태학사.

김천학(2007), 『국어의 동사와 상에 관한 연구』, 서울시립대학교 국어국문학과 박사학위논문.

김흥수(1989), 『현대국어 심리동사 구문에 관한 연구』, 서울대학교 국어국문학과 박사학위 논문.

남기심(1978, 1995), 『국어문법의 시제문제에 관한 연구』, 탑출판사.

문숙영(2000), 「'-었었-'에 대한 일고찰」, 『국어학논집』 제4집, 역락.

민현식(1991), 『國語의 時相과 時間副詞』, 開文社.

박덕유(1999), 「현대국어의 상, 시제, 서법에 관하여」, 『선청어문』 제27권.

박덕유(2007), 『한국어의 상이해』, 제이엔씨.

박덕유(2010), 「한국어의 시상 범주와 표현에 대한 연구」, 『우리말연구』 26권, 우리말학회, pp.5~41.

박소영(2004), 『한국어 동사구 수식 부사와 사건구조』, 국어학총서 48, 국어학회, 태학사.

박진호(2003), 『한국어의 동사와 문법요소의 결합양상』, 서울대학교 국어국문학과 박사학위논문.

서정수(1976), 「국어 시상 형태의 의미 분석 연구」, 『문법연구』 3, pp.83~158.

서정수(1990), 『국어 문법의 연구』, 한국문화사.

서정수(1996), 『국어문법』, 한양대학교 출판원.

서정수(2005), 『한국어의 부사』, 서울대학교출판부.

성기철(1974), 「경험의 형태 '-었-'에 대하여」, 『문법연구』 1, pp.237~269.

송창선(2001가), 「'-었-'에 남아 있는 '-어 있-'의 특성」, 『語文學』 Vol.73, pp.47~66.

송창선(2001나), 「'-었었-'의 형태와 의미」, 『문학과 언어』 제23권, 문학과 언어학회, pp.103~120.

신수송 역(2001), 『언어와 시간』, 역락

신수송·최석문(2002), 「국어의 진행상과 결과상 표현에 대하여」, 『국어학』 39, pp.75~103.

오충연(2006), 『상과 통사구조』, 태학사.

우창현(2003), 「문장 차원에서의 상 해석과 상 해석 규칙」, 『국어학』 41, pp.225~247.

油谷幸利(유타니사치토시 1978), 「現代韓國語의 動詞分類」, 『조선학보』 87, pp.194~228.

이기동(1983), 「조동사의 의미 분석」, 『국어의 통사·의미론』, 고영근·남기심(공편), 탑출판사, pp.234~263.

이남순(1981가), 『현대 국어의 시제와 상에 대한 연구』, 서울대학교 국어국문문학과 박사학위논문.

이남순(1981나), 「현대국어의 시제와 상에 대한 연구」, 『국어연구』 46호, 국어

연구회.

이남순(1994), 「'었었'攷」, 『진단학보』 78, 진단학회, pp.377~393.

이남순(1998), 『시제 상 서법』, 월인.

이영민(2002), 「현대국어의 지속상에 대한 연구」, 『국제어문』 26권, pp.141~164.

이영헌·유재근 공역(2003), 『의미론의 신경향』, 한국문화사.

이영희(2005), 『日本語動詞 相 形態의 意味 比較』, 한남대학교 일어일문학과 석사학위논문.

이익섭(1978), 「피동성 형용사문의 통사구조」, 『국어학』 제6권, 국어학회, pp.65~84.

이익섭·채완(1999), 『국어문법론 강의』, 학연사.

이익환(1994), 「국어 심리동사의 상적 특성」, 『애산학보』 15. pp.25~45.

이익환·이민행 공저(2005), 『심리동사의 의미론』, 역락.

이재성(2001) 『한국어의 시제와 상』, 국학자료원.

이정민(1994), 「심리동사의 상에 관한 문제」, 『애산학보』 15, pp.1~23.

이지양(1982), 『현대국어의 시상형태에 관한 연구』, 서울대학교 국어국문학과 석사학위논문.

이철수·박덕유 공역(1998), 『동사 상의 이해』, 한신문화사.

이호승(1997), 『현대국어의 상황유형』, 서울대학교 석사학위논문.

임채훈(2006가), 「동작상의 상적 특성, 그 본유성과 의존성」, 『어문연구』 34권 3호, 한국어문교육연구회, pp.191~217.

임호빈·홍경표·장숙인(1997), 『외국인을 위한 한국어 문법』, 연세대학교 출판부.

장석진(1973), 「시상의 양상」, 『어학연구』 9.2, pp.58~72.

정규석(2005), 『한국어 동사상의 연구』, 경산대학교 국어국문학과 박사학위논문.

정문수(1982), 『한국어 풀이씨의 상적 속성에 관한 연구』, 서울대학교 언어학과 석사학위논문.

정문수(1984), 「相的 特牲에 따른 韓國語 풀이씨의 分類」, 『문법연구』 5, pp.51~85.

정문수(1986), 「한국어 심리동사의 동태성」, 『동양문화연구』 1, 대전대학교, pp.103~125.

정희자(1994), 「시제와 상의 화용상 선택조건」, 『애산학보』 15, pp.47~106.

조민정(2000), 『국어의 상에 대한 연구』, 연세대학교 국어국문학과 박사학위 논문.

조민정(2007), 『한국어에서 상의 두 양상에 대한 고찰』, 한국문화사.

최규수(1985), 『때매김 형태소 '-었-'의 연구』, 부산대학교 국어국문학과 석사학위논문.

최현배(1937, 1999), 『우리말본(개정판)』, 정음문화사.

타케우치노리코(2007), 『한국어 '-고 있다'의 사용 양상 및 교육 방안 연구』, 고려대학교 국어국문학과 석사학위 논문.

한동완(1999가), 「국어의 시제 범주와 상 범주의 교차현상」, 『서강인문논총』 10, 서강대학교, pp.165~192.

한동완(1999나), 「'-고 있-' 구성의 중의성에 대하여」, 『한국어 의미학』 5, pp.215~248.

황병순(1987), 『국어의 상표지 복합동사연구』, 영남대학교 국어국문학과 박사학위논문.

황병순(2000), 「상 의미로 본 국어 동사의 갈래」, 『한글』 250, 한글학회. pp.227~265.

허 웅(1982), 「한국말 때매김의 걸어온 발자취」, 『한글』 178, 한글학회.

홍윤기(2002), 『국어 문장의 상적 의미 연구』, 경희대학교 국어국문학과 박사학위논문.

松下大三郎(마츠시타다이사브로 1924), 『標準日本文法』, 紀元社.

金田一春彦(킨다이치하루히코 1950), 「國語動詞の一分類」, 『日本語動詞のアスペクト』 金田一春彦編, むぎ書房, 1976.

金田一春彦(킨다이치하루히코 1955), 「日本語動詞のテンスとアスペクト」, 『日本語動詞のアスペクト』 金田一春彦編, むぎ書房, 1976.

鈴木重幸(스즈키시게유키 1957), 「日本語の動詞のすがた(アスペクト)について」, 『日本語動詞のアスペクト』 金田一春彦編, むぎ書房 1976.

鈴木重幸(스트키시게유키 1958), 「日本語の動詞のとき(テンス)とすがた(アスペクト)」, 『日本語動詞のアスペクト』 金田一春彦編, むぎ書房, 1976.

藤井正(후지이타다시 1966), 「動詞＋ているの意味」, 『日本語動詞のアスペクト』金田一春彦編, むぎ書房, 1976.

高橋太郎(타카하시타로 1969), 「すがたともくろみ」, 『日本語動詞のアスペクト』金田一春彦編, むぎ書房, 1976.

高橋太郎(타카하시타로 1985), 『現代日本語動詞のアスペクトとテンス』, 國立國語研究所.

高橋太郎(타카하시타로 1994), 『動詞の研究』, むぎ書房.

吉川武時(요시카와타케토키 1973), 「現代日本語動詞のアスペクトの研究」, 『日本語動詞のアスペクト』金田一春彦編, むぎ書房, 1976.

奧田靖雄(오쿠다야스오 1977), 「アスペクトの研究をめぐって」, 『ことばの研究序説』, むぎ書房.

中右美(나카유미 1980), 「テンス、アスペクトの比較」, 『文法』, 日英語比較講座, 2 大修館書店.

砂川有里子(스나카와유리코 1986), 『する、した、している』, くろしお出版.

森山卓郎(모리야마타쿠로 1988), 『日本語動詞述語文の研究』, 明治書舘書店.

小泉 他(編)(코이즈미 외 1989), 『日本語基本動詞用法辭典』, 大修館書店.

町田健(마치다켄 1989), 『日本語の時制とアスペクト』, アルク.

山田小枝(야마다사에 1984), 『アスペクト論』, 三修社.

寺村秀夫(테라무라히데오 1984), 『日本語のシンタクスと意味』I, くろしお出版.

寺村秀夫(테라무라히데오 1984), 『日本語のシンタクスと意味』II, くろしお出版.

加藤泰彦・福地務(카토야스히코・후쿠치츠토무 1989), 『テンス・アスペクト・ムード』, 荒竹.

工藤眞由美(쿠도마유미 1995), 「現代日本語動詞の表現」, 『アスペクト・テンス・体系とテクスト』, ひつじ.

工藤眞由美(쿠도마유미 2005), 「日本語のアスペクト・テンス・ムード体系」ひつじ研究叢書 제35권, ひつじ書房.

吉川千鶴子(요시카와치즈코 1996), 『動詞の文法』, くろしお出版.

山岡政紀(야마오카마사노리 1999), 「感情表出動詞の文法的特徵」, 『日本語日本文學』第9号, 創価大學日本語日本文學會.

山岡政紀(야마오카마사노리 2002), 「感情描寫動詞の語彙と文法的特徵」, 『日

本語日本文學』第12号, 創価大學日本語日本文學會.

浜の上幸(하마노우에사치 2001), 「現代朝鮮語動詞のアスペクト的クラス」, 『朝鮮學報』第138輯.

浜の上幸(하마노우에사치 2002), 「現代朝鮮語動詞の結果相=狀態パーヘクト」, 『朝鮮學報』第142輯.

安平鎬・田惠敬(2006), 「日韓兩言語におけるアスペクト形式に關する研究」, 『日本學報』第72輯.

若生正和(와카오카즈마사 2007), 「韓國語アスペクト形式'‒고 있다(‒koissta)' と時の副詞との共起可能性について」, 大阪敎育大學紀要 第1部門, 第55卷 第2号.

杉村泰(스기무라야스시 2007), 「複合動詞との共起から見た日本語の心理動詞の再分類」, 『二〇〇七年日語數學國際會議論文集』, 東吳大學日本語文學系.

Bach, Emmon(1981), "On time, Tense, and Aspect : An Essay in English Metaphysics", in Peter Cole (ed.), *Radical Pragmatics*, New York : Academic Press.

Bach, Emmon(1986), "The Algebra of Events", *Linguistics and Philosophy* 9, pp5-16.

Bybee, Joan, Revere Perkins, William Pagliuca (1994) *The Evolution of Grammar : Tense, Aspect, and Modality in the Languages of the World*, Chicago : University of Chicago Press.

Comrie, Bernard(1976), *Aspect*, Cambridge University Press.

Comrie, Bernard(1985), *Tense*, Cambridge University Press.

Dowty, David(1979), *Word Meaning in Montague Grammar*, Dordrecht : Reidel.

Freed, A. F.(1979), *The Semantics of English Aspectual Complementation*, D. Reidel Publishing Company, Dordrecht, Holland.

Kenny, Anthony(1963), *Actions, Emotion, and Will*, Humanities Press.

Kim, Nam-Kil(1974), "Double past in Korean", *Foundations of Language 12*, pp.529~536.

Kim, Nam-Kil(1986), "The Use of the Progressive in Korean and English", in *Language* 11, pp.5~31.

Lee, Chungmin(1982), "Aspects of Aspect in Korean", *Linguistic Journal of Korea*, 7, pp.572~582.

Leech, Geoffrey N.(1971), *Meaning and the English Verb*, Longman.

Levin, Beth(1995), *English Verb Classes and Alternations : A Preliminary Investigation*. University of Chicago Press.

Lyons John(1977), *Semantics 2*, Cambridge University Press.

Lyons John(1968, 1991), *Introduction to theoretical Linguistics*, Cambridge Universety Press.

Mori, Yoshiki, Sebastian Löbner, and Katharina Micha(1992), "Aspektuelle Verbklassen im Japanischen", *Zeitschrift für Sprachwissenschaft*, 11, pp.216~279.

Mourlatos, Alexander(1978), "Events, Processes, and States", *Linguistics and Philosophy*, 2, pp.415~434.

Nedjalkov, Vladimir P. and Sergej Je. Jaxontov(1988), "The Typology of Resultative Constructions" in *Typology of Resultative Constructions*, Nedjalkov, Vladimir P. (ed.), pp3~62.

Parsons, Terence(1990), *Events in the Semantics of English : A Study in Subatomic Semantics*, The MIT Press.

Ryle, Gilbert(1949), *The Concept of Mind*, Barnes and Noble, London.

Ryu, Byong-Rae and Sebastian Löbner(1996), "Verbs and times in Korean : A Preliminary Aspectual Verb Classification" manuscript.

Smith, Carlota S.(1997), *The Parameter of aspect*, Boston : Kluwer.

Vendler, Zeno(1967), "Verbs and times", *Linguistics in Philosophy*, Ithaca, NY : Cornell University Press.

Van Voorst, J.G.(1992), "The Aspectual Semantics of Pshychological Verbs", *Linguistics and Philosophy*, 15, pp.65-92.

Yang, In-seok(1977), "Progressive and perfective Aspects in Korean", *The Linguistic Journal of Korea*. 2, 1. pp.25~40.

Yoon, Jae-Hak(1996), *Temporal Adverbials and Aktionsarten in Korean*, Seoul : Thaehaksa.

설문지 조사 통계표

총인원 : 121명
문항수 : 92문항

사람 문항		O표시(%)	X표시(%)	△표시(%)
1번	1년째 그 집을 짓고 있다.	70.248%	22.314%	7.438%
2번	2년 동안 그 집을 지었다.	68.595%	19.008%	12.397%
3번	1년 동안 그 집을 짓고 있다.	41.322%	37.190%	21.488%
4번	어른이 되고 있다.	28.099%	55.372%	16.529%
5번	어른이 되어 가고 있다.	81.818%	13.223%	4.959%
6번	머리를 짧게 자르고 있다. (머리가 짧은 상태)	22.314%	62.810%	14.876%
7번	한 시간 동안 달리고 있다.	71.074%	21.488%	7.438%
8번	세 시간 동안 책을 읽고 있다.	76.860%	17.355%	5.785%
9번	집 한 채를 짓고 있다.	67.769%	18.182%	14.050%
10번	책을 한권 읽고 있다.	87.603%	7.438%	4.959%
11번	책을 두권 읽고 있다.	32.231%	50.413%	17.355%
12번	불을 켜고 있다. (불이 켜져 있는 상태)	24.793%	60.331%	14.876%
13번	손을 다치고 있다.	0.826%	96.694%	2.479%
14번	손을 다쳐있다.	2.479%	85.124%	12.397%
15번	손을 다쳤다.	98.347%	1.653%	0.000%
16번	옷이 말랐다.	96.694%	2.479%	0.826%
17번	옷이 말라있다.	42.975%	38.843%	18.182%
18번	비가 와 있다.	18.182%	69.421%	12.397%
19번	비가 왔다.	99.174%	0.826%	0.000%
20번	눈이 내렸다.	98.347%	1.653%	0.000%
21번	눈이 내려 있다.	19.835%	63.636%	16.529%
22번	사랑하기 시작하다.	36.364%	37.190%	26.446%
23번	날씨가 한 시간 만에 개었다.	71.074%	23.140%	5.785%
24번	날씨가 개어있다.	25.620%	53.719%	20.661%
25번	날씨가 개었다.	95.868%	3.306%	0.826%
26번	불고기가 익는 중이다.	65.289%	18.182%	16.529%
27번	불고기가 익어있다.	11.570%	67.769%	20.661%
28번	불고기가 익고 있다.	80.165%	13.223%	6.612%
29번	2마일을 달리고 있다.	34.711%	47.934%	17.355%

문항\사람		O표시(%)	X표시(%)	△표시(%)
30번	2마일을 달렸다.	93.388%	6.612%	0.000%
31번	비가 그쳤다.	99.174%	0.826%	0.000%
32번	비가 그쳐 있다.	15.702%	65.289%	19.008%
33번	비가 그쳐 있었다.	39.669%	38.017%	22.314%
34번	같은 옷을 이틀 동안 입고 있다.	74.380%	18.182%	7.438%
35번	민수는 미희를 사랑하는 중이다.	61.983%	25.620%	12.397%
36번	30만원 모자란다.	96.694%	1.653%	0.826%
37번	30만원 모자라고 있다.	1.653%	93.388%	4.959%
38번	철수는 졸업했다.	95.041%	4.959%	0.000%
39번	사람이 변해 있다.	43.802%	40.496%	15.702%
40번	두 드라마는 내용이 닮아있다.	49.587%	35.537%	14.876%
41번	세 시간 동안 이렇게 많이 만들다니 놀랍다.	65.289%	27.273%	7.438%
42번	세 시간 동안에 이렇게 많이 만들다니 놀랍다.	62.810%	19.008%	18.182%
43번	내가 없는 동안 뭐했니?	79.339%	16.529%	4.132%
44번	내가 없는 동안에 뭐했니?	54.545%	27.273%	18.182%
45번	조카가 와 있는 중이다.	38.017%	46.281%	15.702%
46번	10년 동안사랑하고 있다.	47.934%	29.752%	22.314%
47번	내가 공부를 하고 있는 동안 동생은 나가 놀았다.	80.165%	15.702%	4.132%
48번	내가 공부를 하고 있는 동안에 동생은 나가 놀았다.	46.281%	29.752%	23.967%
49번	민수는 한 시간 동안에 해결책을 발견하였다.	34.711%	50.413%	14.876%
50번	한시간 만에 해결책을 발견하였다.	75.207%	5.785%	19.008%
51번	내가 거기 살고 있는 동안 그 산은 높았다.	16.529%	67.769%	15.702%
52번	철수는 슬프다.	66.942%	23.967%	9.091%
53번	철수는 호랑이를 무서워한다.	92.562%	3.306%	4.132%
54번	철수는 호랑이가 무섭다.	57.851%	26.446%	15.702%
55번	순이는 배가 고프다.	87.603%	7.438%	4.959%
56번	순이는 기쁘다.	71.901%	20.661%	7.438%
57번	불고기가 한 시간 동안 익었다.	15.702%	66.942%	17.355%
58번	풀이 말라 있다.	83.471%	9.917%	6.612%
59번	그녀는 결혼해 있다.	16.529%	71.074%	12.397%
60번	그는 졸업해 있다.	7.438%	81.818%	10.744%
61번	내가 그를 만났을 때 그는 대학을 졸업해 있었다.	57.851%	31.405%	10.744%
62번	내가 그를 만났을 때 그는 대학을 졸업했었다.	37.190%	46.281%	16.529%

사람 문항		O표시(%)	X표시(%)	△표시(%)
63번	그녀는 지금 결혼해 있다.	38.017%	48.760%	13.223%
64번	나는 그 비밀을 알기 시작했다.	56.198%	27.273%	16.529%
65번	그녀는 미치기 시작했다.	63.636%	21.488%	14.876%
66번	날씨가 개고 있다.	67.769%	21.488%	10.744%
67번	날씨가 개어 간다.	49.587%	28.926%	21.488%
68번	날씨가 개기 시작한다.	71.901%	15.702%	12.397%
69번	한 달 동안 강이 얼었다.	33.058%	52.893%	14.050%
70번	한 달 동안 강이 얼어 있었다.	79.339%	15.702%	4.959%
71번	이틀 동안 같은 옷을 입었다.	78.512%	16.529%	4.959%
72번	이틀 동안 같은 옷을 입고 있었다.	67.769%	19.835%	12.397%
73번	한 달 동안 날씨가 개어 있었다.	50.413%	35.537%	14.050%
74번	한 달 동안 날씨가 개었다.	36.364%	47.107%	16.529%
75번	한 달 동안 집을 비웠다.	92.562%	5.785%	0.826%
76번	한 달 동안 집을 비우고 있었다.	34.711%	50.413%	14.876%
77번	그 비밀을 일 년 동안 알았다.	17.355%	65.289%	17.355%
78번	물가가 뛰고 있다.	54.545%	33.884%	11.570%
79번	물가가 오르고 있다.	95.868%	2.479%	1.653%
80번	한 시간 동안 책 한권을 읽고 있다.	59.504%	23.967%	16.529%
81번	나는 10분 동안 편지를 썼다.	83.471%	13.223%	3.306%
82번	나는 지금 피자를 세 조각 먹고 있다.	52.066%	33.058%	14.876%
83번	그 날은 하루 내내 하늘이 싸늘하니 흐려 있었다.	54.545%	32.231%	13.223%
84번	오늘은 하루 종일 하늘이 싸늘하니 흐려 있다.	52.066%	33.058%	14.876%
85번	밤은 깊어 있었다.	42.975%	42.975%	14.050%
86번	밤은 깊어 있다.	54.545%	28.099%	17.355%
87번	나는 역까지 30분 만에 걸었다.	47.934%	43.802%	8.264%
88번	나는 역까지 30분 동안 걸었다.	56.198%	28.099%	15.702%
89번	나는 역까지 30분 만에 걸어 갔다.	80.165%	14.876%	4.959%
90번	나는 30분 동안에 책을 읽었다.	52.066%	31.405%	16.529%
91번	나는 30분 동안에 만화책을 2권 읽었다.	84.298%	9.091%	6.612%
92번	철수는 2시간 동안 책을 읽고 있다.	68.595%	16.529%	14.876%

찾아보기